班主任高效常规管理课32讲

做好常规就出彩

郑学志 著

中国轻工业出版社

图书在版编目(CIP)数据

班主任高效常规管理课32讲：做好常规就出彩 / 郑学志著. -- 北京：中国轻工业出版社，2025.9.
ISBN 978-7-5184-5170-8

Ⅰ.G635.16

中国国家版本馆CIP数据核字第20240XL782号

保留所有权利。未经中国轻工业出版社书面授权，任何人不得以任何方式（包括但不限于电子、机械、手工或其他尚未被发明或应用的技术手段）复印、拍照、扫描、录音、朗读、存储、发表本书中任何部分或本书全部内容，以及其他附带的所有资料（包括但不限于光盘、音频、视频等）。中国轻工业出版社未授权任何机构提供源自本书内容的电子文件阅览、收听或下载服务。如有此类非法行为，查实必究。

责任编辑：牟　聪　　　　责任终审：高惠京
文字编辑：徐烨佳　　　　责任校对：刘志颖
策划编辑：吴　红　　　　责任监印：吴维斌

出版发行：中国轻工业出版社（北京鲁谷东街5号，邮编：100040）
印　　刷：三河市鑫金马印装有限公司
经　　销：各地新华书店
版　　次：2025年9月第1版第3次印刷
开　　本：710×1000　1/16　印张：18.25
字　　数：280千字
印　　数：8001—11000
书　　号：ISBN 978-7-5184-5170-8　定价：72.00元

读者热线：010-65181109
发行电话：010-85119832　010-85119912
网　　址：http://www.chlip.com.cn　http://www.wqedu.com
电子信箱：1012305542@qq.com

版权所有　侵权必究

如发现图书残缺请拨打读者热线联系调换

251566Y1C103ZBW

序言　从此我们不再焦虑

写这本书，我至少思考了十年。

这不是刻意要十年磨一剑，而是我一直在思考一个关键问题：班主任专业类的图书那么多，究竟什么样的书最有参考价值？

是那些个性鲜明的书吗？

是那些光看书名就深奥得吓人的书吗？

是那些从结构到细节都完美得无可企及的书吗？

如果是，为什么一线班主任看了那些书，越看越焦虑，越看越绝望，感觉专业发展离自己越来越远……

其实，班主任需要的，不是每个领域都前无古人、后无来者的做法。我们需要一本告诉我们基础工作怎么做、怎样做好的常规书。一个普通班主任，一个新手班主任，或者说被迫无奈做班主任的人，没有太多学习时间，需要的是那些一看就能够上手的、一用就有效的做法。不必说个性化，也并不是每位教师都能够成为名师，我们也成为不了大众口中的"神话"。所以，我们需要的不是那些制造神奇传说的书，而是能扎扎实实地教会我们做好日常工作的书。

从自己带一个班，带两个班，再到领导一所学校，我深刻地理解了一个校长的渴望——不求每个班主任都出类拔萃，不求每个班主任都痴心热爱教育，只求他们能够把基础工作做好，各班能均衡稳定发展。校长要的不是可以为某个班级增光添彩的杰出班主任，而是每个班级都能够长足发展，以及全局性的齐头并进、稳中求胜。要言之，做好常规，让常规工作出彩才是校长最关心的。

这些思考是理性的。常规是一个班级、一所学校的基础工作，常规没有做好，基础便不够扎实。班级出问题，学生出问题，很多问题很难解决，就是因为基础工作没有落实——基础性的家访没有做，基础性的谈心没有开展，基础性的心理需求没有被满足，基础性的评价没跟上，基础性的组织没有建立……于是学生叛逆，跟教师对着干，班级纪律涣散。

现在各行各业都很"卷"。近二十年来，我几乎走遍了全国各地级市，还在一些小县城做过交流分享。一到互动环节，就会有教师焦虑地提问："我们班有一个特别难教的孩子……""我们班有一个特别难对付的家长……""我们班……"甚至有的教师刚开口，就哽咽了。不是被逼无奈，谁愿意在几百人甚至上千人的会场上，当着那么多人的面泪流满面！

"'卷心菜'，又'卷'又'菜'……"这是很多"95后"班主任自怨自艾的话。当他们这样说的时候，我总会坚定地对他们说："我们不'菜'，我们不要被那些特殊学生和特殊家长难住了。就公平和理性的角度而言，教育惠及更多人，会更有意义。我们做好常规工作就行。"

常规工作虽非光鲜亮丽，也不是班主任"大餐"中的山珍海味；但是，它是我们的一日三餐啊！粗茶淡饭最养人，我们的营养是由一日三餐保证的。日常的工作，才是可持续的、可推广的；可复制的领导力是在常规工作中产生的。

相对于特色工作来说，常规工作具有基础性、稳定性、安全性、普及性、必要性和可持续性，方便操作，容易上手，形成规范之后，还可以复制。常规工作是一切优质工作的基础和源头，真把一个班级的常规工作抓实了，趋势便可掌控，未来即可预测，经验亦可传承。最重要的是，班主任也就不必折腾了，能活得更加从容、开心。

基于这些思考，写本书的时候，我对内容进行了层层筛选，只讲班主任工作中最必要的日常事务，如学习管理、干部任用、家校协同和常规文化活动的开展。我对自己的要求是：

内容尽量简洁、直观；

能够用表格说明的，绝不用大段的文字；

能够用图片展示清楚的，绝不诉诸语言；

能够体现流程的，一定会清晰地标示出来；

能够形成工具的，一定给大家提炼；

能够思考全面的，一定不会让大家去填补。

做实、做细、做精、做深、做活，就是我的追求。甚至很多内容就是模板，大家写上自己班级的名字，就可以直接套用。

同时，我还注意到了一些要求较高的班主任，他们想获得更高质量的发展，如想在班主任技能大赛中获奖，或建设特色性班级，并以此实现自己的梦想。我在写作的时候，也给这些教师留足了资源空间，以便其通过阅读受益。主要包括以下几点：①尽量周密地考虑常规内容的细节；②注重核心工作的重点提升；③在介绍方法时尽可能地揭示本质规律；④择优提供高端做法，尤其是一些图片内的信息，这样，教师们一看就知道如何拓展。

此外，大家可能还发现本书有很多图——思维导图、流程图、舱位图……这些图直观、简洁、方便使用，也是本书的特色之一。因为我知道，班主任是情绪工作者，其良好的、稳定的情绪能够给学生积极的影响。大家使用方便，觉得轻松，工作从容，对我来说才是最大的心愿。

最后，我想说的是：不要把工作想得太复杂，也不要对自己要求太高；我们只是一个个普通的班主任，我们的职责就是做好自己的工作；放弃名家身上那些难以做到的、个性化的东西，安心做好我们基础的常规工作，同样能够出彩。

我期待班主任从此不再焦虑。

目 录

第一课　日常事务管理 ·· 1
　第一讲　初次做班主任，工作没有头绪，怎么办？
　　——给你一份最全的常规工作清单 ·· 2
　第二讲　上课、出操、集会、就餐和就寝不理想，怎么办？
　　——你需要一整套这样的培训课程 ·· 10
　第三讲　学生早读不出声，早读效果不好怎么办？
　　——提升学生早读效率的 38 个小点子 ·································· 19
　第四讲　自习课纪律不好，怎么办？
　　——从 6 个层面提供自习课的操作细则 ································· 24
　第五讲　黑板报不能按期出刊，怎么办？
　　——期待一次又一次地刷新我们的心灵 ································· 31
　第六讲　课堂开局没气氛，怎么办？
　　——上课口令：一定要喊出精神和气势 ································· 34
　第七讲　学生上课睡觉，怎么办？
　　——充满精神的人，可以把瞌睡虫赶跑 ································· 36
　第八讲　学生不怕处分，怎么办？
　　——注意处分学生前后的 22 个小细节 ·································· 40
　第九讲　日常奖励怎样才能激励学生积极上进？
　　——给你 100 种学生感兴趣的奖励方法 ································· 46
　第十讲　评语老套，提不起学生的兴趣，怎么办？
　　——热情地赞美学生身上的点滴进步 ····································· 51

第二课　学习常规管理 ··· 57

第一讲　学生的学习习惯和方法都很差，怎么办？
——学习品质训练永远是最根本、最有效的方法 ························· 58

第二讲　班主任做不到全学科辅导，怎么提高成绩？
——让有技术含量的做法在班级内流动起来 ······························· 72

第三讲　总有学生不写作业，怎么办？
——让学生爱上做作业的 48 条策略 ··· 78

第四讲　学生总是抄作业怎么办？
——19 个创意策略愉快地应对学生抄作业问题 ························· 84

第五讲　学生疲倦了，最后一个月怎么抓班级成绩？
——5 个层面的 46 条策略助力提升学生期末成绩 ······················ 93

第六讲　如何做好成绩分析"包班会"？
——四部曲系统做好学生成绩分析和帮扶 ································ 104

第七讲　考试结束后，如何与孩子们聊成绩？
——56 句话语术，让孩子觉得那都不是事儿 ·························· 112

第三课　干部常规管理 ··· 117

第一讲　班干部不得力，如何提升班级管理效果？
——优先设置好科学的班级组织构架 ······································ 118

第二讲　如何把最适合的人选拔到恰当的位置上？
——行为观察量表让干部选拔更科学 ······································ 128

第三讲　初做班主任，不知道如何选拔班干部，怎么办？
——学生干部选拔任用的 16 个方法 ······································· 141

第四讲　怎样稳定干部队伍？
——建立干部选拔任免与后备干部培养机制 ···························· 148

第五讲　干部培训效果不好，怎么办？
——一人一张表让班干部工作得心应手 ·································· 154

第四课　家校常规建设···167

　第一讲　新建班级，家长互相不熟悉，怎么筹建家委会？
　　　　　——把握家委会筹建的基本组织技巧··················168

　第二讲　家长的想法和我们期待的不一致，怎么办？
　　　　　——构建生长型家校共同体，在发展中解决问题·····176

　第三讲　开一次成功的家长会，需要注意哪些细节？
　　　　　——给你一套完整而实用的会议方案····················185

　第四讲　家庭教育问题那么多，如何让家长有效开展研究？
　　　　　——高效组织研讨型家长会的6个工具·················202

　第五讲　生活节奏这么快，怎样做好家访工作？
　　　　　——让学生和家长都喜欢的9种创意家访··············214

第五课　文化活动常规···221

　第一讲　如何做好教室里的物质文化建设？
　　　　　——让物理空间承载教育的灵魂························222

　第二讲　如何进行班级精神文化建设？
　　　　　——一表提升班级精神文化建设档次····················235

　第三讲　如何建设先进的班级制度文化？
　　　　　——让制度成为学生们的美德指南·······················247

　第四讲　如何做好学习型小组建设？
　　　　　——优化小组建设的16个策略··························259

　第五讲　如何做好班级常规活动与班会课？
　　　　　——给学生留下一辈子的美好回忆·······················269

第一课 日常事务管理

第一讲　初次做班主任，工作没有头绪，怎么办？
——给你一份最全的常规工作清单

初次做班主任，心里确实比较紧张。尽管在做这天下最小的"主任"之前，已经对这个工作有过很多设想，但是真的要做了，心里还是没底——不知道究竟要做些什么，不知道如何让自己的美好愿望变成现实。学生还没有来的时候，盼望学生早点来。学生来了，好些事情又毫无头绪。怎么办？

向老班主任请教吗？看人家的表情，虽然没有笑你幼稚，却安慰你说："不要急嘛，反正就是那么一回事。"至于究竟是哪一回事，只能靠自己意会了。还有的人持观望态度！这样想想，向别人请教的事情不免让人望而却步。

怎么办？找本书来看看——最好是班主任工作方面的。可是找来找去，尽是些讲特色班主任工作、大道理的书，和一线普通班主任隔得太远……

你不要以为这是谁的意识流小说，不瞒你说，当初我做班主任时，就是这样一种状态。这也就是为什么在写这本书的时候，我对自己提这样一个要求——着力介绍常规工作，做好常规就出彩。不会"跑"之前，请先别"飞"。

基于这个想法，我首先给大家介绍的就是班主任工作的常规事务，即一天、一周、一月和一期要做的事情。常规之所以成为常规，就在于你做好它们之后，班级工作能很快走上正轨。

下面五个常规工作思路供大家参考。

一、班主任一日工作常规

下面是按时间段梳理的班主任一日工作常规表（见表1.1），具体时间可根据学校的日程表调整。

表 1.1　班主任一日工作常规表

到位段	时间点	学生活动	工作内容	重要细节关注点
早到位	06:30	起床、洗漱	监督住校生按时起床	有无患病的学生
	07:00	出操	及时出操、锻炼	规范出操，防运动突发情况
	07:30	早自习、早读	督查早读、卫生情况	有序投入、引导早读节奏
	08:00	早餐	组织学生及时就餐	防踩踏、食品安全、密切感情
上午段	08:25	励志活动	励志誓词	正向传递能量
	08:30	上午第一课	督查到位、精神状态	候课情况、出勤、精气神
	10:00	课间操	及时出操	防踩踏、逃生演练、出操要求
	不限	课间及上课	巡课、课间谈心	不在状态的学生、防欺凌
	12:00	就餐	组织学生及时就餐	防踩踏、食品安全、就餐感情
下午段	12:30	午休	组织学生午休、纪律	违纪、溺水事故高发时段
	13:50	候课中	读报、候课、人员清查	人员安全、到位情况及精气神
	13:55	励志活动	集体朗读班级誓词等	重在输入积极的心理暗示
	14:00	下午第一课	督查到位、候课状态	候课情况、出勤和精气神
	第七节	班会课	组织学生开班会	学生问题自我解决
	17:00	低段学生放学	回家路队、卫生打扫	不按时回家的学生、交通安全
	不限	正常回家	监督走读生回家情况	走读生溺水事故高发时段
	不限	下午锻炼	督导下午自由锻炼	防运动突发事件、群体事件
晚自习	17:30	晚餐	组织学生就餐	防踩踏、食品安全、情感联结
	18:00	休闲时间	谈心、聊天及放松互动	心理疏导、关注学生是否异常
	18:30	晚自习	督查到位、自习纪律	出勤、个别辅导和健康状态
	21:00	中学晚放学	回家路队、卫生打扫	不按时回家的学生、交通安全
晚就寝	21:30	住校生洗漱	卫生间洗漱、整理	突发事件、校园霸凌
	22:00	住校生就寝	熄灯后快速入睡	聊天、被窝里看书或打游戏
	22:30	住校生入睡	各种安全检查	防盗、防火、防电路问题
	22:40	和宿管交接	就寝工作交给宿管员	特别事项移交及叮嘱

一些学校把这叫作"五段时间到位表",也有不按时间轴安排而按重要事件的时间节点的"五到位",即早晚自习到位、上下午第一课前到位、出操到位、就餐到位、就寝到位,内容都差不多。这五个时间节点,学生最容易出状况,在这些时段监督好学生,班级就不会出什么大事。

下面是记住学生姓名的 10 个小妙招(见图 1.1)。

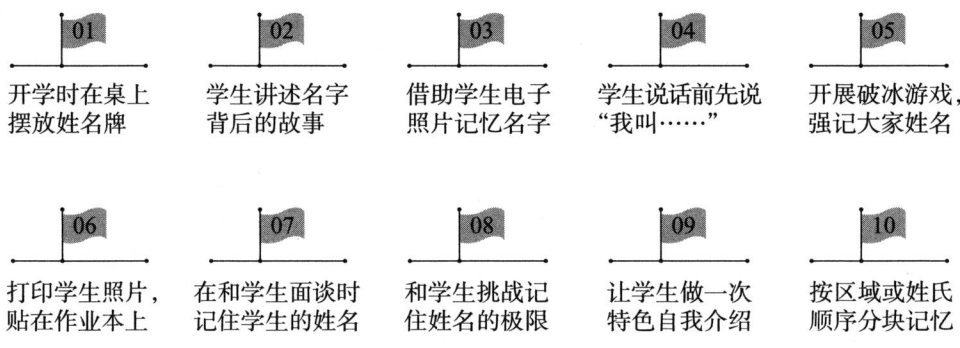

图 1.1　记住学生姓名的 10 个小妙招

二、学生一日行为常规

有班主任一日常规,自然有学生一日常规。安排好学生一日常规,学生有事情可做,就没有精力做与学习无关的事情。下面这 18 条学生一日行为常规,我使用多年,对于培养学生积极向上的人格很有帮助,大家可以参考执行。

(1)每天早上起来,露出一个大大的、灿烂的笑容,然后很真诚地对自己说一声:"我今天真不错!"找一个不错的理由,让自信与喜悦充盈自己的心灵。

(2)搞好个人卫生:把床上用品和洗漱用品摆放整齐,不管是男生还是女生,给自己梳一个积极向上的发型——梳头有头部保健功能。

(3)做一个积极处世的人:主动和遇见的第一个人打招呼,不管认识不认识,问候一声"早上好!",把你的喜悦和快乐传递给别人。

(4)帮父母做一次家务,比如把早餐端到餐桌上、给每个家庭成员盛一次早餐——我们能够从中收获善意。

（5）选择一个晨练项目，跑步、做操、打球都可以，至少锻炼15分钟。

（6）告诉长辈"我爱你们"，或者给他们送一句祝福的话。

（7）给自己拟订一天的计划，列好清单，按照步骤执行；整理好自己当天要带的书和作业本。

（8）入校的时候，主动向教师和同学问好，并虚心接受各种检查。

（9）高效地利用时间，管理好手机。在规定的时间内完成学习任务，做好作业，如果不能够按时完成，做一次自省。

（10）阅读一张报纸，或者阅读一篇课外文章。

（11）虚心地配合各种管理人员，以积极的态度做好自己分内的事，出操迅速，劳动积极，活动投入。

（12）每天抽时间开心地笑一次，当作必做的心理调整，及时完成作业。

（13）检查一下自己的生物钟是否紊乱，如果被打乱了，请想办法尽快调整和恢复。

（14）开展自我竞赛，不断超越自己，提高效率。晚上统计一下自己一天说了多少闲话，做了多少闲事，费了多少闲思，制定明天的改正措施。

（15）值日班长每天要在黑板的左侧写一条新的格言，或带头诵读格言。

（16）日行一善，每天主动为集体做一件事情，如清理班级卫生、整理公共用品等。

（17）回家的时候，对父母或者其他家庭成员问候一声"辛苦了"，或者用其他方式表达你对他们的感谢。

（18）认真写一篇日记，或者记录一句话，把自己最真诚的感受记录下来。

三、班级一周工作常规

每周，班主任按时认真组织本班学生参加学校的升旗仪式，落实好值周、值日班长，指导专人填写班级日志，围绕一个中心开好班会。班级一周工作常规的具体内容如下所示。

（1）列好一周工作清单，做完打"√"。

（2）每周组织值日、值周干部和常规干部述职，点评班会课。

（3）和任课教师交流本周学生的学习情况。

（4）阅读和批改学生周记。

（5）组织学生参加周一的升旗仪式，按要求统一着装。轮到自己班升旗时，提前写好国旗下讲话稿，提前两三天排练。

（6）了解学校班级评估情况，研究具体的改进措施。

（7）开好每周班委会和团（队）委会。

（8）搞好班级文化建设工作：由宣传部部长每周五提交下周工作方案，确定实施策略。

（9）座位每两周更换一次，时间由值日班长确定，值日班长负责组织换座位事宜，更换座位时间不超过5分钟。

（10）给学生或家长推荐一本好书，每周分享阅读情况。

（11）要求每个学生每周做一件有意义的事情，组织学生交流心得体会。

（12）每周学习一支新歌，由文娱部长负责主持、安排。

（13）搞好本周大扫除竞赛活动，仔细检查，认真评估，及时评优。

（14）周五放学前，表扬本周进步最大的学生、表现最优秀的学生、最受欢迎的学生，评选出破坏纪律最严重的学生、闲话最多的学生、最不受人尊敬的学生，要求他们限时改正。

（15）开展好一周班级主题活动，做好微班会课。

（16）每周轮流出好一期班报、一期黑板报。

（17）值周班长写好本周总结，由全班同学讨论通过，并将其记入班级日志。

（18）和家委会相关负责人通一次电话，了解家长们的最新动向。

四、班级一月工作常规

日常规、周常规着重于具体事项，月常规着重于宏观把控。班级的月常规不宜太细，太细的月常规一般不好执行。一般来说，月常规主要侧重于以下 8 个方面。

（1）梳理一下本月最有成效的做法，随时准备在学校班主任例会分享和展示这些做法。

（2）复盘和拟订一月工作计划，圈出工作重点。

（3）召开一次任课教师联席会，进行学情分析，调整每月的帮扶对象。

（4）组织一次班级月度工作总结会，评选班级月度之星，及时给予奖励，并做好相关的宣传工作。

（5）组织一次学生自我测试，测试内容由学生自己确定，测试办法是互相出题，互相检测。

（6）月末进行一次班级物品损耗检查，检查各种物品是否完好。损坏物品是否已按照班规赔偿、修理到位。

（7）每月由常务班长对照班主任的工作计划和班级管理工作计划，点评任务完成情况。

（8）做好班级月度大事记，内容覆盖班级和家委工作。

五、班级学期工作常规

学期常规是班主任最重要、最核心的工作，落实好学期常规，一个学期就平安顺利。一般而言，班级学期工作常规主要包含以下几个方面。

1. 班级总体规划

（1）做好带班理念、核心目标、发展方向、组织构架（家委、班委、小组和任课教师联席会）的全局考虑。

（2）落实学期工作计划，协调资源，落实关键指标，并及时复盘。

2. 学生工作

（1）抓好开学和放假工作，把重要的事情列成清单，做完一项就核销一项。

（2）关注特殊学生，帮助有心理障碍的学生顺利度过困难时期。

（3）做好学生的学期自我鉴定、自我总结，记录好《学生手册》。

（4）记录学生令教师感动的瞬间，以备写评语时使用。不要等到期末才写学生评语，那样很仓促，很不全面，也很不公平。

（5）做好年度评比工作，评选出优秀班干部、三好学生、各种积极分子和进步快的学生，给予适当的表扬。

3. 学习管理

（1）进行学习品质训练，落实目标生、临界生和重点学生的帮扶措施。

（2）召开 2 次学习方法交流会，选择适合学生的科学学习方法，增强学习兴趣，提高学习效率，激发学习热情。

（3）对学生完成作业情况进行一次量化检查。

4. 干部管理

（1）做好学期干部岗位职责梳理及培训工作。

（2）做好干部任免、交流、值日等班级管理工作。

（3）对干部进行考核、评优和晋级评审。

5. 搭班团队

（1）开好每月任课教师联席会，强化任课教师的团建工作。

（2）做好情感交流，及时补位。

6. 家长工作

（1）做好家委会组织机构建设，确保机构健全。

（2）做好家长系列课程建设，组织家长开好家长会。

（3）按时办好"智爸慧妈大讲堂"。

（4）做好家长开放日、随堂听课的工作安排。

（5）做好重点学生家访工作。

7. 心理健康与安全

（1）做好特殊学生情况摸底排查工作，签署特异情况告知书。

（2）做好开学、考试、放假和重大事件时间节点的心理疏导工作。

（3）做好安全隐患排查，上好消防、防踩踏、防溺水、防火灾、地震主题的安全健康教育课。

（4）做好常见传染病和群体性疾病的预防工作。

（5）以上工作记得及时做好备查记录。

8. 班级财务

（1）学期初清点好班级财产，学期末做好班级公共财产的损耗统计。

（2）如果要更换教室或者用品，与学校有关人员做好交接工作。

下面附有班级组织构架图（见图1.2），以帮助大家尽快组建好各机构，我会在本书的其他相关章节详说具体做法。

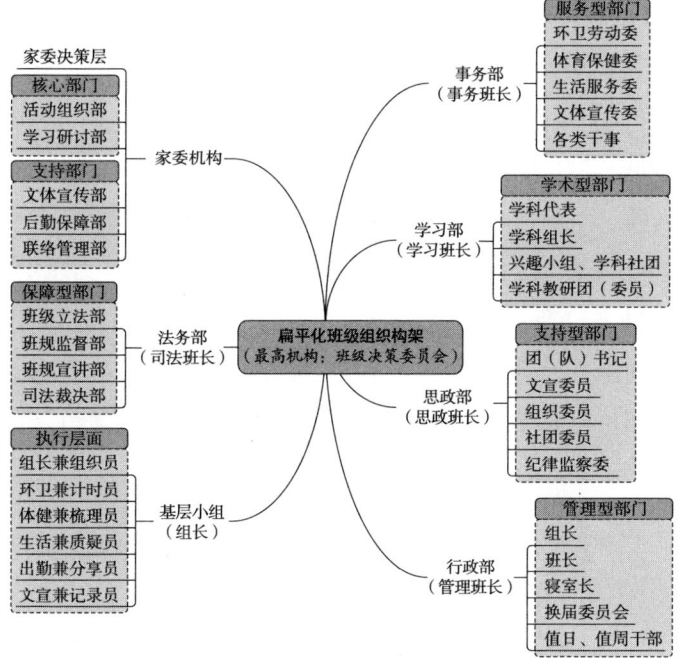

图1.2　班级组织构架图

第二讲　上课、出操、集会、就餐和就寝不理想，怎么办？
——你需要一整套这样的培训课程

有的班级上课、出操、集会、就餐和就寝，动作特别齐整。教师上课只需要一声口令"请注意——"，学生响声震天："收到！眼睛齐。"然后集体做出齐刷刷的动作。

"他们的常规管理做得可真好！"有的教师会情不自禁地表达羡慕之情。

他们看到的是表面，其实，所有的常规管理规范的背后，都是班主任前期辛苦的付出。"要想常规管理好，培训演练得尽早。"

如何抓好这些常规管理培训呢？

一、编制班级培训课程

目前有常规管理规范课程的学校不多，从学校获得这样的资源估计比较困难，更多的是靠我们自己编制。

如何编制呢？第一，要完整地列举出学校检查的常规管理项目清单，清单须覆盖一系列培训内容、培训要点和考核标准；第二，要有针对性地培训学生。有教师问："为什么要先列培训清单？"因为要理清工作思路，常规培训忌讳只讲兴趣、不看需求，更不能只做自己擅长的，回避自己不会的。

清单指向任务思维。把学校要检查的项目全列出来，力求穷尽。做好迎接学校检查的准备，我们就不会挨批，考核就不会差。同时，把希望学生达到什么程度也列出来，力求实用。做好班级发展工作，我们就能拥有优势。

下面是郑州市创新实验学校常规管理部分的课程训练清单（见表1.2）。

表 1.2　常规管理部分的课程训练清单

项目	培训内容	培训要点	考核标准
入校	1. 携带必要的开学物品； 2. 按规定方式候场进校（候场有哪些要求）； 3. 按清晰的报到程序行事（报名—缴费—清理住宿物品—打扫卫生—在教室内自习—开班第一课—开班仪式）。	1. 教会学生列清单（作业清单、生活用品清单、缴费项目清单、行为程序清单）； 2. 提前确认候场位置； 3. 分班、分组排队，组长负责制，6人一组。	1. 资料完整，一次性带齐，顺序清晰； 2. 位置准确； 3. 队列整齐； 4. 安静候场； 5. 纪律作风严谨。
礼仪	1. 入校互相问候； 2. 求助说"请"，受助说"谢"； 3. 合理地使用"对不起"； 4. 遵守坐立、行走的要求及礼仪； 5. 遵守就寝、就餐、进教室礼仪； 6. 遵守上课礼仪； 7. 遵守接待礼仪（队列、举止、手势）。	1. 语言清晰、大声、准确； 2. 身体动作规范标准； 3. 培养习惯性行为； 4. 坚持达标训练，不达标、不及格、不结束。	1. 语言规范； 2. 动作规范； 3. 表情亲和； 4. 结果舒心。
课间	1. 桌面清理（整洁、干净、空）； 2. 遵守走廊过道的通行礼仪（靠右行走，最多两人并列，提倡单行纵队）； 3. 卫生间门口禁止堵塞，提倡排队进出。	1. 口令清晰、易懂； 2. 动作规范整齐； 3. 行走间距适宜。	1. 收拾课本顺序口令精准好记； 2. 桌椅推拉标准明确好用； 3. 进出课桌和教室动作要求规范； 4. 遵守靠右行走的标准； 5. 音量控制在5级以下。
上下课	1. 学生遵守候课要求； 2. 教师遵守上课进教室要求； 3. 师生遵守上课互致问候要求； 4. 教师遵守提问要求； 5. 学生遵守答问要求； 6. 师生遵守上下课结束要求； 7. 师生遵守离教室要求。	1. 重复训练，确保规范； 2. 形式活跃，克服疲倦。	1. 候课安静、整齐，桌面、黑板干净； 2. 教师提前到位，姿态、表情、眼神到位； 3. 问候语言清晰明确； 4. 学生起坐姿势标准规范、声音响亮； 5. 告别问候语言清晰、整齐、温暖； 6. 收拾课本程序清晰、动作整齐。

二、细化具体培训内容

我们可以根据自己的课程清单，准备好具体的培训内容。备课的时候要注意，我们不能只给学生提要求，那是没有多少意义的。我们应该给学生提出具体的行动指南。比如，我们不能只要求遵守自习课纪律，而是要做出具体的、详细的规定。

自习课管理细则

1. 提前做好学习准备：提前准备好自习所需的用具，课上不找东西，不借东西，更不能离开座位，不许收发作业本、练习本（收发须在下课时间完成）。

2. 提前制订学习计划：列出自习需要完成的具体学习任务和预计完成的时间，并画钩"打卡"。

3. 合理安排时间：把任务清单的完成时间阶段化，如阅读不熟悉的教材10分钟，整理笔记15分钟，写学科作业40分钟，各类记忆背诵15分钟（记忆背诵英语单词，若超过15分钟，视为效率不高），预习20分钟……

4. 严守自习课纪律要求：不迟到、不早退，确有特殊情况必须向值班教师请假；不讲话、不讨论、不做小动作、不随意走动，不打扰其他同学。

5. 当写作业"卡住"时按照四个步骤进行：①不要动不动就求助，停下来想一想；②看一看课本案例能否解决；③实在不行先做其他题目，做完再回来思考难题；④最后才去询问教师。

6. 为让自己注意力集中，请做到桌面"三有三无"：有当时要写的作业，当时要看的书（含教材教辅），当时要用到的文具；无水杯，无杂物，无与学习科目无关的教材教辅和资料。

备注：电子产品在非学习期间一定不能放身边。

如果有学生问"自习课能够吃东西吗？"，那么请他认真阅读"三有三无"的规定，无关的东西都不能带。每个领域内都有具体要求，常规管理培训就有据可依。

三、集中安排时间训练

我倾向于集中安排时间训练。为什么？增强活动的仪式感，加强学生的重视度——我们都停课或者集中时间来训练了，就说明这件事情很重要。

训练时间一般安排在开学的第一周。我会在每个学期开学的前一周，把班级常规管理训练的课件和视频发到家校群里，让学生在家里预习，自行演练。开学第一周就是我们班的常规管理训练周。

有教师问："这样安排，学生和家长有意见吗？好像是用非学习性内容占用学习时间。""这样安排，其他任课教师有意见吗？会不会影响教学进度？"

"磨刀不误砍柴工"，常规训练不仅指向日常管理行为的训练，还覆盖学科学习素养、方法和技能培训。这是一个系统工程，不仅由班主任来做，我还会邀请搭班团队一起来做。

比如，针对数学学科，可以这样培训学生。

数学工具盒

1. 能通过画图来理解；
2. 进行猜测；
3. 尝试多种做法；
4. 寻找规律；
5. 能发现有用的信息；
6. 反过来思考；
7. 能提出一个相似问题，将问题分解成小问题。

针对每个学科，开学前都可以进行这样的训练，其实是在落实每个学科对学生素养、品质的培养要求，家长和任课教师哪里会有意见呢？我们只不过是统一大家的需求。

有教师担心，学校没有这样要求，个人这样做是不是太另类？任何一个学校，都需要有人带头这样做。只有当教师们做出效果和影响力的时候，学校才会推广和认同这样的做法。这和学校的大方向并不矛盾。

四、必要的口令和顺口溜

口令是什么？是教师和学生的一问一答，源于军事管理中的命令传达。在常规管理中使用口令，可以快速集中学生的注意力，愉悦学生的情绪，让学生快速投入学习状态。在常规训练中广泛使用口令，不管是在小学还是中学，都是有效的。

下面是课堂口令50则（见表1.3）。

表1.3　课堂口令50则

类别	教师	学生	类别	教师	学生
课前提示	1. 课桌椅	摆整齐		26. 身坐正	手放平
	2. 文具齐	不吵闹		27. 小小手	放桌面
	3. 安静坐	静心等		28. 一二三	坐端正
安静提示	4. 请坐好	就坐好	坐姿提示	29. 三二一	坐神气
	5. 小眼睛	看老师		30. 要想身体好	坐姿要端正
	6. 小嘴巴	不说话		31. 手放平	腰挺直
	7. 三二一	我安静		32. 放下笔	坐端正
	8. 最高境界	静悄悄		33. 五四三二一	小手小脚放整齐
	9. 时间到	停一停		34. 头安正，身安直	小小眼睛看老师
	10. 欲穷千里目	更上一层楼	写姿提示	35. 写字时	脚放平
	11. 一寸光阴一寸金	寸金难买寸光阴		36. 头不歪	身要正
	12. 台上三分钟	台下十年功		37. 写字三个一	一寸一拳一尺
	13. 我说安静	我说嘘——		38. 手离笔尖要一寸	胸离桌边要一拳
	14. Look at me（看我）	Look at you（看你）		39. Show your fingers（展示你的手）	Show my fingers（展示我的手）

（续表）

类别	教师	学生	类别	教师	学生
倾听提示	15. ABCD	EFG	发言提示	40. 小火车	开起来
	16. 同学言	安静听		41. 有疑义	举手表
	17. 眼睛看	耳朵听		42. 要发言	一句一句讲清楚
	18. Eyes on me（眼睛看向我）	Eyes on you（眼睛看向你）		43. 同学发言	仔细听
	19. Listen to me（听我讲）	Listen to you（听你讲）		44. Who can try（谁愿意试试）	Let me try（让我试试）
	20. One two three（一二三）	Three two one（三二一）	评价提示	45. 表扬他	顶呱呱
读书提示	21. 读书要注意	头正，肩平，足安		46. 竖起大拇指	夸夸我自己
	22. 书本拿在手	稍稍向前倾		47. Give me five（跟我击掌）	Five five yeah（击掌，击掌，耶）
	23. 读书要"三到"	眼到，口到，心到	其他	48. Let's play a game（我们一起玩游戏）	Game game yeah（玩游戏，玩游戏，耶）
	24. Follow me（跟我读）	Follow you（跟你读）		49. 请你跟我拍拍手	一二三四五六七
	25. 张开嘴巴	一起读		50. If you're happy and you know it, say haha（如果你感到高兴，你就哈哈笑）	Haha（哈哈笑）

注：此口令表借鉴海口市英才小学的做法，部分有修改。

此外，我们还可以把各种常规管理要求编成顺口溜，方便记忆和使用。如果学生记不住，那么常规的应用就会成为问题。我提倡使用顺口溜，原因就在此。

两操顺口溜

体育考试很重要，两操训练不可少。
出操迅速快齐静，身正肩平队伍妙。
做操过程不说话，规范到位劲道好。
眼神余光扫团队，协同一致境界高。

就寝顺口溜

上床睡觉，眼睛闭好；
杂思乱想，一切全抛；
呼吸均匀，保持静悄；
尽快入睡，小命重要。

就餐顺口溜

餐前勤洗手，病毒就会走；
打餐不挑食，营养才会优；
坚持食不语，粮食不空留；
离前查一下，垃圾是否有。

五、逐项检查验收

常规管理培训，不是知识要点记忆，光靠讲是没有用的，一定要组织演练，多次重复才能形成规则和习惯。演练之后，我们要对常规管理内容逐项检查、验收。班主任可以给验收通过的学生颁发证书，或者在家校群给这些学生的家长报喜。此外，班主任要继续帮扶未通过验收的学生。

验收一定要在具体实践中进行，不然，考试成绩很好，实际操作归零，常规管理培训就没有意义。表1.4是"排队礼仪"的验收清单。

表 1.4 "排队礼仪"验收清单

姓名		验收项目	排队礼仪	专项验收结果		
项目	具体要求			未过	通过	优秀
队形组织	1. 根据指令锁定自己的位置。					
	2. 控制好自己和他人的一米距离。					
	3. 注意队形不要因为自己而改变。					
	4. 注意自己的速度，不碰撞他人或者被别人碰撞。					
排队纪律	1. 保持安静，务必不要大声喧哗。					
	2. 不在排队的时候与同伴闲聊。					
与人协作	1. 予人方便。					
	2. 发现别人比自己走得快的时候，主动侧身让行。					
	3. 不影响他人进入公共场所。					
特殊情况	1. 原则上不插队。					
	2. 因紧急事件需要插队，须提前征求大家的意见。					
	3. 别人允许自己插队时，应向其致谢。					

学校有什么考核要求，就有什么样的项目培训和验收清单。验收通过的学生可以上交自己的各类验收清单，我们会给他们颁发一张"过关证"。

六、寻找监管替代者

我们一般用项目管理的办法，把班级常规管理的各项检查、考核、矫正以及常规更新和完善的工作分给学生，让他们成为班主任的常规监管替代者。

我们对监管替代者有以下要求：

（1）自己在该方面做得好，班级公认，同学们信服；

（2）为人公正厚道；

（3）有一定的协调沟通能力，能够主动与人交流；

（4）愿意为集体做事情。

监管替代者一般每个项目2～3人，这样既便于减轻学生负担，又不会造成矛盾，还便于开展工作。他们一般采取轮流值日的方式，每天一人，按照"天值日、周总结、旬通报、月表彰、学期晋级"的方式，检查、评估和奖励学生及小组。

　　我们也可以邀请相关志愿者参与，这些志愿者在经过班主任或者班委审核之后，可以成为班级常规管理的监管替代者。

　　为激发学生参与的积极性，我们把他们纳入干部管理队伍，为其颁发聘任证书。每个学期，我们会定期召开专项会议，如在期末的时候组织学生修改常规管理规则。我们会用"项目博士""专项经理"等名称称呼参与常规监管工作的学生，甚至用他们的名字直接命名项目内容，如"王凯候课法""张畅笔记"。

第三讲　学生早读不出声，早读效果不好怎么办？
——提升学生早读效率的38个小点子

有教师问：孩子早读不开口，怎么办？也有教师问：我们班早读效果不理想，怎么办？

对于上述问题，我们曾做过深入的讨论和实践，下面我将分享我们早读管理的38个小点子，还有我们给学生早读的18个理由、1份教师早读行为自测量表。这些点子都是行之有效的方法，你可以放心使用。

一、早读组织的8个技巧

（1）把早读记忆和朗诵的时间段分开，分时段考核效果更好。

（2）记忆时间段控制在15～20分钟，时间太长，学生容易记混。

（3）在课表上安排大早读和小早读，两个时间段的早读内容可以不一样，最好是学科不一样，两者交替进行以降低学生的疲倦感。

（4）每次早读由科代表（学科代表）提前公布任务和检查时间，以增强学生的紧迫感，提升学生的效率意识。

（5）分组比赛，比拼状态和效率。比如，今天男生和女生比拼，明天以大组为单位比拼，后天以小组为单位比拼，之后再以排为单位比拼……学生在乎的是比拼的气氛和结果，他们赢了就会很高兴，不会在乎是否永远在同一个团队。

（6）赋予早读仪式感，比如，对孩子们说："打开课本—预备—开始！"一个环节一个指示，孩子们会很感兴趣。

（7）在黑板上画出笑脸和哭脸，将孩子们的名字分别填进笑脸和哭脸里。笑脸意味着是榜样，哭脸意味着需要提升。

记住，笑脸里的名字一定要多，哭脸里的名字要尽可能少，实在需要批评的学生的名字才会被填进哭脸里。

（8）明确早读的基本动作要领：眼到（看着书本），嘴到（大声朗读），心到（拼命记忆），手到（手指指读）。别让学生闲下来，学生闲下来就会转移注意力。

二、氛围营造的10个方法

（1）在黑板显眼的位置书写早读目标或标准，营造良好的早读氛围。

（2）书写一句鼓励或激动人心的话，全班朗读，调动早读氛围。

（3）播放振奋人心的音乐，适当的音乐铺垫可以激活学生的积极性。

（4）打开多媒体视频，让全班学生看见自己早读的情景。

（5）教师可以适时地参与早读，教师的激情诵读可以带动学生朗读。

（6）全班站着早读，抬头、挺胸、高举课本，大声朗读的氛围会感染其他学生。

（7）师生比赛，看谁的状态更好。

（8）前15分钟站着读，比声音、姿势。

（9）最后5分钟可满足学生的小愿望，甚至休息。

（10）给早读状态好的孩子录视频，把他作为班内学生挑战的标准，以此激励孩子们。

三、过程激励的8个小策略

（1）让学生自己制定早读的标准，比如声音洪亮、吐字精准、富有感情和记忆时间短……

（2）在黑板上写下早读声音洪亮、认真专注的学生的姓名。

（3）根据学生的状态在学生姓名后面做标记（给个人和小组加分）。

（4）给声音大、认真专注、坐姿端正的孩子拍照，并将照片分享给孩子的家长。

（5）充满激情地赞美早读状态好的学生。

（6）给状态好的学生奖励，如提前坐下。

（7）关注到每一个学生，给予其及时的回应。

（8）借助第三方评价，或者善意的谎言，比如："刚才校长经过，说我们班是全校早读声音最大、最积极的班级，他一会儿还要组织其他班教师过来看。"

四、结果导向的 7 个小点子

（1）提前公布背诵检查方式，学生可以根据背诵的先后顺序，把自己的名字写在黑板上。

（2）给背诵速度快、记忆精准的孩子加分。

（3）请本次表现最突出的学生分享经验，并用该学生的名字命名早读方法，把早读方法张贴在教室墙壁上。

（4）给表现最突出的 5～6 名学生检查他人背诵的权利。

（5）把在限定时间内完成任务的学生的名字写在黑板上，根据人数给小组以积分奖励。

（6）鼓励学生不断打破自己的背诵时间纪录，对每次打破纪录的学生予以表彰或为其颁发证书。

（7）组建早读小组，设立个人晋级榜，每日更新小组的排名。

提高背诵效果的 8 个小技巧如图 1.3 所示。

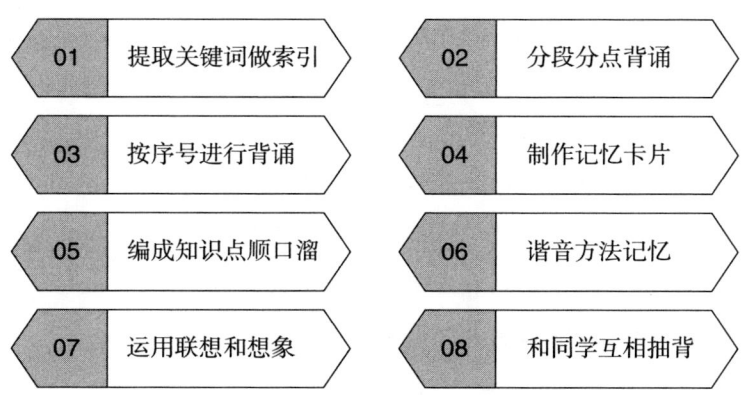

图 1.3　提高背诵效果的 8 个小技巧

五、给学生 5 项技术支持

我们不仅要给学生提要求，还要给学生具体的技术指导。很多学生之所以在早读时没有成就感，是因为背诵方法不当。下面列出的一些技术支持，可以节约学生的早读成本。

（1）通过小贴士的方式，提前将早读的技巧和背诵方法写在黑板上。

（2）帮助学生把较长的内容拆分成小的记忆单元。

（3）按顺序标注每个记忆单元的关键词，并将其写在黑板上。

（4）用正面提醒的方式，在学生容易错记的地方，强调正确答案。

（5）安排能力强的学生在旁边不动声色地带读。

（说明：感谢邵玲、姜丽、黄高红、凌前进、易素珍、郭佩平及郑州市创新实验学校老师贡献的方法。）

六、给学生讲透大声朗读的 18 个好处

有些学生之所以不愿意出声朗读，是因为不知道大声朗读的好处。我们要组织学生把大声朗读的好处说出来。下面的 18 个好处，可以作为我们引导学生交流的参考。

（1）大声朗读会让自己快速进入学习状态。

（2）有助于准确记忆。

（3）如果读错了，别人会容易发现。

（4）方便我们帮助同学改错。

（5）养成说话有底气的习惯，中气十足。

（6）声音大就会被发现，能够让别人督促自己。

（7）形成积极氛围，有助于提高自己的学习动力。

（8）防止自己偷懒，避免无意识地发呆、走神儿。

（9）增加肺活量，有助于大脑供氧。

（10）可以锻炼自己的胆量。

（11）提升语感，加深印象，大声背诵的东西容易转化为永久性记忆——

方便自己随时从大脑中提取信息。

（12）切身体会到付出和收获的关系，提升学习自信心。

（13）欣赏自己的声音，有利于发展形象思维。

（14）经常大声读书的孩子，性格会变得阳光开朗。

（15）强迫自己大声读书，大脑会处于"排空"状态，记忆的效果会更好。

（16）可以读出知识的美。

（17）反复诵读能够激活人的感受力，有助于提高理解能力。

（18）读得越多，成绩就越高，可以直观地看到自己的进步。

七、建立教师早读行为自测量表

如果教师要求学生早读激情洋溢，但教师在一旁袖手旁观，那么学生是不会积极投入的。表 1.5 可以给我们的早读管理提供一些参考。

表 1.5　教师早读行为自测量表

等级	内容	效果（或评价标准）
-1 级●	人到位，玩手机，看小说，发呆	学生感觉不到教师的存在，反面示范
0 级○	人到位，做自己的事情，备课，看作业	师生互相分离，互不搭理
1 级★	管理纪律，清查违纪情况	感受到教师的存在
2 级★★	解决学习问题，帮助处理突发事件	觉得教师有一定的作用
3 级★★★	组织学生积极主动学习，调动班级的早读氛围	觉得教师很重要
4 级★★★★	对学生的学习状态予以及时的反馈和激励	班级学习氛围很好
5 级★★★★★	组织学生开展学习比赛，分享学习成就	学生学习态度积极，班级学习氛围浓厚，成效好

第四讲　自习课纪律不好，怎么办？
——从 6 个层面提供自习课的操作细则

学生自习课纪律不好，不是因为他们想违纪，更多是因为他们不知道怎么做。我曾经观察过一个学生，他在自习课很忙，一会儿忙着找资料，一会儿借文具，一会儿咨询别人，一会儿抓头挠耳地思考难题……总之，一节自习课，他根本停不下来。

自习课纪律混乱，效率不高，学生茫然无措，是因为他们任务驱动意识不强、自学能力差、缺乏具体指导。对此，我们可以从以下 6 个层面入手。

一、提供自习课任务清单

星座班自习课任务清单

1. 整理补充当天的课堂笔记，梳理出自己的难点、重点、易错点和记忆点。
2. 复习近期的教材内容，重点清查自己对概念的理解、对例题的理解。
3. 清查当天要记忆的内容，检查自己是否过关。
4. 在规定的时间内完成当天应写完的作业。
5. 高质量地预习明天要学习的知识。
6. 有计划地完成自己想发展的特长或者优势项目的学习。
7. 完成其他可以在自习课上做的事情，比如活动文案、手抄报、思维导图等。
8. 做好一天的学习复盘工作，安排好明天的学习生活计划。

二、合理安排时间

有了任务清单，再把任务清单的完成时间阶段化，如阅读不熟悉的教材

10分钟，整理笔记15分钟，写学科作业40分钟，各类记忆背诵15分钟（记忆背诵英语单词，若超过15分钟，视为效率不高），预习20分钟……根据当天的自习课切分时间。当学生以分钟为单位切分时间时，表明其有较强的效率意识。

三、提供必要的技术支持

福格行为学指出，好的行为不会自动发生，我们期待的行为发生必须具备三个条件——强烈的动机、足够的实施能力和恰当的提示，三者缺一不可。我们可以用列任务清单的方式，调动学生想上自习课的强烈动机，但学生的实施能力是需要培训才能形成的。

比如，当学生写作业"卡住"时，怎么办？基于前面提到的方法，我们可以给学生提供简化的步骤。

当写作业"卡住"时遵循四个步骤

停下来，想一想
看一看课本案例
先做其他的题目
最后才询问教师

作业太多，或者想法太多，怎么安排任务优先级别？我们帮学生明晰作业书写顺序。

星座班作业书写顺序

1. 先做容易的学科作业，增加自己的效率感。
2. 把大段时间用在有难度的学科作业上。
3. 理科作业优先做。
4. 抄写性作业、重复性作业放在最后。
5. 跳过不会的作业，先完成其他作业。

看书不动笔，一节课看着一页装样子，怎么办？我们有教材阅读法——"书看多少遍？至少要四遍！"（具体说明参见第二章的第一讲）。这样的技术支持有很多，如预习的基本要求、5R[①]笔记法等，我们把它们贴在教室的墙壁上，学生一眼就能够看到。

四、落实基本的自习课纪律

我一直提倡，纪律要求要有可操作性，不能够停留在对学生说"不"的层面。不允许说话、不允许离开座位、不允许……只有不允许，没有"该怎么做"，自习课的效率是不会好的。效率不好，学生就会做违反纪律的事情。对此，我们要给学生恰当的、正面的行为提示。

比如，对于自习课桌面，要求学生做到"三有三无"（目的是培养学生专注的习惯，防止其东翻西看）。

自习课桌面"三有三无"要求

三有：有当时要写的作业，当时要看的书（含教材教辅），当时要用到的文具。

三无：无水杯，无杂物，无与学习科目无关的教材教辅和资料。

备注：电子产品在非学习期间一定不能放身边。

比如，采用一分钟效率法：前面黑板上的多媒体屏幕用倒计时的方式，显示自习课的剩余时间，上课一分钟还没有进入学习状态的学生，要惩罚自己。最好的办法是，拿出当天要背诵的英语单词或课文，立马背诵。谁超过一分钟，谁就自罚。

自习课个人行为考核标准如图1.4所示。

[①] 英文对应的是 record、reduce、recite、reflect 和 review，中文意思分别为记录、简化、背诵、思考和复习。

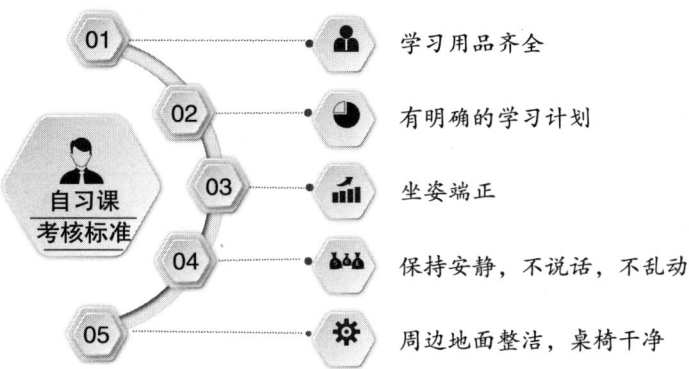

图 1.4　自习课个人行为考核标准

五、给学生两个高效时间管理表

在荒芜的土地上种庄稼的经历，对我们管理自习课有如下启示——让学生在学习的事情上忙碌起来，他们就没有破坏纪律的精力了。

下面两个关于学习的时间管理表，可以让班级学生的自习纪律好起来。

1. 时间切分和利用表

这个表（见表 1.6）使用起来很简单，以精神状态为纵坐标，以时间集中程度为横坐标，把一天的可用时间分成黄金时间、积累时间、反馈时间和收纳时间四个时间段。

表 1.6　时间切分和利用表

	大块时间	零碎时间
有精神	黄金时间（高强度限时训练）：如第一、二节自习课，重在接受新知、检验已有知识的精准度	积累时间（零散记忆和背诵）：如早自习课，重在小知识点、非系统知识点的记忆、复习和积累
没精神	反馈时间（归纳总结和调整）：如最后一节自习课，重在梳理、归纳、抄写和计划	收纳时间（阅读整理和积累）：如自习结束前、睡觉前、吃饭前，重在不浪费时间，养成珍惜时间的好习惯

2. 要事法则表

要事法则表，又称时间管理表，即按照事件的重要性、紧急度，把时间分成重要又紧急、重要但不紧急、不重要但紧急、不重要又不紧急四大块。自习事情安排如下（见表1.7）。

表1.7 要事法则表

	紧急	不紧急
重要	**必须马上做** 考前复习、当天作业、作业订正、试题纠错、知识过关、志愿填报、当日复盘、试卷分析、整理书包	**长期坚持做** 及时预习、学科思维训练、英语词汇记忆、文科知识积累、学习品质训练、错题整理、及时休息、锻炼身体、学科研讨、亲人沟通聊天
不重要	**委托别人做** 卫生检查、给别人开门、接快递、收送作业、班级临时任务、做家务、计划外访问	**坚决不做** 闲聊、看手机、吃零食、喝水、看电视、玩网络游戏

3. 落实"要事第一"三个法则

（1）复习优先：不管多忙多累，抓紧时间把教师讲的内容在脑海中过一遍，加深对知识点的理解和记忆。

（2）落实优先：做任何一项作业，保证1分钟进入状态，充分利用前15分钟。

（3）纠错优先：无论是考试还是作业，若发现错误，第一时间纠正错误。

此外，我们还有落实"要事第一"的操作方法，该操作方法的顺口溜方便师生记忆：

要事第一，理清顺序；防止感染，关闭手机；

不看心情，做着入境；交替学习，当作休息；

中途疲倦，捂耳扣脑；如听天籁，激情重烧。

六、挑战：让学生在安静的环境中倾听心灵的声音

"今天下午你去哪儿了？我找了你好久，都没有看见你的影子。"

"请你把纸条传给王小红，我有事情跟她说。"

"最近太烦躁了,想找人说说话。"
……

每天搞卫生时,我班的纸篓总能倒出许多这样的纸条。你不要以为是学生为了谈恋爱传递纸条,那是人家在"纸上谈兵"呢!

我反感有人在自习课上说小话。在静悄悄的环境中,有的学生原本有了灵感,却被几句吵闹声打乱思路,心情变得烦躁,什么也写不出来;课堂原本挺安静的,学生们都在做作业,突然有人说话,其他声音应声而起。你责问他,他还振振有词:"我讨论问题,不行吗?"行,不能说不行,可是你这样表态的时候,那些想捣乱的学生心里可高兴了——又可以浑水摸鱼了。

在教室里自习的时候,能不能既保持室内安静,又给大家讨论问题的机会?我组织学生讨论这个问题,发现很多方法。

"可以把对方约出去。"

"可以在下课的时候讨论。"

"可以小声说话,靠近一点就行了。"

……

但这些方法不是很理想,马上就有人反驳。是啊,大家都出去一趟,班级像什么样子!大家在下课的时候讨论,时间太短,根本完不成任务!可以小声说话,但是,声音究竟小到什么程度,不好控制!

"可以用笔谈的方式进行啊!"那段时间,我们正在学习沈括的《采草药》——这是《梦溪笔谈》里的文章,有学生便想到了笔谈的方式。对啊!这个方式很好!我开玩笑说:"那不就是纸上谈兵咯!"学生哄堂大笑,最后决定在自习课的时候,通过笔谈交流。于是就有了前面所说的纸条。

可这种方法还不是很好,每天浪费很多纸。有时候值日生倒垃圾,发现纸篓装满了同学们的纸条。于是有人提议,每人准备一本专用的讨论本,不撕、不裁剪,想讨论的同学就在这上面交谈。"是啊,这样还可以保留很多聊天记录!"马上有人赞成。还有人说:"如果这样,毕业的时候,每个人还可以留几本聊天记录本当作纪念！如果我想搜集写作素材，就去向同学借几本看看。"他们或许会挺在乎地说："可以啊，但是看完要还给我！"

　　我班的自习纪律一直是全校最好的，其他班教师来参观的时候，都很惊讶、羡慕。一个重要的秘诀就是笔谈，笔谈避免了第一个人开口说话，没有人开第一腔，自然也就没有人接腔！

第五讲　黑板报不能按期出刊，怎么办？
——期待一次又一次地刷新我们的心灵

每个星期更换一次黑板报，这是我对学生的基本要求。

有些学校出黑板报不是为了迎接节日，就是为了应付检查。这样的黑板报，实际上是供人参观的装饰品，对班级管理、学生教育作用不大。我们追求教育的合力效应，班主任在方方面面的工作中，都应根据班上的具体情况，对学生提出具体的、可实现的阶段性要求。

黑板报也不例外。在我们班，一个学期，每 4 个学生要出一期黑板报。也就是说，全班每年要出 30 多次黑板报，每学期 15 次左右。我建议把其中 4 期作为教学常规固定下来，即将期中考试前后、期末考试之前和每学期初的黑板报定为考试专刊。其余的黑板报由班主任根据班上的具体情况确定内容。

可是，有一次离期中考试只有不到一个星期的时间了，考试专刊还没有出刊的迹象，我觉得奇怪。课后，我召集了部分班干部和近几期负责出黑板报的学生，想知道是什么原因。一问才知道问题的根源在学校。

"学校规定，考场里的黑板要擦得干干净净，不能留字迹。如果我们这几天出黑板报，不到 2 天时间就要擦掉它，那多可惜。"

"再说，马上就要考试了，谁还有心思看黑板报呢？""这恐怕是借口吧？！"我问了一句，学生不好意思地承认了。

既然问题已经出来了，我就不能够回避。我反过来问："既然学校有这种规定，我们能不能既出好黑板报，又不违反学校的考场规定呢？"

"可以让大家把黑板报上的内容抄下来。"——这样太累了，不行。

"可以用旧报纸把黑板报盖住。"——呵呵，拆东墙补西墙的做法，不足取。虽然遮住了黑板报上的字迹，但报纸上也全都是字啊！

"那就用白纸把黑板报盖了吧。"——好是好，可是，那要多少钱？太浪费了。

"用寝室里的窗帘遮几天，只要钉几个钉子，拉根铁丝就可以了。考试结束后还可以拆回去。"——这个方法好，我觉得可以，于是便问道："有谁愿意负责这项工作？"

个子高大的体育委员马上就站了出来。"好啊，他做，还省得其他学生爬桌子了。"我笑着说。

接下来就讨论会不会有人看的问题。我指出，关键在于黑板报的内容是否吸引人。遇到期中考试，大家就紧张成这样，要是碰上大考，还不被吓倒？不行，我们都要放松，文武之道，一张一弛，考试前也要适当放松。考前的黑板报很重要，可以凝聚班级人心，让我们的黑板报一次又一次地刷新我们的心灵吧。出黑板报的学生高兴地领命而去。

当天下午，旧的黑板报内容就被擦去了。

第二天中午的时候，新的黑板报就出好了。

我去看的时候，黑板报前围了很多学生，大家纷纷评价这一期的黑板报内容很好，有考试前的心态调整知识，有历史知识顺口溜，好记又有趣，有幽默隽永的心灵小语，还有同学们自己拟写的每周格言……他们把我的意思理解得很透彻，而且做得更好。

任课教师说，走进我们班教室，总能耳目一新。难怪每次学校黑板报评比，我们班稳拿冠军，原来是考前也不放松啊。

是啊，黑板报不仅是装饰品，还是学生展示才华、提高精神生活境界、形成良好班风的好工具。要请尽可能多的学生参与进来，而且要分组竞争，评选优秀黑板报。我这样做了几年，效果很好。要想黑板报出彩，可以参考图 1.5 中的做法。

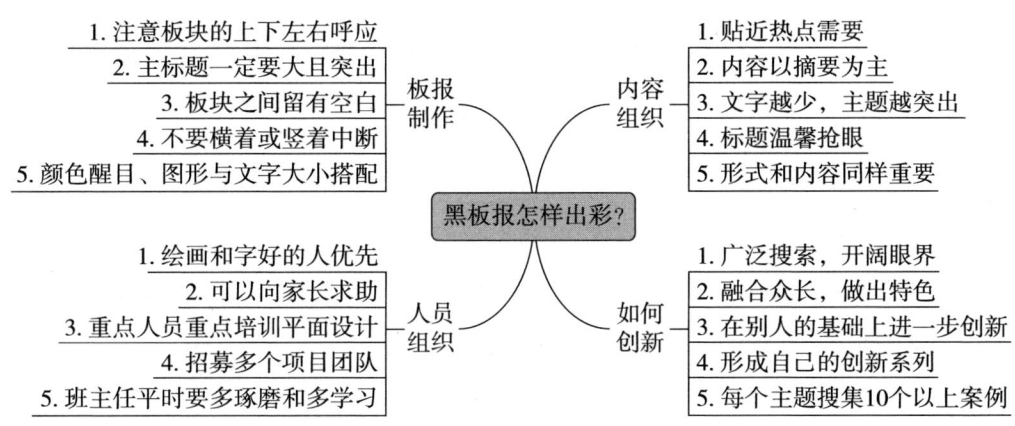

图1.5 黑板报怎样出彩?

第六讲　课堂开局没气氛，怎么办?

——上课口令：一定要喊出精神和气势

上课后学生起立，往往喊："老师好。"可能是没有预备令，喊声总是参差不齐；又或者是学生情绪不高，心生厌烦，问候得没有士气，疲软拖沓。

这不是小事，点滴小事就能反映班风班貌。

如何是好？有四个好主意。

第一，学生起立后，班长喊口令："老师！"学生齐喊："您好！"因为有分工，学生需要认真听口令，所以思想集中，声音整齐洪亮。通过"喊"口令，学生主动营造了热烈气氛。

第二，刻意训练气势。想要形成良好的班风，就得培养学生积极向上的精神，有精神的人才能喊出活力和气势。我常要求学生抬头、挺胸，喊出气势，喊出精神。如果做不到，宁可多来几次。

第三，增加刺激，换成轻松的口令，给学生制造一个惊喜。我有时把对学生的问候语改成"帅哥靓妹们，好！"。他们一下子精神抖擞地齐喊："帅哥好！"课堂气氛活跃了，学生的注意力也就集中了。

课堂开局喊整齐，不仅是一个仪式，也是激发课堂气氛的一个程序。一定要喊出气势和精神。

第四，口号挑战。

1991年暑假，魏书生从西藏拉萨赶到四川成都开会，又连夜赶到辽宁大连参加中国语言协会举办的首次"中青年语文教师观摩课"活动。他被安排讲最后一节课。那时天气热，学生累，观众很疲倦。一般而言，这时候讲课很容易失败。

他走上讲台，不待学生喊口令，就先问学生："大家愿意学习一种消除紧张，使自己充满信心的办法吗？"

"愿意学。"学生答道。

"好，"魏书生说，"现在，请同学们站直，目视前方黑板中缝，面带笑容。好了，请同学们深呼吸，挺胸，气憋足了吗？"

"憋足了！"学生觉得奇怪，异口同声地回答。

"现在，请大家大喊三遍'我能成功'，要求声音一遍比一遍大。"魏书生鼓动学生。

学生们喊了，但是喊得不齐，而且三遍基本一样，没有层次。魏书生说："请同学们想一想，重新分配一下力量，不要平均用力，最后一遍要用全身力气高呼，好，再来一次！"

"我能成功！我能成功！！我能成功！！！"

学生的声音一次比一次大。喊过之后，会场里充满了活力，学生的紧张、疲倦情绪一扫而光。就连听课的教师也被现场气氛感染。

这实际是一种精神上的"场效应"，全班同学齐喊口令，能产生群体效应，大家互相竞争、互相感染、互相鼓舞。在"我能成功"的呼喊中，怯懦、紧张、自卑和懈怠等情绪被驱赶得无影无踪。有人把这称为"精神充电""精神加油站"——都是很恰当的。

激情鼓动，培养场效应，你的课堂也会生气蓬勃。课堂开局气氛调控技巧及口令如图 1.6 所示。

开局气氛调控技巧	尝试下面这些口令
• 怀着恋爱的心情进教室 • 大声鼓动学生投入 • 手势无论怎么激动都不过分 • 给学生输送激情和动力 • 气氛不达标可以重新来过 • 心态阳光，互相感染 • 经常更新方式和方法 • 开展各种上课启动方式的比赛 • 呼喊班级口号	1. 教师"起立"，学生"我已准备！" 2. 教师"请坐"，学生"胸背挺直！" 3. 教师"相信自己"，学生"我能成功！" 4. 教师"最高境界"，学生"全神贯注！" 5. 教师"当我拿起笔"，学生"做到三个一！" 6. 教师"青春无惧"，学生"做到最好！" 7. 教师"努力不会错"，学生"成功必在我！" 8. 教师"人心齐"，学生"难题移！" 9. 挥舞手臂，呐喊三声"我很重要！"

图 1.6　课堂开局气氛调控技巧及口令

第七讲　学生上课睡觉，怎么办？
——充满精神的人，可以把瞌睡虫赶跑

上课时，常有学生趴在桌子上睡得直流口水。有些教师忍不住要骂人。我说："你看，人家在睡觉的时候还听课，多好！"幽默片刻后，学生被善意的笑声吵醒，不好意思地打起精神。

学生犯困很正常。他们正处于发育阶段，每天摄入的食物，除了供他们一天的日常消耗之外，还要供他们的发育成长，往往供不应求，导致学生易疲惫，趴在课桌上睡着。遇到这种情况，请不要过分责备学生。如果某个学生经常这样做，请告诉家长，注意加强孩子的营养。

我们要解决的问题是，这是课堂，学生睡倒一大片，不管哪个教师，都会提不起精神。教师提不起精神，就会传染给下面的学生。不信？你可以做一个实验。你上课打一个夸张的哈欠试一试，你班上肯定会有人马上做出反应，然后就是三五个学生跟着打哈欠。

人的精神状态是很容易传染的，尤其是疲惫心理。所以，如果发现有学生在课堂上睡觉，消极的做法是让他继续睡。这样，你就会发现，要睡觉的学生越来越多。

也有些教师一旦发现学生打瞌睡，就猛喝一声，把学生惊醒。更有甚者，让学生站起来亮相。这也是一个方法，问题是让学生很没有面子，闹情绪不说，脑袋还是懵的。你在上面讲课，人家用标准的"双眼皮"看你——一双眼皮在打架，你在他眼里就是两个模糊的影子！这还不如让他睡一觉。

我平时的做法是，如果只是一两个学生昏昏欲睡，我会走到他们的座位旁，很温和地问他们，是不是要到我办公室的桌子上伏一下，精神好了再回来。课堂上就不要强打精神了，因为我知道，有些学生身体不好，正在长身体，饭后很容易犯困——血液都集中到消化系统，头部供血相对少，大脑缺氧，人就会感到疲倦。又或者是他们过于劳累，确实需要休息。我有一个学生，有一段时间他妈妈住院，晚上他要照顾妈妈，白天上课的时候，他就老

打瞌睡。开始的时候，任课教师责备他，罚他做作业。他是个听话的孩子，性格有点内向，罚了就罚了，自己也不主动说。我觉得奇怪，家访时才知道事情的原委。后来，我就与任课教师沟通——让他睡一会儿。

这些方法都有点消极。积极的做法是努力把瞌睡虫赶跑。平时上到第四节课，或者下午第一节课，下面有人昏昏欲睡时，值日班长就会举手说："唱支歌吧！乐呵乐呵。"

我说"好"，接着宣布："全体起立！抬头，挺胸，深呼吸！"睡觉的学生也被喊起来，迷迷糊糊地跟着做。

学生跟着我一起握起拳头，振臂高呼三下："耶！耶！！耶！！！"最好能蹦起来，这样效果更好。振臂三呼之后，你会发现，课堂气氛活跃了，整个胸腔都特别空爽、干净，人也精神起来。精神起来的人，肯定是可以把瞌睡虫赶跑的。请文娱委员带唱一曲，一曲罢了，一般就不会有人再想睡觉了。

这里有一个思维导图，是关于学生上课睡觉应对策略的，我分10类情况进行分析，并分条列举了应对策略（见图1.7），请大家看看。

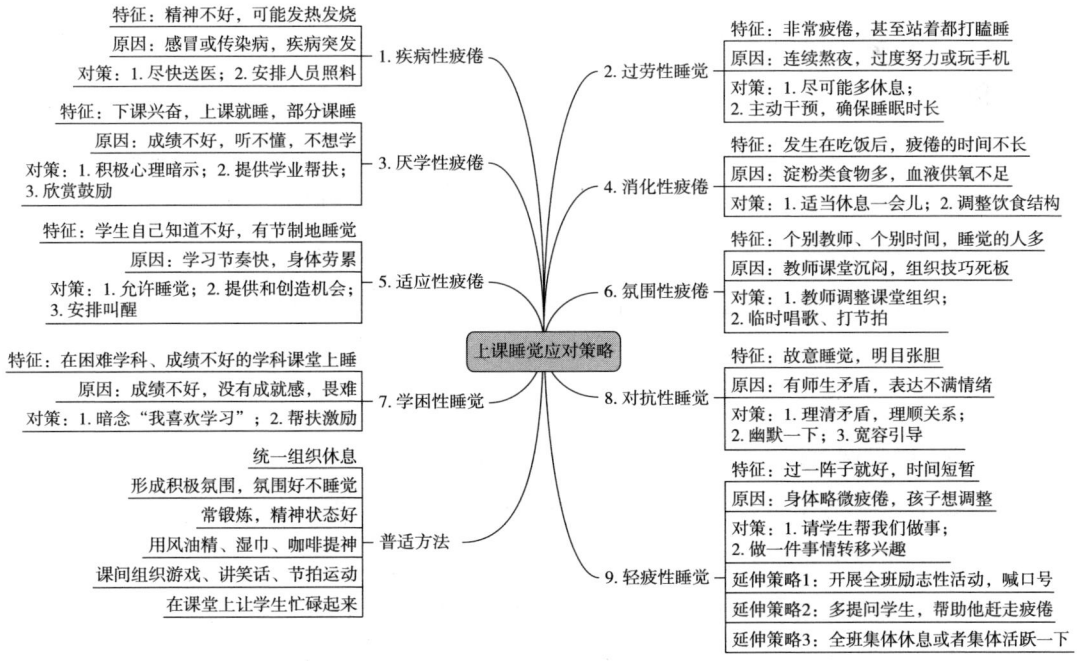

图 1.7　上课睡觉应对策略

如果你觉得这些策略太费时了，下面的一些简单方法也可以根治学生上课睡觉的问题。

1. 习惯养成篇

（1）培养学生良好的精气神，班级精神越昂扬的班级，学生越不容易上课睡觉。

（2）平时让学生的手动起来，比如做笔记，学生会忙得没有心思睡觉。

（3）帮助学生了解"90分钟睡眠周期"，确保睡眠质量。

（4）让学生保持积极的心态，确保学生足够开朗乐观——他们烦躁郁闷的时候也会睡觉。

（5）让学生养成一颗积极上进的心，上进的人总是精神振奋的。

（6）提醒家长督促孩子准时休息，不熬夜。

（7）早上组织学生锻炼10分钟，早上的精神状态会持续一整天。

2. 专题预防篇

（1）课间组织学生看爆笑小视频、漫画，活跃情绪。

（2）一般在上午和下午的第二节课后的课间统一组织全班小憩。

（3）多给学生表扬，大脑感到快乐时，容易分泌多巴胺，他们会更兴奋。

（4）提问学生，用任务促进学生思考。

（5）打开窗户让空气流通，身心舒畅的学生不容易睡觉。

（6）组织学生朝窗外远望，绿景有助于减轻他们的疲倦感。

（7）请学生分享课堂感受，或者个人的小感受，这会让他们集中注意力。

（8）课间组织大家统一运动，学生转移注意力后就不会睡觉。

3. 课堂调整篇

（1）跟着劲爆的音乐跳舞，不会跳舞没有关系，"乱舞"也挺好。

（2）用湿纸巾擦脸，不需要离开座位。

（3）做有氧深呼吸，全身挺拔，深呼吸几分钟。

（4）双手搓热，然后搓脸几分钟。

（5）安排同伴提醒，一旦想睡觉，自己想办法调整，例如站一会儿听课、在座位上动一会儿。

（6）做叉手运动，反复交叉几次就轻松了。

（7）给自己的身体以刺激，比如掐手指、掐腿，转移睡觉的想法。

（8）学生一睡觉，教师就带着大家唱节奏明快的歌，高音歌曲也挺好。

（9）准备几个笑话、几个小品，学生瞬间不想睡觉。

第八讲　学生不怕处分，怎么办？
——注意处分学生前后的 22 个小细节

教师可能都遇到过这样的情景——学生"油盐不进"，什么批评、处分都不在乎，还在其他同学面前扬扬得意地说："我怕吗？学校处分我，我身上一点肉都没有少！"不少教师追问："面对这样的学生，该怎么办呢？"

这样的学生虽然不多，但总会有教师碰到。也有一些教师恨铁不成钢，说一句："给个处分算了。"好像给学生一个处分，他心头的气就撒完了，教育任务也就完成了。

我不这样认为。处分和惩戒都是高利害的行为，一定要心怀敬畏、谨慎使用，别轻易跨越学生心中的底线。尽管教师有批评处分学生的权利，但是我认为批评处分是一把双刃剑，既伤害学生又伤害教师。2019 年，河南栾川县一名毕业 20 多年的男子殴打初中班主任，被判刑 1 年 6 个月，教师当年的惩戒成为他一辈子的阴影。

动辄使用处分，是一种教育懒惰的表现——企图用最简单粗暴的方式解决问题。不少学生在处分到来之前，还会担心害怕。一旦处分来了，反而什么都不怕了。"问题学生"就是这样一步一步地形成的。也许有人不认同我的看法，但其实处分一直都不是教育学生的最好办法。正确的做法如下所示。

一、处分前尽量去做 9 件事

1. 尽可能延迟处分，给孩子改正的机会

孩子还是怕被处分的，所谓的不怕，其实就是硬扛。延迟多久处分呢？等到孩子唤醒自我认知，能够采取积极行动之后，我们再和他聊这件事。给他机会，如果改正了，就不处分了，孩子会对我们心存感激。

2. 给孩子一个将功补过的机会

这是犯错孩子的救命稻草，任何人都会把握住，方法很多，我在这里就不赘述了。

3. 给孩子一个诉苦的机会

我多次讲过赵江华老师的故事。在遇到一个屡教不改、和老师对着干的孩子时，她走过去抱着孩子，说了一句："我想这些年，你一定吃了很多苦吧？"这个孩子瞬时失声痛哭。一些孩子和老师对着干，是因为处分让他们变得冷漠、叛逆。

4. 多想孩子的优点

处分前组织学生聊聊这个"坏到透顶的"孩子还有什么优点，我这样做过，只想这个孩子的优点，不说他的缺点。我原本以为不会有多少学生记得他的好，违纪、捣蛋、搞恶作剧的孩子被班上的许多学生讨厌。可是，我没有想到，当学生们理性地看待这个孩子时，结果能让我如此动容。一个经常违纪、犯错的孩子居然还有我们不知道的一面。他对自己的兄弟够义气、从不吝啬、很细心……天哪，学生们罗列了他近20个优点。我把它们整理出来给这个孩子看，这个孩子一下子就懵了。

5. 重塑孩子的成长信心

屡受处分的孩子为什么会"破罐子破摔"？这是典型的习得性无助，他已经看不到自己的未来了。我们要从他能够做的、最容易成功的事情上，重塑他的信心。我曾在全校推行一个活动——"毫米之变"，即不费吹灰之力获得改变，目的是用一天一点进步，重塑孩子的自信心。如果一个孩子发现并爱上了自己的好，想继续变坏就变得很难。

6. 给孩子一个后援团

孩子犯错，屡教不改，是因为他的成长氛围不好，不够自律，缺乏有力的正面支持。我们要多给他开"帮助会"，找他关系好的同学、找他的父母、找和他有缘分的老师，给他提供支持。人和人是讲缘分的，有缘分的人说话、给他提醒和提示，比没缘分的人说话、做事更有用。

7. 给孩子改错的工具

孩子持续犯错，是因为不知道如何止损。我们要教会孩子使用解决问题的工具。这里我介绍一个引导孩子解决问题的工具——结构性提问。结构性提问分4个步骤（见图1.8），我们可以引导着提问，也可以让孩子自问自答。

第一步是客观性提问："请问你发生（或遇到）了什么事情？"第二步是反应性提问："这件事情给你带来了什么样的感受？"第三步是诠释性提问："你从这件事情里发现了什么规律（经验、道理）？"第四步是决策性提问："你觉得怎样做才能够避免这种局面？"

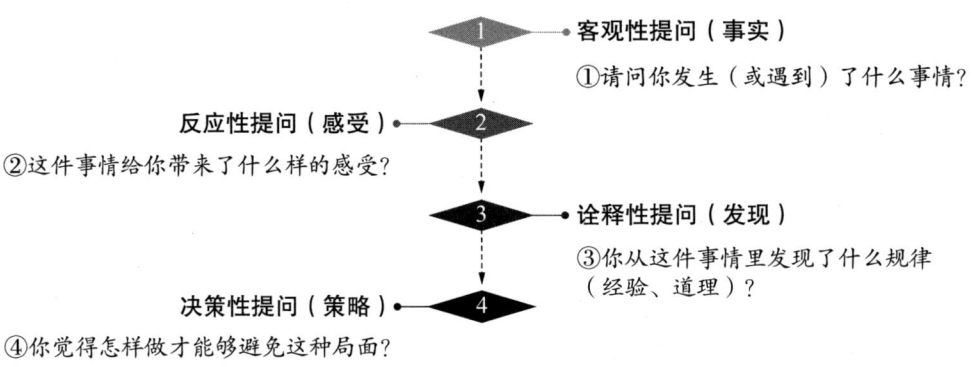

图 1.8　结构性提问的 4 个步骤

这个工具的价值在于，给学生提供解决问题的支架。以前我们教育学生，和学生说话，最后的结果都是学生认错。其实，以认错为终点的教育，只会让学生觉得自己很失败，无益于问题的解决。真正好的教育，应该是教师架设工具，让学生自己解决问题——自己沿着梯子爬上去或者走下来。

8. 反复抓夸

在教育特殊学生时，我很赞成余国良老师的做法。我和他都有在职业中学教学的经历，他一直在职业教育领域耕耘。他认为不能轻易处分学生。如果遇到反复出现问题的学生，怎么办？他的做法是：你犯错了我就抓，你改好了我就夸；你还犯了我还抓，你还改了我还夸；你再犯了我再抓，你再改了我再夸！也就是说，抓抓又夸夸，夸夸又抓抓。抓到、夸到什么时候为止呢？很多人会不假思索地说："抓到、夸到他改好了为止呗。"不对！正确的答案是，如果将教育比作流水线作业，那就是抓到、夸到移交下一道工序为止，而且很有可能需要再跟踪、叮嘱一段时间。抓是培土，针对孩子的问题提供支持；夸是固本，给孩子扶正方向。

9. 盯紧相关责任人

很多教师着急：如果不处分违纪的孩子，那么班上不会有人"学坏样"吗？不会的！如果主角实在是"油盐不进"，不怕处分，我们就从周边入手，盯紧事情的相关责任人。毕竟要兼顾主要矛盾和次要矛盾。别人因为他的问题受牵连，他就会变得很着急。这时候，如果给他一个改过自新的机会，答应他要是改正了，就不调查其他人，他就会充满感激。

二、处分中要做好 5 件事

如果实在不行，非要处分一个孩子，那么我觉得下面的一些工作务必要落实到位。

1. 弄清事情真相

清楚到什么程度呢？被处分的孩子要在内心认同对他的处分。宁可放过很多大事，也不要错怪孩子一次。我们错怪他一次，后面他就不会再听话了。

2. 坦陈责任处置

和孩子开诚布公地谈责任，一是一，二是二，他自己觉得应该受处分，我们才给处分；最好是先不处分他，当他自己觉得不好意思的时候，给处分才是最安全的。

3. 抚平抵制情绪

上次我在某学校和教师们交流，我建议批评小学生在一天之后，批评初中生在一周之后，批评高中生则要在半个月乃至一个月之后。有教师笑："那还有意义吗？"表扬要及时，批评要延迟，处分学生一定要把下决定的时间延长。延长到什么时候呢？学生对处分和批评没有抵制情绪了，这个时候才恰当。

4. 尝试记账式处分

在正式处分前再给孩子一次机会：原本应该给予他相关惩戒或处分，但还是为他争取一个不处分的机会。这个机会的前提是，在约定的期限内，他不再犯错，且能进步。如果他能做到，这次就不给处分了，先记账上。如果他以后再犯同样的错误，就合并处分。

5. 务必建立好关系

教育的处分不是仇恨，而是关爱。不管怎样，我们都要和被处分的孩子建立信任关系。关系好了，什么工作都好做。

三、处分后要注意 8 个细节

1. 保护好学生隐私

尤其是不要让孩子丢脸。当众朗读处分决议，把决议贴在公示栏上，或者在公开场合点名说处分的结论……都是不恰当的。孩子丢脸，就会和我们对着干。一旦师生关系对立，什么事情都会弄糟。

2. 接纳犯错的孩子

犯错是孩子成长中很正常的事情，他们就是在不断试错中走向成长的。我们要做的是，帮助他们降低试错成本。孩子背了处分，不管怎样，心里都是有压力的，我们要接纳他，不然他会更难过。

3. 只公布处分事实

有些教师觉得，不给犯错孩子一个下马威，其他孩子会"学坏样"。为什么教育其他孩子的时候，一定要让这个孩子受委屈呢？这个思路本来就有问题。我提倡在校期间，不要公开与当事学生有关的处分。那么怎么教育其他学生呢？对于同类事情，只公示处理过的案例，让他们看到毕业生的处分事实就可以了。趋利避害是人的本能，孩子没有那么傻，前面有人被处分过，他还会继续犯错吗？

4. 给予持续帮扶

处分真不是教育的终点，很多时候，处分了一个学生，麻烦会更多。我们要以处分为新的起点，继续帮助孩子重建信心，让他以后更好地学习和生活。导师跟进聊天，同伴开导，有缘人跟进，都是必要的。"低起点、小步子、微活动、勤关爱、多鼓励、常等待"，应该是帮扶的基本策略。特鲁多（E.L.Trudeau）医生的墓志铭——"有时是治愈，常常是帮助，总是去安慰"，可以给我们一点启发。

5. 保障相关权益

如果因为处分，学生的升学和就业受到影响，那么学生会记恨我们一辈子。帮助受处分学生解决难题，给他找到更好的出路，方可皆大欢喜。

6. 继续观察和研究学生

不要觉得处分完了，这件事就结束了，处分只是"结案"。学生的改变还需要我们继续观察和研究，不知道学生的需求是什么，帮助和改变学生就是一句空话。

7. 充分释放善意

唯有发自内心地对孩子好，才能真正影响和改变他。师生关系好，才能"治病救人"。

8. 到期撤销处分

按照处分条例规定，任何处分都是有期限的。只有处分，没有撤销时间，管理没有闭环，教育就会留下风险。及时告知孩子，对他撤销处分了，不再有影响了，这既是对他努力的交代，也是给他一个希望。请永远不要让孩子对未来失望。

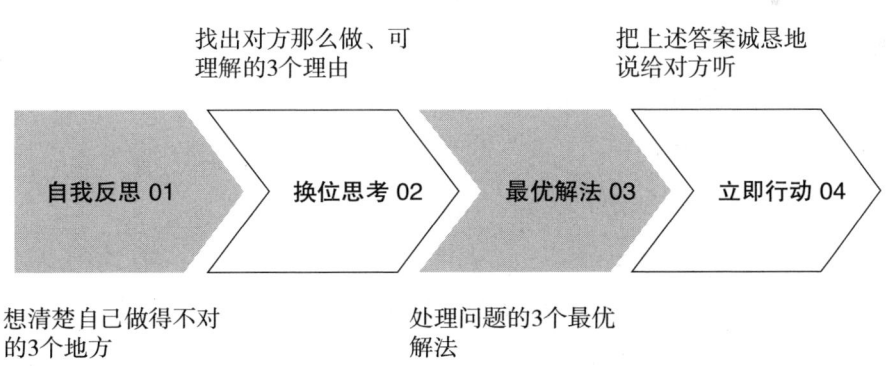

图 1.9　调整学生矛盾冲突的 4 个步骤

第九讲　日常奖励怎样才能激励学生积极上进？
——给你100种学生感兴趣的奖励方法

怎么奖励学生是一门技术活。因为在当下，孩子们不再因为物质上的追求而努力了，那些花钱能买来的东西，已经激发不了他们多大的兴趣了。那么怎么奖励他们呢？注意下面几点，奖励依然能够一次又一次地刷新学生们的期待。

一、精心选择奖品：注重稀有和精神享受

奖品分为两类：一类是物质奖品，另一类是非物质奖品。

1. 物质奖品

物质奖品要突出其稀有性，最好是花钱买不到的，比如以下几种奖品。

（1）有权威标志的奖品，如加盖班级印章的作业本、笔记本、便利贴本、图书等。班级印章不是随便盖的，在外面买不到，所以属于珍稀类物品。如果在奖品上注明日期，写明是奖给谁的，效果会更好。

（2）具有专属性的奖品，如网上定制的写有学生姓名、奖励项目的奖品，可以是钢笔、水笔、圆珠笔、小闹铃和文件盒等。因为这些奖品具有专属性，学生必须努力才能够得到，所以他们就会很渴望得到这些奖品。

（3）有明星效应的周边奖品，如学霸、明星教师、明星作家签名的物品、笔记本等。这些奖品有榜样人物的气息，非常具有激励性。

（4）意义特定的象征品。见证荣誉的奖杯、奖牌和纪念物，学生们会很喜欢。手捧奖杯、戴着奖牌、被聚光灯追着的感觉很好。

（5）具有情感归属的物品，如教师经常使用的水笔、笔记本。因为具有教师身上的"温度"和"气味"，所以学生们也会渴望拥有这些物品。类似的还有同伴制作的手工作品、烘焙食品，这些东西一经教师转手，意义就会与众不同。

（6）学生们特别期待的东西。这需要他们自己告诉我们，我每年都和孩子们签约，约定他们想要的奖品，孩子们动力很足。

（7）教师劳动成果。教师的劳动成果产量不高、具有专属性，孩子们也会很喜欢。我的摄影作品是每届学生的珍藏品。有书法、美术、手工制作特长的教师可以试一试。

（8）时尚电子产品。不是大件产品，是诸如耳机、音响等一系列周边产品。

2. 非物质奖品

非物质奖品一般侧重于权利、机会、学生想解决的困难及精神层面的享受。结合网络资料，我用思维导图的方式，梳理了52项非物质奖品（见图1.10），供大家参考。

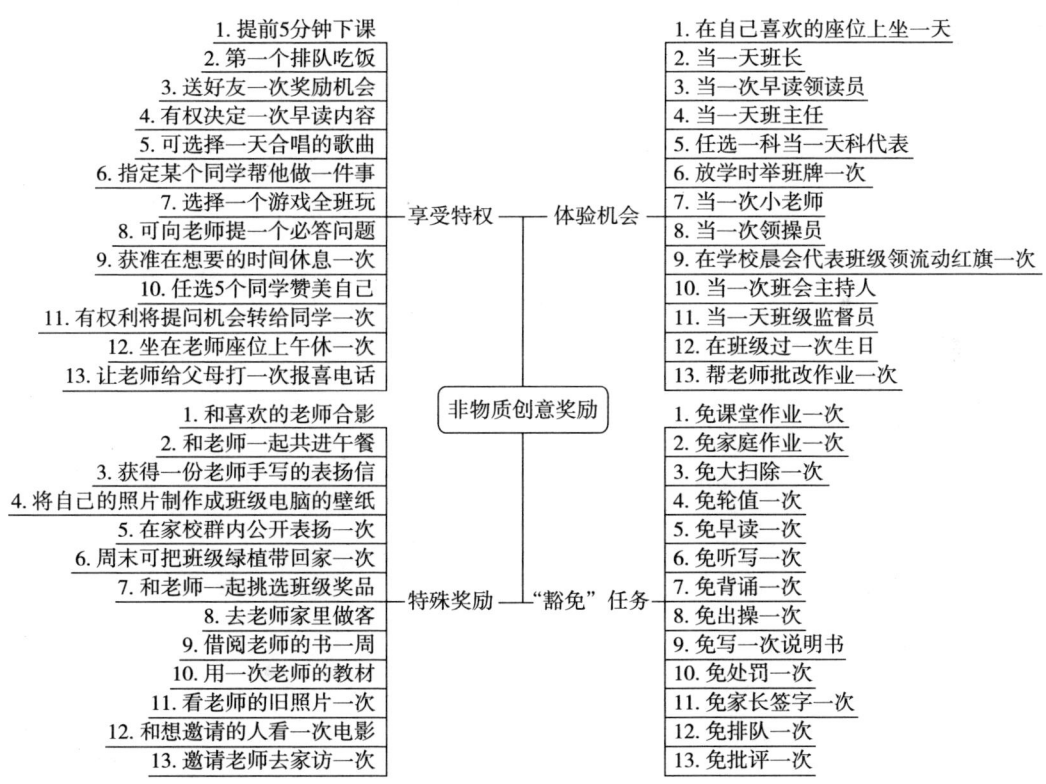

图1.10 非物质创意奖励

二、巧设奖励面：让每个学生心痒痒

教师平时只奖励尖子生、优秀学生，那些差生就会说："我们差生能得到什么呢？"教育要面向全体学生，奖品应该能够激励所有人，让优生、差生都满怀希望地学习。于是，我提出设立期末考试进步奖，谁的进步幅度大，考试分数增长得多，就奖励谁（取前五名）。又有人在下面小声说："六名。"好吧，六名就六名。另外，奖项还增设了关心集体奖、文娱积极分子奖、卫生积极分子奖、遵纪守法奖和优秀班干部奖，每学期的奖励面达全班的80%。

为什么要把奖励面控制在80%，而不是人人有奖呢？这里有个经验。留20%的人不中奖，可以产生促进作用。20%是什么概念呢？也就是说，如果一个班的总人数是50人，20%就是留10人没有奖励。这个数字很有讲究：没有获奖的人数设置多了，大家会有种疲倦麻木感，反正努力也没用；没有获奖的人数设置少了，只有一两个人没有得奖，明年表现差的极有可能就是今年没有得奖的那一两个学生。留下20%是什么概念呢？没有得奖的学生会有失落感，因为周围的同学都有奖励，就自己没有，所以他们会感到失落。但他们又不至于绝望，毕竟班上还有20%的人和他们一样。这就是二八定律的运用。

有教师问：80%的人获奖，哪里有那么多获奖项目呢？这个容易，只要你想奖励，理由多的是。下面这些奖项供你参考。

学习成绩类：总分优秀奖、单科优秀奖、位次进步奖、位次跨越奖、位次保持奖、优秀保持奖。

学习方法类：最具智慧奖、最佳思维奖、最佳创意奖、最具学习力奖、最佳效率奖。

学习品质类：专注奖、细心奖、守时奖、严谨奖、周密奖、坚持奖、毅力奖、勤奋奖、魅力奖。

干部工作类：优秀干部、卓越干部、杰出干部、十佳干部、最具领导力干部、最具魅力干部等。

人品道德类：勤劳之星、善良之星、和谐之星、道德标兵、道德模范、关心集体奖、感动班级奖。

操行出勤类：遵纪守法奖、出勤守时奖、吃苦耐劳奖、精密时钟奖。

综合表现类：魅力之星、创新之星、星光少年、卓越成就、文明少年、文明积极分子、优秀班民……

大家看看，是不是至少有 44 种奖励名称了？你还可以和学生一起继续研发，学生们喜欢的，就是最有效的。

三、注重奖励方式：突出仪式感和时效性

1. 及时奖励

教育领域有这么一句话："奖励要及时，批评要延迟。"即时兑现，效果更好。有一次我在整理自己的摄影作品时，发现有些作品很耐看，就冲洗了很多张。我把它们拿到班上奖励学生。规定凡是在语文课上可以背诵完当天所教的文言文的学生都能获得一张照片。于是学生们使劲背诵，一篇 600 多字的文言文，一节课内全部背完。后来有些学生说："不求什么别的奖励，只求还这么奖励一次。"因为他们可以把照片当作明信片寄给同学、朋友，还可以炫耀一下，这是我当初没有想到的。

后来在每次小测验和班团活动课中，我都拿照片做奖品，及时奖励学生，学生非常高兴。我的那些摄影作品，成本不那么高，种类又多，无非多花一些打印费而已（成本一次只有几元钱）。学生积极争取，结果在班上形成了一个"你追我赶"的局面。所以，不要怕奖品分量轻，只要及时奖励，在班上形成一种期待，班级就好管理了。

及时的要求是：能够当天，尽量当天；实在不行，不拖过一周。

2. 注重仪式

简单地把奖品塞给孩子，价值不大。学生们渴望奖励，更渴望被看见。因此，我们要注重奖励的仪式感。下面这些做法，仪式感很强，大家可以参考。

（1）走班级星光大道。获奖学生像明星一样出场，像明星一样挥手，其他学生像追星一样呐喊，主持人朗读颁奖词，请获奖学生发表获奖感言，再

隆重地为他们颁奖、献花、留影。

（2）吃学校的烛光晚餐。餐桌上点亮蜡烛，在吃饭的时候，把获奖证书和奖品颁给学生，他们一辈子忘不了。

（3）在集会上颁奖。尤其是在校级集会上，哪怕别的班级散会了，这时给学生颁奖，朗读他们的获奖理由，也很有激励效果。

（4）在家访时，让父母给孩子颁奖。把奖品带给家长，在家访的过程中，设置父母颁奖环节（效果真的不错）。

3. 关注细节

奖励孩子重要的不是奖品和奖励本身，而是有没有关注到孩子值得骄傲的细节。把他们的美好品质说出来，在奖励证书上描述他们的努力，用他们的名字命名荣誉和方法，都是能让学生兴奋的办法。

以上奖励方法，大家数一数，是不是已经超过100种了？

第十讲　评语老套，提不起学生的兴趣，怎么办?
——热情地赞美学生身上的点滴进步

读了十多年书，每个学期结束的时候，教师的评语基本上是同一个格式，内容也差不多——可能我的表现也基本差不多。通知书上的评语都是这样的："该生在校表现较好，能遵守课堂纪律……"

但就是这"差不多"的评语，害得我在家里常常挨老爸的数落：这个"较好"是什么意思？意思是你做得不够好，不然为什么不说你表现得很好？"能遵守课堂纪律"，说明你还有问题，不是主动积极地学习，上课还有小动作，不然怎么会用一个非常勉强的"能"呢？

我就不服气了。我这个学期进步了，名次上升了两位。要知道，对于全校同年级四五个班总排名前十名的学生，名次上升两位，是多么困难！怎么还是表现"较好"呢？你要是觉得"较好"，就去试一试。但是班主任的评语是这样的，我也只好自认倒霉。有时候我也想让老师给我换个评语，不要每年都是不变样的几句套话，害得我在家里抬不起头。

等到我自己做老师、当班主任的时候，有"经验"的老班主任告诉我，评语很容易写，一个星期就完成了。我觉得很奇怪，怎么会这么快？！我拿过来一看，原来所有的评语都是这样写的：该生在校表现……（填"较好""一般"的居多，"很好"的很少，"较差"的也少。）就是这几个词语，结尾也是一样的："希今后……"哦，原来害我每学期挨骂的评语就是这样写出来的！仅仅不到一个星期就被坐在办公室里的老师写了出来！

我痛恨这样的评语！这是对学生的漠视。

你想啊，这个"该生"是谁？老师在写的时候，可能根本都没有仔细想过。碰上张三的通知书，这个"该生"就是张三了，碰上李四的通知书，这个"该生"就是李四了。呵呵，"该生"原来是放之四海皆准的人！至于这个"较好"，究竟又是好到哪个地步？没有具体内容作为支撑，只能是模棱两可。最讨嫌的还是那个几乎无一例外的"希……"，这是学生挨骂的罪魁祸首——

肯定因为做得不好，所以希望你做好！从第一句评语品到最后一句评语，"聪明的家长"已经把可怜的孩子批评得体无完肤。

多么可怕，我自己做了十多年的学生，现在来做老师了，评语居然还是一个样！我决定推倒这些固化的经验。

首先，我给自己定下一个规矩：绝不用格式化的语言评价任何一个学生。我对学生说，如果谁发现我写评语时用"该生在校表现……"开头，就检举揭发我。我给自己定的标准是用十个不同形式的评语去评价同一个学生。刚开始的时候很容易，写到二十多名学生的时候，我感觉思维枯竭了。我停下来反思自己——是不是对学生有足够的了解。如果不是，就与任课教师交流，以获得最全面的认识，做出最公正的评价。他们觉得我太认真了，但是都很支持我，觉得这样肯定能激励学生。

其次，换个思维方式，把评价学生变成与家长、学生的直面交流。那么，他们与我的关系就是诉说与倾听的关系了，而不是我"审判"他们。这样，那些荒谬的"该生"等第三人称词就彻底离开了我。取而代之的，是亲切的第二人称词。我常常假想学生就坐在我的对面，我们正在诚恳地交流学期心得体会。

有时我这样写道："只要提起你，老师和同学都会夸你聪明能干，虚心好学。你关心集体，热爱劳动，是同学的好榜样；你身为班干部，严格要求自己，工作认真踏实，是老师的好助手。如果能与'小马虎'永远分手，那么更多'第一'将会属于你……""性格内向的你，虽然不善言辞，但学习成绩一直很不错，这与你不懈的努力分不开。只是我想，你要是能在学习时与同伴和老师多多交流，大胆提问，注重思维方法的训练，你的成绩一定会稳步上升……"

学生的通知书到了家长手中后，他们可以一起欣赏、研究它。很多家长对自己的孩子说："你们老师是有水平和责任心的人，要珍惜跟他学习的机会！"有一个家长，直至现在我还记得他的名字，他看到孩子的评语后，第一个感觉就是羡慕。当天晚上，他打电话给我，说他好羡慕孩子能够碰上像我这样的班主任！我很感动，这些鼓励，激励我继续努力。

最后，我还需要把握一点，那就是评语要充满激情，能激发家长、学生的积极性。这一点很好办，只要你爱孩子们，你就能做到。你想啊，热爱学生，你就能够发现他们身上有许多不为他人所知的优点。你在评语中提到学生的这些优点，家长和学生就会有这样一种感觉："老师时刻关注着学生的成长，多好的老师啊！"学生和家长对你充满感激，你的思想工作就好做了。所以我当班主任的时候，觉得班级工作并不难做。我会努力而真诚地赞美他们，赞美他们的优秀品质，赞美他们的努力精神，赞美他们身上的点滴进步。我会像下面这样给学生写评语。

"你埋头搞卫生的情形感动着我。同学们都走完了，你还在用手擦拭灰尘，清理地上的脚印。在没有人看见的时候，你还在为集体付出努力，这说明，你是一个有强烈责任心的人！你细心的行为为班级赢得了荣誉。像你这样负责的人，还愁成绩上不去吗？上个学期，我时刻关注你的进步，事实证明，我的判断没有错。好样的，小鹏程。"——你不要以为这是一个三好学生的评语，这事实上是一个差生的评语。但是，我相信，这样的评语，一定能够激发他的上进心。事实证明，我的判断没有错，毕业的时候，他被学校推荐为市三好学生。

我还在思考一个问题：评语一定是教师写，孩子和家长就不能参与吗？事实上，他们应该参与。于是，我班开展了"一起写评语"活动，效果也不错。

"一起写评语"的程序是这样的：先学生自评，然后小组互评，其间可以邀请一至五位好友客评。这样可以让大家看到更为丰富多彩的自己。自评、互评、客评是孩子们的主场，他们写得文采飞扬。

同伴评价之后，学生们可以邀请自己喜欢的任课教师给他们写评语。为了不增加教师们的负担，学生可以在任课教师评语和导师评语之间二选一，这样有利于培养他们向上沟通的能力。

班主任给学生写的评语是最权威的。为了更加客观地评价学生，先请学生站在教师的角度，拟定学期评价，经同伴审核后，将其提交给教师，作为教师评语的参考。这样，我们就可以从另一个视角了解到学生的个人定位和自我认知。

最后一个环节，是家长给自己的孩子做学期评价，这重在增进亲情。我对家长们说，家是讲爱的地方，爱要重于道理。

我们还开拓了一条新路径——让学生邀请社区人员或者校外熟悉的人给自己做评价，让学生看到另外一个自己（见表1.8）。

表1.8 筱新新八年级上学期成长足迹·期末综合评价

学生姓名	筱新新	家庭地址	××市××区××路××号			
评价期间	八年级第一学期	学业成绩评价	AAAAA	综合素质评价	★★★★★	
星级荣誉	历史获得	已获"学习之星""文明之星""勤奋之星""纪律之星""健身之星"				
	本期获得	拟申报为学校的"创新少年"				
学生自我鉴定	本学期我做得最满意的事情：当然是我的成绩进步了，分数就是硬道理，哈哈！然后是我成功地策划了我班在义卖会上的"特产超市"，让我班在全校师生面前出尽风头。另外，我写的校名被挂在学校校门上一个月！ 我最喜欢别人这样评价我：你真是一个受欢迎、有力量的人。 如果时间能重来，我最想做的事情是在冬至包出好看又好吃的饺子，嘻嘻。					
好友印象	我有挚友叫新新，全校师生知大名。 勤奋慧学成绩好，心怀大志像雄鹰。 平时锻炼不松懈，举手投足似明星。 更喜谦和有才华，吾辈结交三生幸。（好友郑小创）					
组内同伴互评	新新表现我来说，天天见面体会多，归根结底一句话：不错！ 学校本期做义卖，班级方案她定夺，最后效果怎么样？爆火！ 分享学习谁活跃，新新引导当楷模，每次我组走上台，叫座！ 课间休息开心宝，聊天游戏悠悠过，重拾精神进课堂，真乐！ 实在要求提意见，我们意见就一个，持续发展别熬夜，稳妥！（小组三句半评语）					
教师代表评语	语文：你上课认真专注的样子，我很想拍下来，告诉大家，这就是好的学习品质。 数学：你破解了一个遥远的传说，女孩同样可以学好数学，我为你点赞！ 英语：下学期还请你做我的科代表，我太省心了。谢谢你，我的小甜心。 生物：让我悄悄地告诉你（偷偷骄傲一下）——你做的细胞模型是本届最好的！ 历史：历史学科的思维，就是用历史的观点来看待现实，这一点，我深信你能行。					

(续表)

专任导师评语	新新，我总是想起放学时，你在校门外使劲朝我挥手的样子："老师，明天见！"开朗、乐观，那一脸的阳光灿烂，足以慰藉整个冬天。我很庆幸这个学期被你选为导师，与其说是导师，还不如说是朋友，我们俩用心地走过这个学期。你的善解人意，既让我感动，又让我心疼，温暖别人的同时，请注意呵护好自己。正直阳光是你的特质，希望你永葆本色。有什么困惑或者喜悦时，记得找我！
班主任评语	怎样才能够表达我对你的喜爱？我决定仿写席慕蓉的《一棵开花的树》： 如何让你遇见我 / 在学习最恰当的时刻 / 为这 / 我已在佛前求了五百年 / 求它让我遇到像你一样的学生 / 佛于是把我化作一棵树 / 长在我们的教室旁 / 我每天心底都开出一朵花 / 朵朵都是对未来的盼望 / 当上课铃响，你微笑细听 / 每一个眼神都充满学习的热情 / 每一次精彩答问后 / 在你身边落了一地的 / 新新啊，那不是花瓣 / 是大家欣赏的眼睛！
家人评语	弟弟眼中的姐姐：世界上最好最美的姐姐，琴棋书画、说唱运动，无所不能。 妈妈眼中的孩子：你是我们的骄傲，新新，感谢上天把你赐予我们，我们以你为荣。 爸爸眼中的孩子：在众多的赞词中，爸爸看到了你的优秀，但是我们更应该做到人间清醒。宝贝，让我们拥有荣誉的，不是当下的成绩，而是我们取得成绩之后的行动和努力。永远要思考：我怎样才能达到自己的最好水平？加油啊，宝贝。

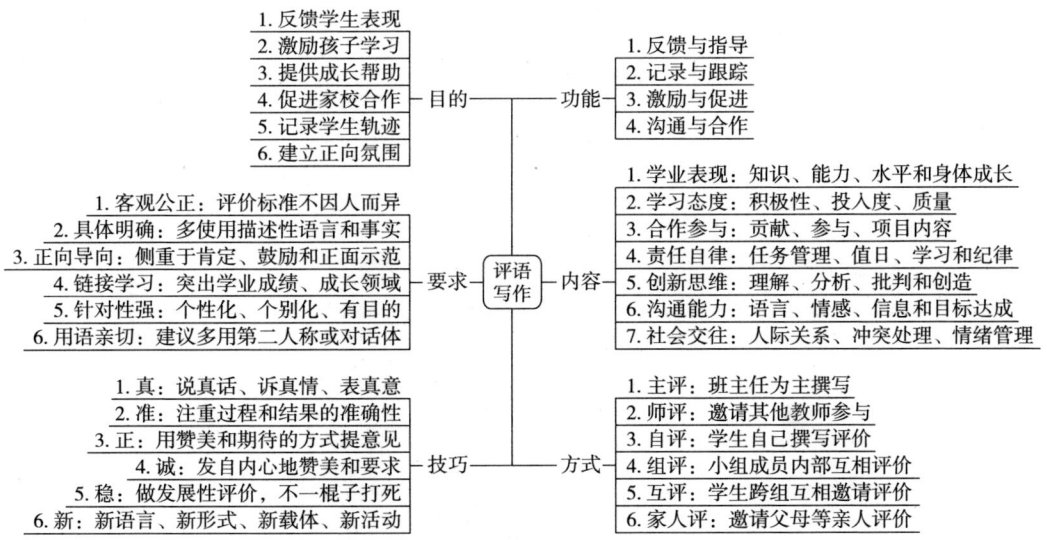

图 1.11　评语写作

第二课 学习常规管理

第一讲　学生的学习习惯和方法都很差，怎么办？
——学习品质训练永远是最根本、最有效的方法

对于有些班级，教师一努力，学生成绩就上去了；稍微一松懈，学生成绩又立马下降了。更为气恼的是，没有考核、排名的时候，学生的总成绩"忽"地蹿到了年级前头。等到要考核、排名，学生偏偏没考好。你说恼火不恼火？

是什么原因造成学生成绩不稳定呢？是抓得不够紧吗？怎样才能持续有效地提升学生的学习成绩呢？

答案是，抓成绩必须先抓学习品质。只有学生的学习品质提升，他们的成绩才能稳步上升。什么是学习品质呢？学习品质是影响乃至决定学生学习效果的因素，是学生在学习上表现出来的情感、认知、态度、动机、意志、方法、能力、习惯和风格，是学生在学习上体现出来的个人素养。

学习品质是可以逐步培养的。我一般从下面这些简易的地方入手，加强班级的学风建设。

一、自学的工具和方法

叶圣陶先生有一句话广为流传："教是为了不教。"哪些是教师应该教的呢？方法和工具应该是由教师教给学生的。不需要教的是什么呢？学生们通过工具可以获得的内容。也就是我们常说的"授人以鱼，不如授人以渔"。

下面是学生需要掌握的预习工具。

1. 预习的 8 个要求

（1）做及时：尽可能提前一天预习。

（2）看准确：把新学习的内容一字不错地看一遍。

（3）圈显眼：圈画出概念、定理和定律等关键信息。

（4）说清楚：理解并复述预习的内容。

（5）读完整：梳理书本的关键信息和脉络。

（6）答正确：提前做一下有关练习。

（7）想明白：记录暂时不能解决的问题。

（8）理透彻：站在教师的角度想一下适宜的授课方法。

2. 预习的 6 个步骤

（1）通读，找出新的知识点。

（2）精读，圈画出关键信息，并对其进行批注。

（3）复读，梳理内容概要，理出重点。

（4）答题，挑战自己的理解能力。

（5）攻坚，利用资源解决难点。

（6）预设，设想教师的讲解方法。

通过这样的工具，学生可以明白一个简单而朴素的道理：预习不是把书看一遍，预习是提前梳理知识，那些实在不会的知识点，才是上课学习的重点。

有教师说，学生在思想上明白自己应该提前预习，可是，在具体预习的时候，他们常常不知道怎么操作，拿着书本发呆，时间一晃就过去了，怎么办？

——给他们明确的读书标准，帮助他们用顺口溜的方式记下来，如"教材四轮阅读法"。

3. 教材四轮阅读法

（1）通读。最大限度地记忆、理解学科内容，检测知识的记忆程度，找出薄弱的地方，为第二轮读书做好筛选工作。

（2）精读。理解学科规律，掌握学科思维，归纳学科特点，建立学科知识体系，在整体上理解和掌握教材。

（3）补读。尤其要警惕在前面读两遍的过程中都忽略的细节问题。高考其实就是考细节，细节的地方不丢分，就能得到高分。

（4）忆读。不看书本，利用回忆的方式去读，精确到知道书本上第几行第几个字的内容是什么。如果不确定,马上打开书重新读,把薄书读厚。

学生们记不住?没有关系,我和学生们一起编顺口溜。编顺口溜的过程,就是理解和创造的过程。下面是"教材四轮阅读法"的顺口溜。

书看多少遍?至少要四遍!
一轮通读完,逐字圈画遍;
二轮要精读,归纳把握全;
三轮是补读,细节是关键;
四轮回忆读,不懂马上看。

我告诉学生们:读书是一个逐渐积累的过程,第二天不一定就有效果,但日积月累,很多问题就会迎刃而解。

二、上课的工具和方法

上课专注的学生让人着迷,明亮的眼睛、心无旁骛的眼神、旁人无法打扰的专注、积极美好的互动……我也曾经拍下好多学生上课专注的样子。有一个女生,叫徐璐,我曾经好多次告诉她:"你认真上课的样子,无论怎么看都很美。"

专注是可以培养的。可以从学生的学习任务、目标和标准着手,培养他们专注的习惯。

1. 带着 6 件行囊去听课

(1)带着目的。即带着预习时自己不会的、理解不够的、审题较慢的、有难度的问题去听课。

(2)带着比对。比对自己在预习时对教材的理解和听老师授课时对教材的理解,看看两者有什么不同,一旦发现差异,就立即做笔记。

(3)带着笔墨。不要迷信自己的记忆力,好记性不如烂笔头,忙着记录你就没有时间走神和偷懒了。发现有用的,马上记录下来。

(4)带着参与。积极讨论、发言和板演。不要怕出错,这是验证知识的好机会：错了，印象深刻；对了，自己会因为输出而收获喜悦。

（5）带着节奏。在老师维持纪律的时候，同学们自由阅读的时候，老师个别辅导的时候，老师讲故事调节气氛的时候，悄悄地放松一下，这样效果会更好。

（6）带着豁达。不要纠结于听不懂的内容，在不懂的地方先做一个记号，然后跳过去。先跟着老师的思维把课听完。

2. 跟上老师思路的8个诀窍

（1）预习前置。尤其是站在老师授课的角度，预测老师的重点和难点，关键时刻不掉"链子"。

（2）备好物品。提前把课堂上需要的教材、教辅、文具、作业本、试卷和错题本等准备好，不要因为找东西错过老师讲授的内容。

（3）拒绝打扰。不管同学和你关系有多好，也不管他们说的事情有多重要，除非老师临时宣布进入紧急状态，否则，他们说什么都没有必要搭腔或者回应，你只需要一心盯着老师。

（4）随时记录。闲着就会走神，保持动笔的好习惯，用动作跟着老师，既有可视感，又有成就感，关键是强迫自己跟上老师的思维，利用做笔记督促自己。

（5）叫停纠结。遇到不会的或者听不懂的、超过时间但还想思考的内容（老师的授课节奏已经离开这些兴趣点），你要果断学会叫停思维，用自己的方式在知识点上标记一下，继续追着老师的思路走。千万别钻牛角尖，尤其忌讳在不懂的时候擅自翻书和询问同伴，这样会漏掉更多东西。

（6）把准重点。①在开课初，衔接老师布置的任务及新旧知识点；②在下课前几分钟，听老师归纳总结要点；③明确老师在黑板上标注的重难点及注意事项；④复习总结干货；⑤记录老师板书的内容。

（7）注意提示。当老师说"大家请注意""这个非常重要""我再重复讲一遍""我强调一下""这个问题的关键""大家看我"的时候，一般都是容易出错的地方，须加倍注意。

（8）强化练习。三分老师教，七分自己练。把作业当成考试，限时做对，才算是真正掌握了上课的内容。

3. 专心听课的7个衡量指标

（1）笔记有没有错漏；

（2）题目会不会解答；

（3）提问有没有回应；

（4）讨论有没有参加；

（5）姿势是不是端正；

（6）疑问有没有解决；

（7）复盘有没有收获。

4. 认真上课的行为指南

（1）眼到：多看。看什么？四看。

　　①看老师——

　　　　看老师动作表情，

　　　　看老师强调内容。

　　②看板书——

　　　　看老师板书过程，

　　　　看重点步骤书写，

　　　　看要点细节表达，

　　　　看关键环节落实，

　　　　看老师概括梳理。

　　③看教材——

　　　　看老师提醒的教材要点，

　　　　看自己的圈画补充。

　　④看同伴——

　　　　看不同的解题思路，

看同学的问题所在。

（2）耳到：多听。听什么？上课十听。

听老师讲什么话，

听细节如何表达；

听同学怎么提问，

听老师如何解答；

听同学怎么讨论，

听老师如何归纳；

听同学不同见解，

听老师如何评价；

听老师补充什么，

听老师强调了啥。

<u>简洁版本：</u>

听老师怎么讲，

听同学怎么答；

听老师如何归纳，

听老师强调了啥。

（3）手到：多写。写什么？六做。

即"录提纲，记重点，标难点，抄总结，做练习，补错漏"。

书上有的，没有必要记录，

记录老师拆出来的知识点，

记录老师课堂上补充的知识点，

记录老师强调的要点，

标记老师反复提及的知识点，

标注自己出错的知识点，

记录老师增补的题型，

记录对自己的提醒，

记录自己的感悟，

记录同学补充的内容，

记录老师和同学们归纳的规律。

(4) 嘴到：勤说，不懂就问。

①师生互动——

积极回答老师提问，

及时回应老师要求，

默述老师讲授重点，

大声清晰提出问题。

②知识诵记——

大声背诵相关知识，

情境朗读重要文字，

勤念重要概念定理。

③合作学习——

主动把握发言机会，

积极参与讨论环节，

做小老师发起学习。

5. 高效课堂笔记——5R 笔记法

5R 笔记法也叫作康奈尔笔记法，因出自美国康奈尔大学而得名。5R 笔记法的步骤包括记录、简化、背诵、思考和复习五步，对应的英文是 record、reduce、recite、reflect 和 review，故称为 5R 笔记法。5R 笔记法有一个完整的知识记录、补充及使用流程，对学生颇有助益。

做法是将一张纸分为三个区域。最大的一个区域是"平时记录区"，用于日常课堂主要知识内容、重要概念、典型题目的记录，是笔记的主体。旁边的一个区域是课后补充区，是梳理、概括、摘写关键词和补充要点的地方；本区域的内容须在当天背诵完毕。最下面的一个区域是索引查找区，用于听课随感、经验体会、标题的记录；我们常在页边贴一个小纸条，标准位置，以便查看。索引查找区建议归纳完毕之后，学生不用看上面的主栏，只看索引,用十分钟的时间便能回忆起授课内容。

为增强笔记的可用性、直观性、简洁性,建议用三色笔记录。用黑笔记录基本内容,用红笔记录要点提示或圈画易错点,用其他颜色的笔(如黄笔、蓝笔等)记录增补内容。这样后期阅读的时候,学生能够抓住重点。

简单示范如图2.1所示。(注:本节实物图系曹丽晴同学的笔记。)

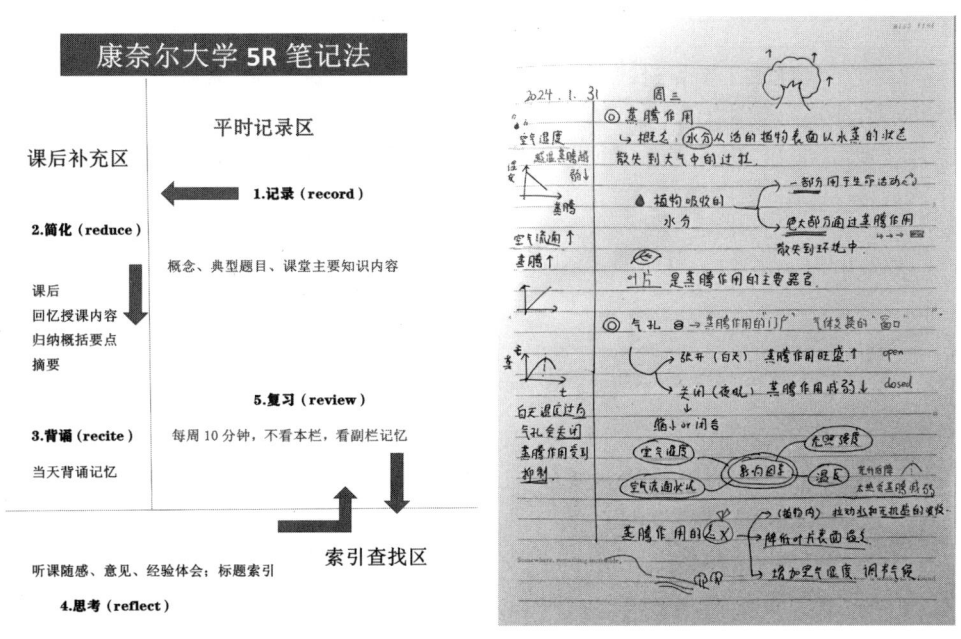

图 2.1　康奈尔大学 5R 笔记法

6. 四维矩阵复盘图

针对上述上课行为指南,我们给学生一个复盘矩阵工具,从"我看到、我想到、我做到、我得到"四个维度给他们提供脚手架,以便他们及时复盘,总结自己上课的得失。

四维矩阵复盘图见图 2.2。

维度一：我看到

黑板上……

教材里……

老师……

同学们……

我自己……

没有谁被忽视……

维度二：我想到

大家都这样积极努力……

班级氛围很好……

老师准备很充足……

我喜欢这样的课堂……

我还有哪些地方可以改进……

未来……

维度三：我做到

专心听课……

不搭理同伴的闲聊……

及时且认真地做笔记……

准确回答老师的提问……

高效利用时间……

维度四：我得到

知识上……

情感上的安全感、舒适感、自豪感……

能力上又学到新技能……

我对学习的感觉……

得到了同伴的支持和认可。

成绩也进步了。

图 2.2　四维矩阵复盘图

三、关于作业的工具和方法

学生年龄小，总会丢三落四。今天布置作业，教师的嗓子都沙哑了；明天检查作业，可还是有学生忘交作业。我们批评他，他很无辜地说："老师，我不知道要做这个作业。"出错，更是家常便饭。

如何让学生们高效地完成作业呢？教师需要对孩子进行作业管理的专项培训，以提升他们的学习品质。下面的"五步法作业管理"，可以给大家带来一点参考。

1. 记——记录作业清单

（1）载体专用以方便查看（专门准备一个记录本）；

（2）标注记录的时间（以防看错）；

（3）分科、完整清楚地记录作业任务；

（4）标注老师提出的注意要点；

（5）提交的时间具体精准。

简单示范如图 2.3 所示。

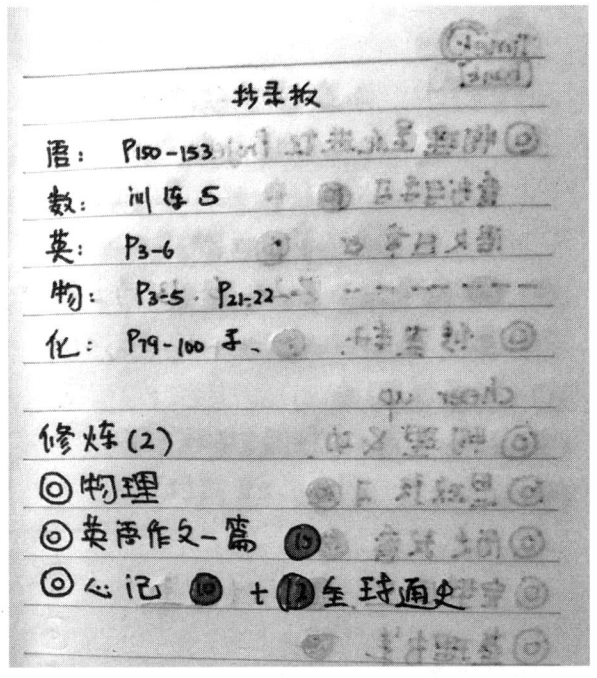

图 2.3 作业清单示意图

2. 定——定出时间安排

（1）预估每个学科的作业时间（确保按时做完）。

（2）先做容易的学科和题目（增加自己的效率感）。

（3）把大段时间用在有难度的学科作业上。

（4）理科作业优先做。

（5）抄写性作业、重复性作业放在最后。

（6）遇到不会的作业先跳过。

（7）在限时完成的作业清单后画钩或画红心。

简单示范如图 2.4 所示。

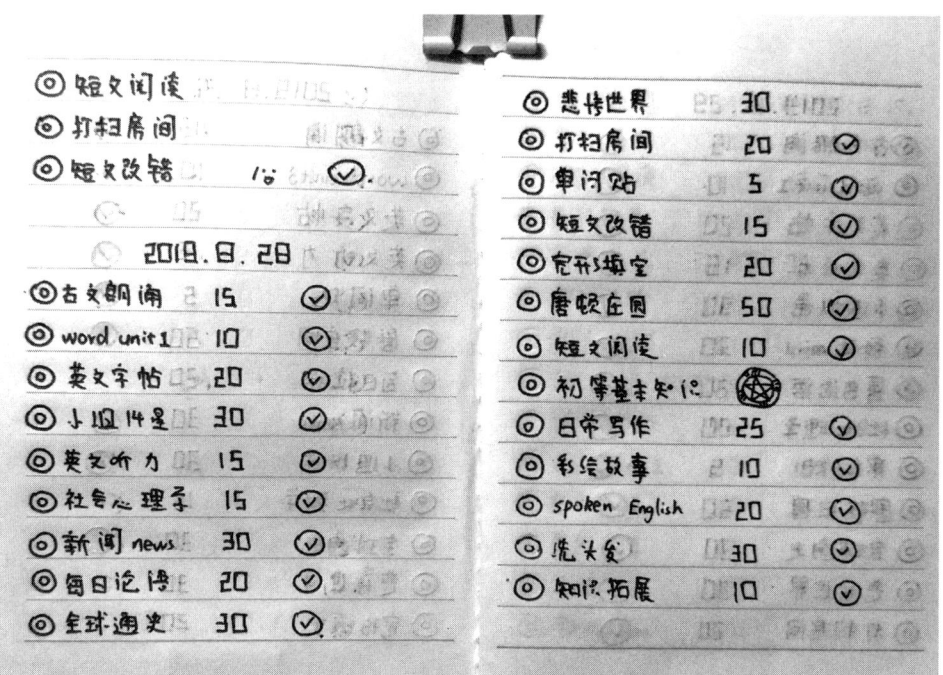

图 2.4　时间安排示意图

3. 优——优化作业准备

（1）准备好自己（最优先级别，这一点非常重要）。

　　撤走手机、平板等电子产品；

　　上好厕所、洗好手，不吃零食，拿走水杯。

　　保持好心情，以饱满的能量级别进入写作业状态。

（2）准备好书桌。

　　要求：干净、清爽，无杂物，灯光照明舒适。

（3）准备好资源。

　　按作业顺序准备好文具、教辅和教材；

　　先复习后写作业，把当天的知识理解得更透彻。

4. 做——限时完成任务

（1）心态：用考试的标准和要求限时完成作业。

（2）质量：尽力准确地完成每道题目。

（3）行动：立即行动，不拖延一分一秒。

（4）变通：遇到超过五分钟都不会的题，先跳过去并做好标记。

（5）清查：做完一科就清查一遍是否遗漏。

（6）攻坚：通过教辅、工具资料攻克不会的难题。

（7）标注：标注每项作业的完成时间。

（8）求助：遇到实在不会的题目，求助老师和同学。

5. 验——验收作业成果

（1）自查：对照作业清单逐一检查，以防疏漏。

（2）自核：核对作业数量和时间利用情况。

（3）自纠：检查本次完成作业时有无松懈、倦怠和懒散的地方。

（4）自批：借助资料、参考书批改作业。

（5）自订：完成错题订正，整理错题本。

（6）自勉：奖励自己休息几分钟，说一句"又是效率满满的一天"。

我在"自主教育"微信公众号上表示："把每次作业当成考试，限时完成。"福建网友"神经蛙"留言道："把每次作业当成考试，考试就和平时写作业一样，很少会遇到'紧张''不确定'的时候。一题寻求多解，是因为同学下课会问，只讲一种解法，有人听懂了，有人还没听懂，只好重新梳理他们无法打通的'关节'；打不通，只好换一种思路再讲……在帮助完同学后，我对知识点的理解已经远远超过从课堂上接收到的。这种多角度的思考对打基础非常有效。"

这一留言，从另一个侧面说明"五步法作业管理"是有效的。

四、关于刷题的工具和方法

刷题又怎么培训呢？下面是关于中高考刷题的一些做法。

1. 一套中高考真题为什么要做 3 次？

（1）再没有比中高考真题更接近中高考出题水平的试卷了。

（2）再没有比真题考查的知识点更全面的试卷了。

（3）再没有比真题更能锻炼学科思维的试卷了。

2. 中高考真题刷题要求——相同试卷刷 3 遍

（1）刷准确率。第一轮复习完之后做，检测自己的真实水平，在规定的时间内得了多少分。

（2）刷速度。半个月之后把同一套真题再做一遍，看看能不能得满分，上次丢分的地方是否还会继续丢分。

（3）刷感觉。一个月之后把同一套真题再做一遍，问自己：速度和准确率都提高了吗？在满分的情况下是否有时间结余？

3. 真题刷题做法

（1）普做。严格按中高考要求规定时间、规范答题，一定不要看答案。目的在于查漏补缺，看看自己和理想的分数差多远。

（2）精做。深挖题目背后的知识点，掌握出题人的意图，寻找最佳思路，夯实学科基础。

（3）盲做。看着试卷，口述每道题的解题思路、关键步骤、适用原理、具体解法、逻辑关系和注意要点等。

4. 刷题口诀

胡乱刷题真的冤，费神费力费时间；

一套真题做三遍，总结查漏要齐全；

每次做题都限时，高考标准是关键；

闭目若能做精确，恭喜题型已过关。

有些教师说："这些方法我都在用，一点不刺激，怎么取得好的效果？"

常规就是家常便饭，哪里能期待新鲜、刺激呢？常规最关键的点是在日常管理中坚守、落实的。如果不落实，就会成为糊弄自己的空话。怎么落实呢？——训练，在平时的具体学习中，把它当作一些基本要求，经常对标训练，自查自纠，互查互纠，并不断分享实践中的感悟和体会，这样学生的体会才会深刻。

第二讲　班主任做不到全学科辅导，怎么提高成绩？
——让有技术含量的做法在班级内流动起来

我高中时英语成绩并不好，首次高考没过录取线。插班复读那一年，我遇到了改变我英语成绩的曾宜江老师（让我记了一辈子的老师）。曾老师身材高大，约有一米七八——在南方已经算高了。他说话声音很大，讲课从不废话，一周就考一张英语试卷（油印的），考了评，评了再考。

坦率说，高三复习，一周一张试卷，压力真是太小了。一节课就做完了，哪里用得着一周？我有些小担心，我最差的科目就是英语，这样成绩能提高吗？后来我惊讶地发现，每次听曾老师讲解，只要按他的要求订正后，后面几次考试我就能做对。第二年高考，英语满分由120分改为150分，我居然考出了124分的好成绩！要知道，原来120分的试卷，我才59分啊。

曾老师只教了我一个学期，我便在英语学科上感觉到前所未有的轻松和自信。原来，会教的老师可以节省学生这么多的学习成本！所以后来，我特别注重学习方法和教学方法的研究。我觉得，一个称职的教师，就应该是一个智慧和技术的输出者，能让学生学得轻松高效。

遗憾的是，任何一个学校不可能也做不到把每个班级的任课教师都配置得非常优秀。对于学习辅导，很少有班主任擅长各个科目（能给孩子们最优质的辅导）。该怎样提高学生的学习成绩呢？——多分享，多研究，让有技术含量的做法在班级内流动起来。

一、建一面学习策略交流墙

我建议在教室里的墙上找一个地方，把它建成学习策略交流墙。教室是学生常待的地方，也是离学生最近的地方。把介绍学习方法的资源放在这里，学生有需要的时候随拿随用，这对他们的帮助会很大。

可以用小纸片、小纸条或者小卡片，打造学习策略交流墙，一个问题配一个微型而完整的解决方案，用图钉把它们钉在墙上。谁要，谁就取走。

不要担心取走了，墙壁就空了。我们可以请方法提供者先提供一份策略模板，然后复制很多张就行了。取走的越多，表明该策略越受欢迎，这是好事情。

怎样让学生积极参与活动呢？我用班级积分法调动学生的积极性。

（1）积分原创奖励。贡献一条策略，保底记10分。如果这个策略受欢迎（同一策略被多个学生取走），每取走一次，增加10分。为避免学生自己悄悄地取走策略卡，导致使用分数虚高，可以要求取走的学生在策略卡旁贴上自己的名字（由学科小组长负责核实）。

（2）购买消费积分。每个学生都可以从策略交流墙上取走自己想要的策略，但得付出自己的班级积分。具体方法是，取走一条策略，就在该策略卡旁贴上自己的名字。班级积分管理小组的学生，会根据每个人取走的策略数目计算消费积分，即从个人的班级积分里扣除积分。

考虑到管理的难度，我们还可以制作积分消费券。学生想消费什么，自己直接消费，这样可以免去管理人员的工作量。如果学生在班级银行里有积分，可以兑换消费券；如果没有积分，就不给券。这样挺方便的。

（3）补偿策略积分。如果某名学生不想消耗班级积分，可以反馈自己使用策略的具体效果及感悟。具体做法是，他每反馈一个策略的具体使用信息，就可以取走策略一半的积分。为什么要定为一半？我们提倡学生多次在实践中尝试和检验学习策略。若学生提供雷同或相似的反馈，我们将不予以积分。这样做的目的是避免学生作弊。

（4）分学科责任制。活动以小组为单位开展，一个小组一个阵地，一个阵地一个学科，方便学生以学科小组为单位，做好策略交流墙的经营。对优秀的阵地予以奖励，还可以采取学期晋级制度，以小组成员贡献的学习策略的数量多少、学习策略被使用的比例，给予学生不同的积分奖励。这样，就可以激励学生不断地交流学习策略。

（5）增补和替换。原则上，策略交流墙需要一周一护，请尽量避免占用大家过多的时间。如果学生有新发现，欢迎随时增补和替换。

有老师问："同一个策略可以重复使用吗？"当然可以，只要有市场，完全可以。不过，在实际操作中，我可以告诉大家，重复使用的时间并不长，因为班内人数只有那么多，一个好方法，不出一个星期就会被全班同学学到。

（6）做好定期评优。每个月举行一次"最佳点子奖""最具贡献奖""最佳使用者"（名称可以按照项目需求拟定）的评选，定期评选会让学生充满期待。

（7）规范基本模板。估计大家都很好奇，我们班的策略卡到底是什么样的。给大家展示一下，详见表2.1（说明一下，用户评价是一个月之后的信息反馈）。

表2.1　星座班学习策略卡

策略名	图示法解题	策略贡献者	刘波超
推荐星级	★★★	用户评价	★★★★☆
适用范围	（　）新课预习　　（　）旧课复习　　（√）课堂练习 （√）平时作业　　（√）大型考试　　（√）小组交流		
针对问题	找不到相关物理量或要素的关系，逻辑不清晰。		
操作方法	1. 不管难易，尽量画图。 2. 选择和填空题画草图，大题画精图。 3. 尽量用尺规作图，几何关系更直观，有时甚至可以直接从中看出答案。		
风险及对策	1. 理清过程。对过程要一清二楚，过程不清楚，必然存在答题隐患。 2. 作图尽量规范，要素齐全，不然会因为作图不规范误导自己。 3. 平时要加强训练，考试时不能纠结图形是否完美，不然可能会超时。		

注意：策略交流墙是好方法。班主任在使用的时候，要注意团队氛围，不要自己脑门一热就行动，没有团队的支持，再好的想法也无法实现。在使用策略交流墙之前，务必征求搭班教师的意见，最好把任课教师也请过来。大家一起做，才有影响力。如果教师意见不统一，建议先由学生尝试，再请任课教师指导。试用一段时间之后，任课教师不反感，学生再请任课教师出手，师生共同把策略交流墙充分利用起来。任课教师出手后，班主任可以借用学生传话的方式，赞美任课教师，这样他们会更有动力。

二、做一场期末方法分享会

项羽攻占咸阳之后,急着想回家。别人劝他定都,他说出了千古名句:"富贵不归故乡,如衣绣夜行,谁知之者!"这就是"锦衣夜行"的典故(出自《史记·项羽本纪》)。不管后来的史学家如何评价项羽,从人性的角度来说,每个人都需要被看见。对很多人来说,成功之后,我们请教他们成功的秘诀,就是对他们最大的奖赏。

推动学习方法流通,除了策略交流墙之外,还有一个很重要的方法——期末考试后,邀请获得进步、取得成功的学生分享他们的学期所得。我们把它叫作"嘉年华学习成果分享会"。

我每到一个学校,都努力推广这个活动。我觉得,这就是"卓有成效的学习"。

图 2.5 是河南省郑州市创新实验学校向阳七班鲍莹莹老师对 2022 年学习方法嘉年华小组学科分享所做的安排。一个小组负责两个学科的学习经验分享,集体讨论,彼此验证,把最有价值的学习方法分享出来,非常有意义。

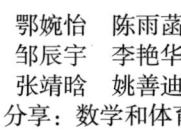

图 2.5　向阳七班 2022 年学习方法嘉年华成果分享会

三、开展每日一题小分享

除了上述两个大型活动之外,我还提倡每个感兴趣的学生:"在空闲的时候,每天向同学们推荐一个题目,并说明推荐理由。"

有些学生在乎别人的负面评价,有些学生受竞争心理的影响,不想把自己的秘诀告诉别人,也不愿意分享,怎么办?要做好以下3件事情。

(1)讲透学习金字塔的原理。学习金字塔是美国缅因州国家训练实验室的研究成果。这个实验告诉我们,就知识掌握而言,"上课听讲,两周之后,大脑里留下的知识内容仅占5%,通过阅读所获得的知识能达到10%,通过声音和图片刺激学习的可达20%,现场观摩演示的可达30%"。但是,这还不是最好的,更好的、更有效果的是讨论、实践和教授他人,两周之后,大脑里的知识留存率竟然分别是50%、75%和90%。

"为什么老师教过的内容,他自己不用翻书也能够知道?因为老师需要将知识点教授给别人,在此之前,他已经摸透了知识点。教学工作要求老师综合酝酿、深度思考知识点,并将其输出,正是因为经历了打碎知识块、重新组合知识的过程,所以他对知识的掌握更为牢固。"道理说清楚了,学生就明白:"给别人讲题,不仅是帮助别人,也是利用别人成就自己。"

(2)树立分享受益的榜样。现在学生早熟,早就过了教师忽悠几句,他们就相信的年代了。他们需要眼见为实。为此,我们需要在班上树立几个通过分享学习方法成绩获得提高的榜样。榜样人物的选择,不要总盯着班级成绩最好的那几个人,他们的强大,会让很多人望而却步。我们要选择班级十名之后的孩子,尤其是中等生,他们的学习能力和输出能力都还行,又有巨大的发展空间,容易成功。他们进步了,同学们就看得见希望,相信教师说的话。期末的时候,再请他们分享经验,就有说服力了。

为确保这些学生的成绩显著提高,我们要对他们加强跟踪和服务,确保他们的成绩真的有所提高。不然,证据一倒塌,再让学生们相信就困难了。

(3)提供必要的技术支持。学生们的眼光有一定的局限,对教材、教辅和中高考的考试方向把握不准,仅仅站在个人的视野上分享题目,可能会分享重复的、低含金量的、偏冷门的问题,怎么办?发动任课教师做好学生的后盾,为其提供技术支持。

比如,教师发现有好题目,值得和大家分享,但是担心学生学习压力大,不愿意多学。怎么办？把目标学生叫过来，如此窃窃私语："这个题目，这个方法，我只教给你，你能不能让它作用最大化呢？""给你一个在班级露脸的机会，让同学们大吃一惊。"学生渴望在同伴面前彰显价值，这么一说，"嘴替"就来了。

给资料，给资源，给机会，给托底，这就是班主任的技术支持。

第三讲　总有学生不写作业，怎么办？
——让学生爱上做作业的 48 条策略

学生不做作业，教师一般是罚——一遍、两遍，甚至十遍、二十遍都有。我认为这种做法很不妥。你让学生做十遍、二十遍，累得他们直甩手，他们只好乱写，图快点做完。处罚的实际结果是让学生形成了乱写作业的坏习惯，产生了厌学情绪，这太不划算了。

另外，处罚的数量太多，家长也有意见。小区里一个上小学的孩子的家长对我说，他孩子准备不上学了。我吓了一大跳，问："为什么呢？"

他这样抱怨孩子的老师："那简直是一个 × 老师！（这个字我实在不愿意说，但人家确实是这么骂的。你想想这样的咒骂，学生听了会怎样？老师自己听了又会有何感想？）孩子做错一个题目，老师罚抄 20 遍；孩子漏做了一些作业，老师说孩子偷懒，罚抄作业 100 遍。"孩子一个星期都做不完老师罚做的作业。"哪有这样的老师啊，我的孩子不读了！"你看看，费力不讨好吧。

其实，针对学生作业问题，至少可以调用 48 条策略。

一、给学生完成作业的技术支持

我教给学生高效完成作业的 8 个流程。什么叫流程？流程就是按照步骤操作，一般不会出问题。

学生高效完成作业的 8 个流程

1. 写作业前吃完东西、上好厕所、提前准备用品，桌面上做到"三有三无"。

2. 深呼吸一下，对自己说："我现在要开始愉快地写作业了。"进行积极的心理暗示。

3. 分段安排作业，限时完成作业。

4. 坚守写作业期间不翻书、不间断、不离位的纪律要求。

5. 遇到不会的题目，先跳过去。

6. 每完成一种作业，就给自己点赞。

7. 记录写作业开始和结束的时间，若高效则奖励自己。

8. 按作业清单复盘和收纳作业。

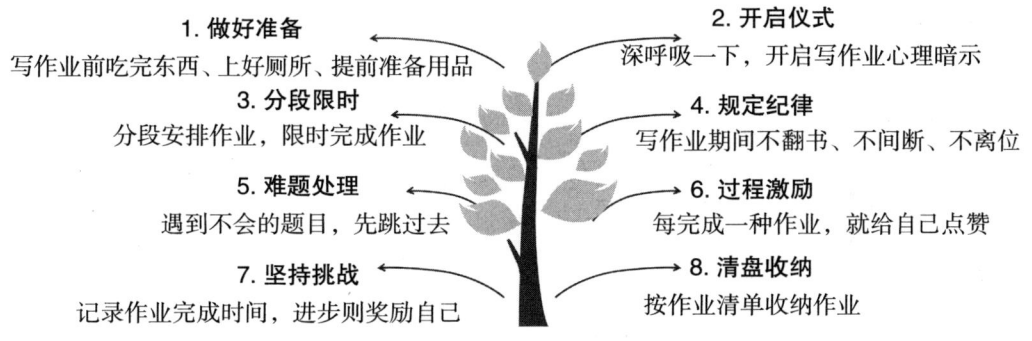

图 2.6　支持学生高效完成作业的 8 个步骤

二、给不写作业的学生适当处罚

学生不做作业，就让他们按照原来的要求做一遍，再加罚一些其他作业。不能不处罚，不然他们就认为可以讨价还价，会养成不及时完成任务的坏习惯。加罚的这些作业，应该比原来的要求更高，要能够提出新的解题思路或者方法。这个处罚方式是学生能够接受又感觉有点难度的。这样才能逼着学生养成认真完成作业的好习惯。我给自己制定了一个规则：罚作业的最高限额是两遍。这要作为教育常规固定下来。

下面是我们团队里的老师对不写作业或者没有完成作业的学生实施的创意惩罚，我觉得值得和大家分享。

对不写或未完成作业学生的创意惩罚

1. 取消一段时间写作业的"国民待遇"。

2. 补写作业并加罚一道题。

3. 完成一个其他可以胜任的任务。

4. 罚他制定一份大家都喜欢的作业标准。

5. 取消一次他做自己想做的事情的资格。

6. 罚他挑选出班级 10 份好作业并说出理由。

7. 罚他一段时间内每天汇报作业完成进度。

8. 罚他寻找写作业的 N 个好处或功能。

9. 让他自己提出作业奖惩措施。

10. 真心话大冒险，说说自己不想写作业的原因。

11. 让他帮助同学们订正错题。

12. 让他自己填写作业催缴单，并按照要求完成。

三、帮学生协调作业总量

纠正学生不做作业的坏习惯，罚不是根本办法，要积极协调任课教师每天布置的作业总量。

不协调还真不行。有家长和学生向我反映：忙时作业堆起来了，要到十一二点才能完成；闲时没有作业，玩了一晚上。这两种情况都有害，班主任有责任协调每日的作业总量。

现在，我们学校的学生，每天只做作业半小时到一小时。降低作业总量后，怎么提升学生的成绩？我们开展"一日一题"活动，每个学科每天只布置一道最有含金量的题目，以一题带动当天的复习和作业。

此外，我还给教师们的作业管理提供了 14 条策略。

教师作业管理的 14 条策略

1. 对不同的学生分层布置作业。

2. 以班级为单位协调作业总量。

3. 建立作业奖励的晋级机制。

4. 让写作业变得有趣。

5. 给学生高效的写作业方法。

6. 给学生找一个一对一的好搭档。

7. 帮助学生分解作业任务。

8. 和学生一起解决作业上的困难。

9. 用有趣的批改吸引学生写作业。

10. 让学生分享写作业的成就感。

11. 用比赛的方式提交作业。

12. 给完成作业的学生心仪的奖励。

13. 做温和而坚定的规则执行者。

14. 不要等假期结束才检查作业，加强过程中的监督、检查和经验交流。

四、想办法让学生爱上写作业

2021年7月21日，《人民教育》杂志在网络平台上全文转发了我们学校的38项创意作业，我们不仅创新了写作业的方式，还想出了14条让学生喜欢写作业的策略。

激励学生喜欢写作业的14条策略

1. 在班上传阅写得好的作业。

2. 把好作业收录进班级（或学校）的作业档案馆。

3. 给学生颁发好作业收藏证书。

4. 邀请他成为好作业评审专家。

5. 用他的做法和名字命名作业标准。

6. 给他专享的作业批改特权。

7. 让学生成为教师的作业助手。

8. 让同学们找出他作业上的N个优点。

9. 请他分享优质的写作业经验。

10. 在朋友圈炫耀他的作业。

11. 与学生在作业本上有趣互动。

12. 和家长一起欣赏他的作业。

13. 给好作业颁发免检券。

14. 评选大家公认的作业信誉个人。

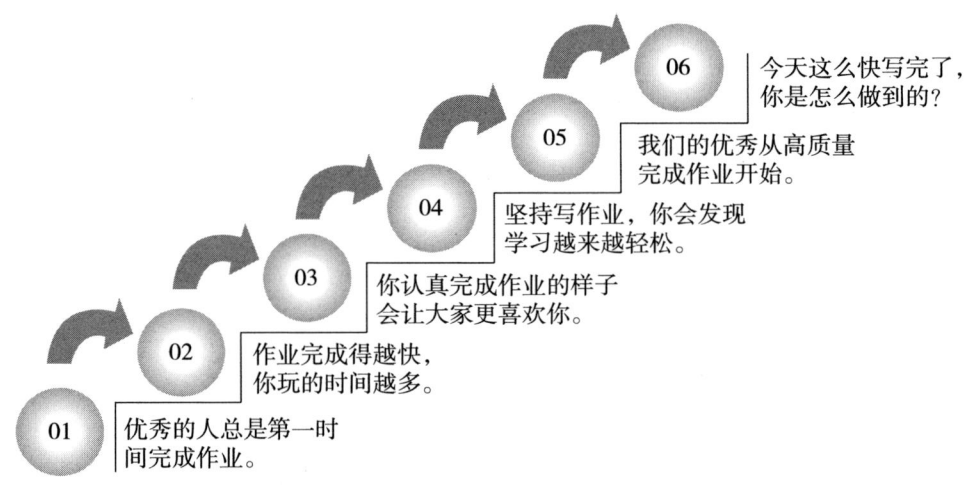

图 2.7　让学生爱上写作业的 6 句话

五、案例：5 次表情包作业批改

前面分享了 48 条策略，我再和大家分享我校"90 后"老师郭琳琳的作业批改记录——5 次她用手绘表情包和一个学生互动的批改记录。这些记录非常有意思，充分体现了我们学校"让作业成为学生成长的一道光、一生温暖的回忆、一种人文的成长力量"的价值追求。

第一次，学生字迹潦草，琳琳老师画了一个委屈的表情包，旁边标注了一句提示语："作业略显粗糙，与本人气质不符。"言下之意，写作业的人气质好，批评里暗藏赞美，学生当然高兴。

第二次，学生字迹工整了，琳琳老师马上手绘表情包表扬："今天要做的事情，就是表扬你，表扬你，表扬你！"透过表情包，都能够感受到老师的激动。学生会怎样呢？

第三次，学生终于会分条答题了，琳琳老师掩饰不住自己的高兴，手绘一个笑嘻嘻的表情包："进步很大啊，加油！"

学生在写作业时由敷衍转向认真，开始要求自己书写工整，正确率高，甚至全部红钩。

第五次，学生会分条写了，琳琳老师画了一个扭动的、可爱的表情包："终于分条写了，你离成功又近了一步，加油！"老师不仅告诉学生为什么表扬他，还让他看到了成功的希望。你说，学生怎么会不愿意写作业呢？

在琳琳老师的影响下，我们学校的很多老师都加入了用表情包批改作业的大军。可是，有些老师天生不会画表情包，怎么办？我们从网上给老师买了很多表情包图章，一路盖过去！

第四讲　学生总是抄作业怎么办？
——19 个创意策略愉快地应对学生抄作业问题

教师一般禁止学生抄作业。如果我说"我允许学生抄作业"，估计听者会笑晕。

其实，这不是在搞笑。"不允许抄作业"，这个要求看似正确，实际落实却不易。我们在这里讨论不允许抄作业的时候，甚至有很多教师羡慕我们的学生愿意抄作业！

为什么？因为他们班的一些学生，让他们抄，他们都不愿意抄呢！所以说，学生愿意抄作业，我们心里就偷着乐吧。学生愿意抄，至少说明他们还有完成作业的意愿。再说了，抄也是一种学习方法，古人还抄书呢，为什么现在的学生不能抄作业？

我们越不允许，学生抄得就越隐蔽。怎么办？

一、有趣地解决抄作业问题

强调资源意识还是问题意识，是我们处理学生问题的一个分水岭。仅从管理层面处理问题，对学生成长意义不大。发现问题后，要感觉到教育资源的存在，研究它、利用它，这样事情的处理就会是另外一番样子。

还是直接说一个小案例——我们班的抄作业比赛吧。

1. 让抄作业合法化

我进教室巡视，学生纷纷往屉子里塞本子。我知道他们在抄作业，怕被我捉到了。我连声说："可以抄，可以抄，但是有两条要注意。一是要认真，二是要动脑筋想一想，人家为什么这样做。"

我明确表态："我不反对抄作业。"

下面马上炸了锅：

"真的吗？"

"太好了，耶——"

"要是有些同学不做作业，专抄作业，怎么办？"

"这会惯坏那些懒同学。"

……

自由讨论之后，我汇总学生的意见，发现不少亮点：①抄作业是可耻的，这是不动脑筋、剽窃同学劳动成果的表现。有些学生还说，这是"侵犯知识产权"的行为！②抄作业助长不思进取的风气，抄散了学习劲头，只要班上有作业可以抄，同学们就不想学习了。③适当地抄一抄作业，可以减轻学习负担，抄了总比不做好。④承认抄作业也是一种学习方法，古人可以抄书，我们怎么就不可以抄作业呢？⑤抄作业可以拓宽视野，丰富我们的解题思路。

2. 引导抄作业方向

学生一说，我们发现，抄作业竟然有这么多好处！

于是，我和学生商量："我们班可以抄作业，而且为了做好抄作业这件事情，我们还要奖励抄得好的同学。"

"啊，抄作业还能获奖？"

"当然，"我宣布抄作业可以获奖的三个条件："一、抄得及时。什么意思呢？其他同学刚写完作业，你马上就抄好了，不影响我们班交作业的进度，这叫抄得及时。二、抄得工整、正确，老师看得舒服。潦潦草草地抄，抄错反而影响大家对正确知识的记忆，这对成绩不好。三、抄得有价值。只要抄得有价值，就有奖励。"

我们班定下奖励标准：每天奖励三类人员各三名，共九人获奖。抄作业最及时、最工整的学生各奖励一根棒棒糖，抄作业最有价值的学生奖励三根棒棒糖。因为最有价值就是最有意义，这是方向问题，不能放松。

3. 抄出有价值的作业

当天下午，有学生问："怎样才能抄出有价值的作业呢？"

"你说呢？"很多教师习惯于在学生提问的时候给答案，这不利于学生自己解决问题。当学生提问的时候，我用"你说呢？""说得真好，还有呢？"把问题丢回去，这样学生的思维才会活跃。

"您认为在同一道题上抄两种以上的解法有技术含量吗？"有学生小心地

求证。

"天哪，这么好的办法你都能够想出来，真是太好了！"我当即表示肯定，"还有呢？"

"也可以抄同一个知识点的不同问法。"学生补充道。

"说得真好，还有呢？"我继续问。学生们继续回答。他们想出了好多有价值的抄作业方法。

4. 明确抄作业的范围

接下来的一周是抄作业周。谁抄的解题方法多，谁抄的内容全面，就有机会被评选为抄作业的"十大能手"，获得奖励。

此外，我还设立了十个最佳解题思路奖，奖给那些大家公认的方法最新颖、最简单的学生。我还安排了一个特别奖——最佳创意奖，谁在这次抄作业比赛中抄得最有意思，谁就得奖。

一周后，各小组把抄的作业都收上来了。抄得最多的一个学生，叫沈香灿，居然抄了5本作业！她分门别类地抄，抄得很仔细，每一个答案后面还有原来主人的名字——一点都没有侵犯其他同学的知识产权！

抄得最有特色的是王小朋。他的作业本简直就是同学们作业情况的统计本：同一解题思路有多少人，同一个题目有多少种解答方法，哪些方法可以合并，还有没有别的可行思路，他从中获得的启示是什么……应有尽有。看得出来，他很慎重，也很认真。这次抄作业活动，他的收益最大。理所当然，他获得了这次抄作业比赛的最高荣誉奖——最佳创意奖！

5. 没人抄的作业是可怜的

刚开始抄的时候，有教师问：会不会抄作业成风啊？大家都抄，就没人搞原创了。

有问题没有关系，解决就行。怕他们只抄不创，为什么不评选最佳的被抄作业母本呢？谁的作业好，谁的作业被同学们抄的次数多，谁的作业最受欢迎，我们也给奖！

结果，几周之后，一些家长知道我们班可以抄作业了。他们纷纷反映，孩子的竞争意识强多了，独立完成作业的情况变好了。

谁都愿意自己的作业被人抄，没有人抄的作业是可怜的。那些"老抄公"，他们的作业"备受冷落"，被评为最没有价值的作业，他们觉得很没有面子。

要想有面子，就得积极思考，朝有深度、有广度、有创新的角度去想。

6. 及时推出模范抄本

有一天，刚下晚自习，有学生兴冲冲地跑到我跟前来，拿出一本作业本："老师，我的作业抄得有价值吗？"

我拿过来翻一遍。天哪，老师布置了六道数学题，他最少的一道题，抄了两种完全不同的解法。最多的一道题，他居然抄了五种不同的解法！太好了。

我正准备奖励，仔细一看，发现第四种和第五种解法完全一样，只多了一个括号而已。于是，我问："这也算一种？"

"老师，这个问题我也想到了，"他赶紧解释，"您看第四种和第五种解法有什么区别？"

"没有啊！"我回道。

"有啊，您再看看。第四种解法有括号，第五种解法没有。"

"这有区别吗？"我纳闷。

"有啊，括号可以反映解题者对单位量概念的理解。"

"天哪，你都研究到此种程度了，太好了！"我让他把作业留下来，作为模范抄本，刷新抄作业的高度。他乐滋滋地回去了。

7. 开展学期抄作业晋级赛

好景不长，抄了一段时间后，孩子们疲倦了，动力不足了。

怎么办？继续升级。在每天评选最佳作业抄手的基础上，我们推出了每周晋级赛、月度人物评选活动。最后，挑战我们班最高的抄作业奖励——学期抄王。

抄王可以获得什么奖励呢？我向学校申请，请求学校同意把抄王申报为学校的三好学生。差生平时没有获评三好学生的机会，但抄作业可以让他们拥有这样的机会。于是，他们使劲地想办法：比不了最及时，就比最工整；

比不了最工整，只能拼了，看谁的作业"最有价值"。

期末，一个学生终于成功晋级为学期抄王。我把他申报为学校的三好学生。在学校颁奖典礼后，我请他在班上分享体会。我原本以为他会很骄傲，谁知道他一开口就哭了："我发现我上当受骗了。"

"为什么呢？"我问道。

"以前抄作业，我只想完成任务，十几分钟、二十分钟就可以搞定。现在抄作业，我要两三个小时。我比以前活得更累。"

"为什么呢？"我好奇。

"还不是为了抄得有价值，"他两手一伸，"有些题目没有第二种解法，我得去翻书、找班上学霸帮我做第二种解法。您奖励给我的棒棒糖，好多都被他们拿了……"

他在上面说，下面的同学哄堂大笑。确实，好多同学都被他缠过，也得到过他的棒棒糖。

下面是评选最佳作业抄手的本土方案（见图2.8）。

- 文化导向：没人愿意抄的作业是可怜的。
- 价值导向：解法多、感悟深刻的作业才是好作业。
- 行为导向：既拼颜值，也拼方法，更拼内涵。
- 荣誉导向：学期最佳抄王推评校级三好学生。

学期晋级
- 每天：抄手
- 每周：冠军
- 每月：晋级
- 学期：抄王

每天评选三类奖
- 最及时——一根棒棒糖
- 最工整——一根棒棒糖
- 最有价值——三根棒棒糖

图2.8 评选最佳作业抄手

8. 让学习真实发生

这个学生很有代表性。他确实在作业的含金量上想尽了办法。那些成绩差的学生，学力有限，想不出更多的解法，只好求助其他同学。

但是，学生每天在抄作业的过程中，获得的好处也很明显。他们要把大家的作业搜集起来，要鉴别、要分析、要创造，要看看是否有第二种解法。很多时候，他们的思路就这样被逼出来了，成绩也就稳步上升了。

很多教师之所以不允许学生抄作业，是因为简单的抄作业不能让学习真实发生。在学生抄作业的过程中，教师提出高质量的抄写标准，能让学生对"好的抄作业行为"达成共识。为了抄出好作业，学生会主动收集、鉴别、比较、分析、创造……

什么是学习？学习是人对外界信息进行自动解剖、分析、判断、选择和重构，最后内化为经验系统、知识体系，外化为个体行为、能力、习惯和人格影响力的过程。只要学生抄作业涉及该过程，学习就已经真实地发生了！

9. 把全班学生都"卷"进来

抄作业如果仅仅停留在差生层面，就没有必要了。得把全班学生都"卷"进来。

怎么"卷"？各层次的学生都有事要做。成绩好的学生是抄作业比赛的专家评委，不断刷新好作业标准。中等生呢？他们为抄作业提供资源，谁的作业被抄得多，谁就被评为最佳贡献者。只有解题能力相对差一点的学生才是运动员。学霸干吗呢？他们是技术顾问，如果没有第二种解法，他们会负责开发。

这样，一个抄作业比赛，就把各层次学生的活力都激发出来了。

二、常规解决学生抄作业的办法

除了使用趣味化做法解决学生抄作业的问题，下面一些办法也相当不错。

1. 个别化布置作业

我们创新实验学校推行各科作业每日一题，任课教师会把作业题打印成小纸条，一人一张。不同层次的学生作业不一样，座位附近的学生作业不一样，他们都没有地方可以抄。

布置完作业后，学生当场写，教师拿着红笔当场批改。遇到正确率高、答题速度快的学生，就把他的名字写在黑板上。学生喜欢比赛，都希望教师把自己的名字写在黑板上，攒劲地努力。

2. 互相寻找作业亮点

以小组为单位组织学生在每次完成作业后互相评改作业，说出本次作业的亮点。遇到雷同的抄本，学生会相互取笑。这会让抄作业的学生觉得不好意思，减少抄作业的次数。

3. 鼓励学生挑战自己

当学生想抄作业的时候，鼓励他先问一问自己：真的没有办法了吗？继续想一想，自己能否把题解出来。

学生不会，我们不要批评、苛责或揶揄。请耐心地鼓励学生挑战自己，引导他自己完成作业。尤其不要急于给学生答案。我们告诉学生答案，他只会觉得老师行，老师厉害，实际对他帮助不大。学生靠自己做出来，靠自己挑战成功，他会觉得："哇，我真棒！我也很厉害！"

每个人都需要高峰体验。当孩子迷恋上自己解决问题的成就感后，哪怕解题软件近在咫尺，他也不会去抄。

4. 把每次作业当成考试

教师可以引导学生讨论作业的功能和价值。作业的最大价值在哪儿？在于检测。它的存在不只是让我们完成它，而是帮助我们检查自己对知识点的习得情况。一旦抄了，这个机会就没有了，我们会被一直蒙在无法正确认识自己的鼓里。

正确的做法是什么？杜绝抄，用考试的要求限时写完作业。不会就是不会，越早发现，越能查漏补缺。我们要闻"缺"而喜，这次靠自己的力量解决难题，以后就放心了。当班级学生认同每次作业都是一次自我检测时，不抄就会成为他们的自觉行动。

5. 盯得学生不好意思

有一句话说，看破不说破。我们不要总嚷嚷谁抄作业，这只会给孩子们带来负面影响。对于那些总抄作业的学生，最好的办法就是多盯着他们。盯他们什么时候写，盯他们完成作业的全过程，盯他们把作业高质量地完成。

抓重点，集中时间，连续性盯。一旦发现学生抄了，教师不说破，请他们"复述一下"刚才写的内容。如果学生抄得不用心，他们就会复述不出来。连续盯那么一段时间，学生就不会抄了。

6. 给不会做作业的学生提供脚手架

我们创新实验学校小学部的老师们，在学生抄完题目后，会在他们的作业本上标注解题步骤："第一步……第二步……第三步……"最后还有一个表情包图章："你好厉害！"

搭建学生完成作业的脚手架，学生就会减少抄作业的次数。

7. 贴一张提醒清单

福格行为学告诉我们："好的行为不会自动发生。"我们期待的行为发生必须具备三个条件——强烈的动机、足够的实施能力和恰当的提示，三者缺一不可。

针对学生想抄作业的行为，我们在教室里贴出的六条行为提示如下。

（1）请一名同学监督自己；

（2）把不会的地方告诉老师；

（3）对自己说一句"我能独立完成"；

（4）做完别的题目再来做不会的题目；

（5）尝试着把正确答案读一遍再写（实在不会时）；

（6）挑战一下变式训练，看看自己是否真会。

这个提示单被贴在每个学生的书桌上。它无法杜绝学生抄作业，但是可以在学生想抄的时候，提供多种解决途径。

8. 教给学生时间管理法则

对于那些缺乏自律、贪玩或者时间规划能力不强的学生，我们要帮助他们学会管理时间，引导他们把按时写完作业列入"重要又紧急的事情"，帮助他们处理"不重要但紧急的事情"，远离"不重要又不紧急的事情"。

同时，我们还要教给他们一些利用时间的小策略。比如：背诵和记忆可以放在零碎时间进行；可以在每天下课后快速地复习上一节课的内容，避免没有写作业的时间；把难题的知识点资料揣进口袋，等候吃饭的时候可以看看；和同伴交流，缩减一个人冥思苦想的时间……

在必要的时候，点对点进行帮扶，坚持一个月。一个月之后，寻找"代理人"（比如学生的同桌、组长、家长或他希望的人）帮助我们，这样我们就可以轻松一点。

9. 营造不抄作业的班风

学生在乎同伴的评价。大家都不抄，他也不抄；大家都抄，谁都不会觉得羞耻。要营造不抄作业的班风，利用"好作业标准分享会""高质量作业观摩与评比""我所欣赏的写作业行为""自己完成作业的意义和价值""我对独立完成作业的坚守"等正面引领的主题班会或小组辩论会，引导学生们形成良好的班风。

注意这些小班会、微班会、主题班会的名称，均是正面引领。对于学生们来说，他们不缺问题，缺成长资源，正面引领就是给学生的成长提供资源。当全班学生形成正确的作业价值观后，抄作业就会成为群体抵制的行为。

10. 开通帮扶热线

教师把自己的电话号码、微信号等联系方式告诉学生，和学生、家长加为好友；自习课的时候，教师在专门的地方答疑……我们把这些方式称作开通帮扶热线。

当学生遇到问题可以及时求助时，他们抄作业的概率就会大幅度降低。我们须注意：①对于那些以前抄过作业的学生，帮扶时要热心一点，多给一些鼓励，这样他们就愿意挑战自己，不会抄作业；②对于女生，要注意保护她们的面子，她们习惯于悄悄地向他人求助。

第五讲　学生疲倦了，最后一个月怎么抓班级成绩？
——5 个层面的 46 条策略助力提升学生期末成绩

人是会疲倦的，越到最后越难坚持。期末最后一个月如何完美收官，提升学生的成绩呢？

5 个层面 46 条建议，可能会有教师觉得太多。没有关系，如果你的时间和精力不够，做好加"★"的工作，也就八九不离十了。

一、班主任层面做好 7 件事

1. 活得积极阳光★

班主任是班级的核心与灵魂，班主任的状态直接影响学生。如果我们自己都不相信学生最后能挑战成功，学生更加不会相信。越到最后，班主任越要鼓励自己，越要活得积极阳光，以饱满的激情感染学生。

2. 理清班级情况★

学会 SWOT[①] 分析，优势和劣势指向自身（任课教师、家长和学生），机会和威胁指向外部环境。班主任可以组织这样一场分析会，邀请任课教师参加会更好。如果任课教师实在没有时间，班主任可以自己组织，把班级情况理清楚。

3. 数据化奋斗目标★

目标源于以下四方面：①学校和年级的要求；②自己的愿景、目标和期待；③家长和学生的期待；④任课教师团队的想法。关键是，目标不能概念化、笼统化，成绩排名、分数段人数、目标生的考试结果须用数据表达。

4. 理清工作清单★

效率感来源于与日俱增的成就感，把最后一个月的时间细化到"周"和

---

① 是英文 strengths、weaknesses、opportunities、threats 的缩写，中文意思分别是优势、劣势、机会、威胁。

"天"。每天晚上复盘、调整第二天的工作清单，做完一件事情打一个钩。思路就会逐渐被打开，复盘和调整会给你很多灵感。

这里推荐一个复盘工具（见图2.9），能够从五个维度帮助大家理清工作思路。

做过，有效，可以坚持 例如： 1. 分层辅导。 2. 知识点过关。 3. ……	做过，无效，可以不做 例如： 1. 撰写个人反思性文章。 2. ……
做过，还行，可以继续完善 例如： 1. 重温班级愿景。 2. 每日经验交流。	没做，可能有用，可以尝试 例如： 1. 小导师制。 2. ……
其他灵感火花 1. 如何与假期链接，建立长远关系。 2. ……	

图 2.9　复盘工具

5. 优化资源配置★

优化资源配置有以下三方面。一是优化学生资源配置，尤其是搭建小组合作平台。每个人分领不同的任务，生教生、生帮生，同伴互助，学生们学习劲头高，效果就会好。二是优化家长资源，组织家长围绕"做孩子成长的'神助攻'"专题开展研讨，拿出期末家庭的配合方案。三是优化任课教师资源，把目标生、临界生的帮扶任务落实到教师头上。

6. 做好组织协调★

做好组织协调包括三方面。一是分层召开家长会，把不同层级家长的行动统一起来。二是做好与任课教师的沟通：可以一起吃顿饭，利用吃饭的机会聊目标、分析班情；或者送点小礼品，让任课教师感受到你的善意，把搭班团队的积极性调动起来，不孤军作战。三是协调大家辅导帮扶的时间，班主任要有大局意识，以所有学科齐头并进为目标，切忌自己学科上去、其他学科下去了，这样家长、学生和搭班团队都会怪你。

7. 经常分享点赞★

要善于发动、鼓舞所有人参加，点赞、分享是最有效的方法。用拍照或者发信息的方式，把学生努力、家长努力、搭班团队努力的表现发群里，让大家的努力被看见。

二、搭班教师做 9 个配合

1. 落实学生帮扶★

到了最后一个月，全面抓是不太现实的，没有重点的帮扶是一种资源浪费。班主任可以带领任课教师，每人认领六个最重要的学生。大家坐在一起，商量好在本学科能有所提升的临界生、目标生。之所以要一起聊，是为了避免"撞车"，别让帮扶集中在几个学生身上。

2. 经常互通信息

针对目标生、临界生的帮扶技巧，大家在一起的时候头脑风暴，这样能互相启迪。刚开始一般没有氛围，这时班主任要主动分享，常用的开场白是这样的："我发现一个好方法……""这几天我（做了什么事情）……（把好处分享给搭班团队）。"亲密关系共建中有一个重要法则，就是分享。没有分享，感情就会疏远。有一句话是这么说的："成年人的世界，连分手都那么客气，你没有回复我最后一条信息，我默契地没有再发。"一切归于沉寂，最后成为陌生人。主动分享是构建亲密关系的法宝。

3. 组织定期说班★

以班主任为主，任课教师参与，在小测、周练之后，针对学生存在的问题，一起研讨。说策略、说技巧、说生情、说其他班级的经验，都是可以的。

4. 做好学情分析

建议拿着学生本学期历次考试的试卷，让任课教师当着学生的面一一分析，把易错点、常错点、得分点理出来，做成提分清单。这个工作做得越扎实，学生提升得越快。

5. 找准提分点★

研究表明，不是所有的分数都能提升。表2.2中的五种得分情况，我们能够提升的是第二、第三和第四种情况。

表2.2 学情分析及应对策略

序号	答题情况	得分情况	原因分析	应对策略
第一种情况	会而全对	能够得满分	熟悉知识，能快速反应	不再花时间
第二种情况	会而不对	不能得分	知识不精准，审题粗心	系统学习，行为矫正
第三种情况	会而不全	得一部分的分	知识有缺漏，能力不足	重点辅导，加强梳理
第四种情况	会而不快	得分不定	对知识点的熟悉度不够，反应慢	多次重复，限时训练
第五种情况	根本不会	肯定不得分	根本就不懂知识点	暂时放弃，先抓基础

6. 互相搭台补位

比如，英语老师对数学差的学生说："数学老师这段时间总在办公室夸你，说你进步很大，期末有潜力提高15分。"第三方转述的话，会让学生更有学习动力。

7. 狠抓知识点过关★

提高成绩的关键，就是狠抓日常知识点。我介绍一个分布式过关法，既简单，又容易上手——每次布置作业、小测、周练前，我都明确告知学生："本次，老师会面批交卷最早且得分最高的六个人，大家抢机会啊！"用面批的方式抓这六个人过关。这六个学生过关后，再在班级找三个练习生，同样采用面批的方式，帮助同学过关。练习生过关之后，再找两个成绩略差于本人的学生做挑战者，再用比赛和面批的方式，帮助那两个人过关。这样，通过倒金字塔的方式，用不了半小时，我就可以帮助全班学生把知识点弄明白。

8. 以周为单位复盘★

最后一个月，要不断地"努力+复盘"，一周一小结，一周一调整。这样我们才能及时应对新问题。第一个学期形成惯例，第二个学期保持习惯，形成传统就好办了。

9. "死磕"中等生成绩提升★

不管什么时间段，中等生的成绩提升一直是班级的工作重点。尖子生的人数增加，班级平均分上涨，差生数量减少，都得靠我们扩大中等生队伍。最后一个月，要重视中等生各科成绩的提升。

中等生提分的13个办法：①回归基础知识；②圈画书本要点；③限时重复记忆和练习；④"死磕"基本题型训练；⑤狠抓审题习惯；⑥突出高性价比学科（时间少提分多）；⑦分题型专题过关；⑧狠抓试析；⑨突出错题本使用；⑩紧盯习惯培养；⑪反复抄高频错误知识点；⑫注重心理疏导；⑬重塑必胜信心（如用重复刷题法让学生看见自己的进步）。

下面是关于审题和答题习惯养成的几点建议（见图2.10）。

审题：
1. 养成逐字逐句读题的习惯。
2. 每个题目读三遍才动手。
3. 把题干关键信息圈画出来。
4. 相似的题目弄清细微差别。

答题：
1. 严格按步骤答题。
2. 养成精准带单位的习惯。
3. 在草稿纸上分区域演算。
4. 尽量一步到位，一次通过。

图2.10 审题、答题习惯的养成

搭班层面的工作是所有班主任的难点和弱点。有些班主任觉得不好意思，或者不知道怎么协调，因此畏畏缩缩。其实，每个任课教师都希望有一个良好的工作环境，班主任要主动担当。整体环境好了，大家工作都开心；全班成绩上去了，大家都有面子。

三、班级层面做好 13 个细节

1. 做一次班级总动员★

越到疲惫、难以坚持的关键时刻，越需要励志。我们可以通过说透高原期原理，分享"坚持"的意义，寻找相关的励志视频……给学生做一次有仪式感的总动员。群体情绪一旦被点燃，学生的积极性就会变得很高。

2. 重温一次班级愿景

总动员时一定要重温班级愿景。什么是班级愿景？即建班之初大家的伟大愿望，数年后可能实现的伟大目标。班级愿景高于目标、使命和具体任务，主要起精神感召的作用。

比如，我们星座班的班级愿景是"让每一个人成为一个伟大的传奇"。培养目标是"成为一个受欢迎、有力量的人"，教师身上肩负着"让每一个人都在自己的赛道发光"的使命（任何时候想起这些话都觉得鼓舞人心）。

3. 凝聚一个期末目标★

在一起拼搏实现伟大目标的过程中缔结的感情是最深厚的，不管是号召学生为你而战，还是为自己而战，是让父母高兴，还是回家过个好年……不管用什么办法，都要给学生一个在竭尽全力之后能够实现的班级目标，这样他们的努力才有方向。如果期末目标能够让学生想起来冲动，说起来激动，就表明我们的目标教育成功了。

4. 张贴一份个人期待★

用便利贴或者许愿纸、小卡纸等，把自己期末考试最理想的成绩、对期末考试的期待写下来。一份放在自己的桌面上，随时提醒自己；一份贴在文化墙上，让全班同学见证。对成绩目标的设置应该具体到每个学科的分数段。

5. 签署一份奖励约定★

教师可以和学生约定目标和奖励。如果学生达到了目标，教师就给予他们期待的奖励。如果学生没有达到目标，他们就要拿出相应的东西"赔付"。签署这样的约定，学生们更有动力。提醒：目标是学生们设置的，达成度高，一般教师会吃亏。但这有什么关系呢？学生们进步，教师付出再多也高兴。

6. 寻找一个挑战对象

孩子天生好胜，可以让学生分学科设置自己的挑战对象，正大光明地下挑战书，约定奖罚。小组之间也可以这样竞争，把全班的气氛激活。当有人想偷懒的时候，看到挑战对手在努力，他就会给自己鼓劲。

7. 出台班级特别纪律★

复习阶段要给每个学生创造好环境，自习课的讨论、教师的辅导会打乱学生的复习安排。尤其忌讳教师发现一个问题，然后对全班学生说："这个问题很重要，我给大家讲一下。"学生会很反感，我把教师的这种行为称作"一个人生病，全家吃药"。冲刺阶段的个别辅导、答疑请在走廊过道进行，教室必须保持安静。对于这一点，全班要达成共识。

8. 制作学科进度表★

任课教师把知识清单梳理成以周为单位的知识复习进度单（用任务箭的方式标注，如图 2.11 所示），再将其张贴到教室的墙壁上，提醒学生保持适宜的复习节奏，别掉队。注意，每周不要排满，留一天给学生自己调整。

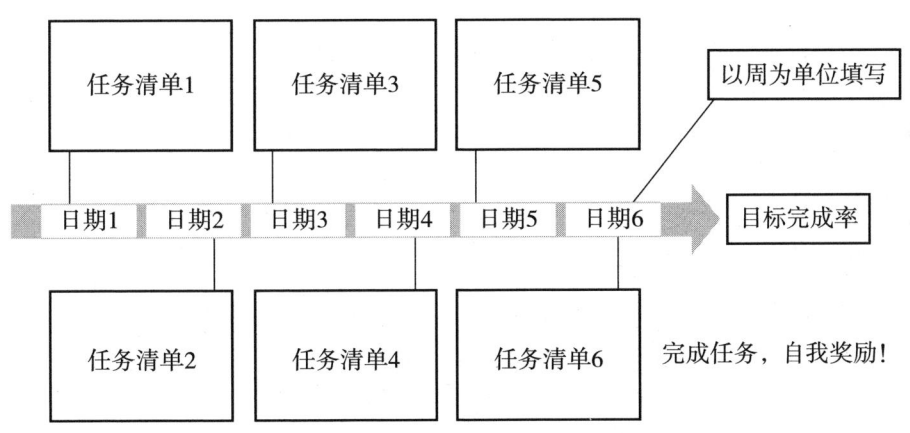

限时完成，阶段自查，遇到问题及时反思，找到原因，找到方法，分阶段落实，逐步优化

图 2.11　知识复习进度单

9. 创建一面学习策略交流墙

这个方法其实不限于复习阶段，最好是整学期都这么做。在教室里专门

创建一面墙，用于张贴每个学生自发推荐的学科学习策略，这样可以促进学习策略在班级内流动起来。具体内容本章第二讲已有介绍，不再重复。

10. 做好零碎时间安排★

教会学生利用零碎时间：政史地生适合短时间记忆，一般 15 分钟为一个单元；在自习课结束前的 10 分钟整理笔记、摘录和复盘。开展几次介绍如何利用零碎时间的分享会，将有助于促进学生的互学互鉴。

11. 安排一系列放松游戏★

安排集体放松游戏。不能一直紧绷，那样效率不高。乐于学习和疲于学习的效果是截然不同的。安排课间手指操、课桌舞、踩气球、开心呐喊、幸福尖叫、拍手歌之类的活动，在课间开展这些活动可以缓解学生的焦虑和班级的紧张气氛。

12. 进行阶段性心理团体辅导★

在有条件的学校，班主任可以请求心理辅导教师给学生安排阶段性的心理团体辅导。在我们学校，心理辅导教师期末复习阶段很忙、很抢手。

13. 做好应试技巧培训★

杭州市江南实验学校的徐晓莉老师以"一秒止损"为核心，开展应试技巧培训，主要有以下四个要点。

（1）格式规范。

计算题格式：公式—代入—结果—单位—检查（前后一致，符合题意）。

实验设计三步法：①控制变量；②控制不变量；③了解对象是什么。

证明题注意事项：凸显科学知识，结合数学原理，步骤完整，重视作图。

书写完整：填空和探究题注意语言表达科学准确，完整无歧义。

（2）谨慎作答。

看完选择题的四个选项，用"排除＋验证"的方法，圈出关键词，认真比对。

（3）把控时间。

先做完，再追求完美。

（4）一秒止损。

做好"一秒止损"。回看一眼，看单位和物理量是否匹配，看所答和所问是否对应，看结果和事实是否相符合，看填涂卡是否写错位置。

四、学生层面夯实 11 个细节

1. **做好一次需求调查**

调查主要涉及以下六个内容：最畏难的学科、最畏难的内容、最想获得的技术支持、最想得到的环境支持、最期待的帮扶方式和最不希望（班级、小组、同学、教师和家长）做的事情。这有助于为学生提供个性化辅导。

2. **完成一次清单梳理★**

最快捷的方式就是同桌互相提问。会的知识点就不管了，只抓自己不会的、答题速度不快的、经常弄错的、经常考的、基础的知识清单。每个学生做一份知识清单，然后填写自己的"学习任务箭"。

3. **修正知识清单★**

根据学生的最近发展区，帮他们修正自己的知识清单，适当增加或减少他们的复习内容，增强他们的掌控力。学生对学习有一种内在的控制感、效能感，他们一旦感觉到自己的价值、能力，复习效率就会越来越高，积极性也会越来越高。

4. **提供走动式帮扶**

在复习阶段，教师要增加和学生的接触次数，利用课间、就餐前后、就寝前、出操前后、课后休息的时间，采用一张小纸条、一道试题的方式，对有需求的学生进行面批、面谈。像这样占时不多、环境轻松、内容集中的个别辅导，学生会特别喜欢，效率也会非常高。

5. **盯紧知识过关★**

初中生容易掉队，不是学生自己没有上进心，是他们控制不住自己，目标很完美，但行动跟不上。在期末最后一个月，要把他们推上去，盯紧知识点的过关。可以采取轮推的方式清查过关，即第一组检查第二组，第二组检查第三组……最后一组检查第一组,这样没有包庇的机会,真实度更高。

6. 加大错题集的使用力度★

最后一段时间,尤其是最后两周,复习错题集比刷题、看书的效果更好。如果学生平时认真整理错题集(及时更新和增补),并且在这段时间复习错题集,那么他们的复习效率会很高。

7. 分享策略和技术支持★

当发现某个学生遇到困难时,教师可以兴高采烈地告诉他:"我今天又获得了一个新技术,你想听吗?"当他好奇的时候,分享给他。至于是否采纳,由学生自己决定。不做强硬要求,"按牛头吃草",会引起学生的反感。

8. 看见每一个人的努力

最好的激励措施不是赞美,不是表扬,而是"看见"。如果学生的每一次付出和努力都能被看见,那么他的积极性就会得到提高。"看见情绪,看见需求;看见努力,看见付出;看见善意,看见成长。"我们要把"看见"的东西分享出去,这比说"你真棒"好多了。

9. 给他一个好学伴★

学伴不是竞争对手,也不是挑战对象,而是学生的支持系统。奋斗的过程需要陪伴,这样学生在成长时才不会孤独。教师要鼓励学生成为他人的好学伴,互相督促,互相分享,一起奋斗,一起成长。

10. 限时模拟几次刷题★

组织学生严格按照考试时间、题目容量刷几次题。说清楚一个道理:"在考场上,没有在规定的时间内答出来,就是不会。"这会让满足于一知半解或者对自己要求低的学生认清现实,加强知识熟悉程度、解题速度的训练。

11. 养成反思梳理的习惯

中等生的成绩之所以上不去,是因为他们极少反思梳理,被动学习和写作业。每天拿出十几分钟到二十分钟的时间,利用一些基本模块,引导学生集中反思和梳理知识点,可以快速提升他们的学习效率。

五、家长层面做好 6 个支持系统

期末是复习的关键阶段，班主任要采用分层开家长会、群发经验提示、小组研讨和交流、个别谈话和家访的方式，让家长做好 6 个支持系统。

1. 父母情绪稳定、关系好★

父母不要让孩子操心，家庭稳固，孩子学习才能不分心。

2. 听懂孩子的 6 个心声

孩子的 6 个心声：①别在吃饭时问学习，让人吃不下饭；②耐心听我的想法；③聊天时别只谈学习；④不要每天讲一堆道理；⑤不要总拿我和别人比较；⑥自己不懂别乱说。

3. 扮好 4 种角色★

一是孩子的"后勤部长"，做好保障供应；二是孩子的"知心人"，非功利、无目的的聊天会让孩子有安全感；三是孩子的"小学生"，听孩子"卖弄"所学内容，孩子在学习时会更有信心；四是孩子的"避风港"，当孩子情绪低落、受到挫折或者效率不高时，给他一个拥抱，鼓励他，孩子会更坚强。

4. 给孩子赋能

委托、请求几位家长出面，把我们梳理好的赋能方法告知他们，并请他们分享给大家。当教师提要求时，家长会觉得负担很重；如果家长互相分享，他们就会更乐意借鉴彼此的经验。

5. 组织家长研讨会★

家长闲下来，就会把压力转嫁给孩子。为了别让家长闲下来，可以发动家长围绕"如何做孩子提分的'神助攻'"等话题展开交流和研讨。

6. 正面语言暗示

与其反复叮嘱孩子，不如换一个说法，用正面语言调整孩子的状态。比如，不要说"别熬夜，熬夜精神状态不好，影响学习"，而是说"累了就睡吧，睡饱效率会更好"。

第六讲　如何做好成绩分析"包班会"？
——四部曲系统做好学生成绩分析和帮扶

"包班会"是学校抓成绩的重要举措，一般由班主任牵头，搭班教师参与，大家一起研究如何提高班级学生的成绩。在一些管理规范的学校，这已经成为教学管理的常规活动。

但是，在一些薄弱地区——县级及农村学校，包班会往往成为班主任一个人的事情。学校不重视，任课教师自然也就多一事不如少一事。在这种背景下，班主任召开的"学生成绩包班会"，就真的被一个人"包"了。

不管在哪种背景下，我们要想做好包班会，都要遵循以下四部曲。

一、第一部曲：会前分类做好学情调查

掌握情况是包班会的基础，我们要掌握以下三类情况。

1. 调查家长对孩子的学习期待

我们会向家长提交一张表格（见表2.3），顺便了解学生在家里的学习情况，请求家长如实填写，或者打电话交流，甚至可以家访、校访、约谈。

表2.3　家长对孩子的学习期待

家长姓名		孩子姓名		咨询时间	
具体问题			家长情况反馈		
对于孩子前段时间的表现，您最满意的是……					
您给孩子设置的心理期待（底线和期望值）					
您觉得孩子还可以进一步调整和完善的地方					
您对我们前期工作的评价是……					
您期待我们怎样做？					

2. 调查学生愿望与目标落实情况

下面是调查学生愿望与目标落实情况的表格（见表 2.4）。

表 2.4　学生愿望与目标落实情况

姓名		上次成绩		本次期待	
优势学科		培优清单			
培优措施	已经采取的措施： 存在的问题和困惑：				
薄弱学科		提分清单			
补差策略	已经采取的措施： 存在的问题和困惑：				
时间利用	值得肯定		需要调整		可以改进
自我评价	满意的		要调整的		经验分享
期待老师的					

3. 调查任课教师对学生的帮扶情况

对搭班团队进行调查，不宜用问卷的方式，他们会觉得很形式主义。班主任宜用求教的方式，虚心向他们请教以下三方面的情况。

（1）考点掌握情况。请他们结合自己的学科，教会我们：怎么熟做十年（五年）中考（高考）真题？在双向细目表指导的前提下，怎样系统、详细地梳理各种高频题型、高频考点、学生易错题型及其原因？上述内容如何落实成每单元每章节的知识清单，以及在日常工作中如何按知识清单教学和测试？对于这些问题，我们有哪些具体的、系统的、可操作的和有针对性的措施？

（2）帮扶对象落实情况。请教他们：如何提高每个学科的平均分？如何把班级各层次的目标生、临界生一一对应？如何把学科提分的任务落实到每一个目标生和临界生身上？怎样落实目标生、临界生在该学科的具体帮扶计划和措施？班主任需要做些什么？

（3）前期教学措施。每次考试前后，我们如何围绕各层次学生的提分点进行教学辅导？考试后如何组织学生分析错因，找到提分策略和具体的实施办法？有什么更好的办法，围绕目标生、临界生，一对一地进行试卷分析，找到他们的提分点、提分策略和具体的实施办法（含结果监督和复盘）？针对班级和目标生、临界生的问题，还有哪些具体的解决办法？班主任在教学上如何配合学生？

记住，一定要用求教、求助和为任课教师提分服务的方式进行调查，这样他们才会舒坦。尤其是在前期阶段，如果我们能够挖掘团队教师帮扶学生的具体亮点、显著效果及家长和学生的积极反馈，那么他们会很高兴。他们感到高兴，就会积极地帮助我们，等后期我们开包班会，请他们分享经验的时候，他们就会更乐意支持我们。切忌用领导者语气、管理者思维，甚至命令的方式，那样只会自讨没趣。

二、第二部曲：会前做好考试成绩数据分析

用数据说话会更有说服力。我推荐大家使用两个工具对学生各学科成绩进行精准、科学的分析：一个是超均率，一个是有效分。

1. 超均率

什么是超均率呢？为什么要使用超均率呢？

由于每次考试题目的难易程度不同，每个学生和班级的情况不同，简单地凭绝对分数值来判断学生的学习情况既不恰当也不准确。比如，对于经常考第一或倒数第一的学生，怎么判断其进步还是退步了呢？绝对分数和宏观排名可靠吗？不一定。

这时候，超均率就派上用场了。超均率考查的不是具体某一个学科或者某一个学生的总分，它考查的是和同伴相比，超过或低于平均分数值的程度。它的计算公式是这样的：超均率 =（实际分数−平均分数）÷平均分数。

结果为正，说明成绩高出平均分；结果为负，说明成绩低于平均分。后前两次的超均率差值为正，说明学生在进步；后前两次的超均率差值为负，哪怕学生一直是全校第一名，成绩也是退步的。

超均率不是和别人比，而是和自己纵向比较。通过计算超均率，我们不

仅能看出学生单次考试成绩的好坏，还能看出学生在整个学习阶段的成绩变化趋势。下面是某名学生某学年的超均率变化图（见图2.12）。

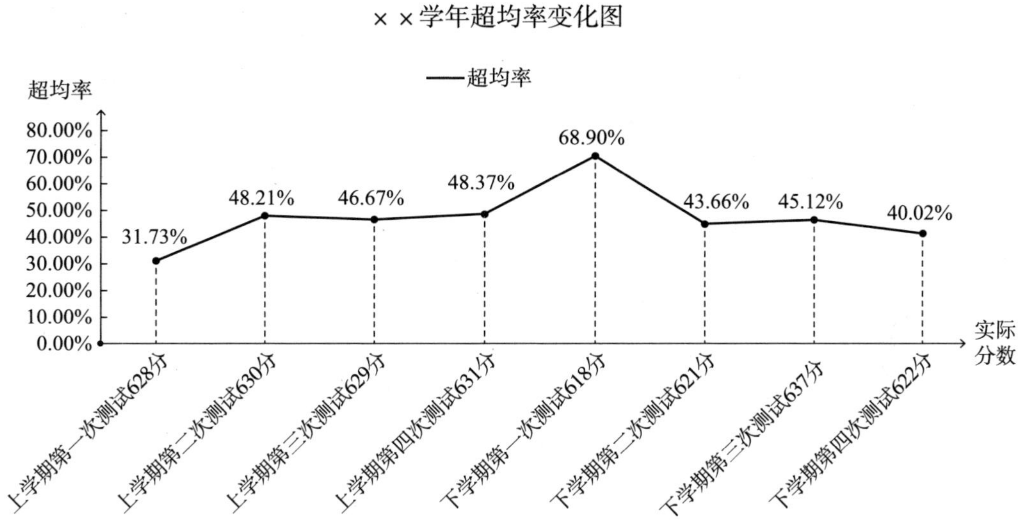

××学年超均率变化图

超均率数据点：
- 上学期第一次测试628分：31.73%
- 上学期第二次测试630分：48.21%
- 上学期第三次测试629分：46.67%
- 上学期第四次测试631分：48.37%
- 下学期第一次测试618分：68.90%
- 下学期第二次测试621分：43.66%
- 下学期第三次测试637分：45.12%
- 下学期第四次测试622分：40.02%

图2.12 超均率变化图

这名学生一直是班级第一名，我们无法通过名次看出他的进步或退步情况。但我们可以通过超均率分析出这一情况：折线上升，表明他在进步；折线下降，表明他在退步。不管单次考试是进步还是退步，相较于入学第一次考试，他后来的超均率都更高，这说明他在总体上是进步的。

哪次进步的含金量最高？不是总分631分的那次，而是下学期开学的第一次考试。虽然这次考试他的分数只有618分，但是他的超均率是68.90%，是历次考试中最高的。所以说，绝对分数会骗人。

优生关注自身成绩超过平均分的程度，差生关注自身成绩落后于平均分的程度。超均率可以让学生抛开自身和班级基础的优劣，看出自己学习变化的过程。

2. 有效分

有效分对中考和高考都很重要。每次大型考试后，我会给每位搭班教师一份有效分统计表。这份统计表标注了每名学生各个学科的具体分数、平均分、有效分和拖后腿分。针对某名学生，哪一门学科给他的名次做出了贡献，哪一门学科拖了后腿，一清二楚。

有效分是从体育比赛中"移植"过来的概念，意思是"能够实现预期目标的、有作用的分数"，最先源于高考对考生分数的评估。举例来说，某一年清华大学和北京大学（简称"清北"）在某省裸分录取122人，那么第122名学生的各科总分，就是这年清北在该省的最低录取分；低于这个总分，就考不上清北。因此，第122名学生的分数，也就是"当年该省考生考上清北的有效分"。

但是，严格意义上的有效分与录取线上最后一名学生的最低分还是不一样的。因为刚才说的是总分，不是具体每个学科的分数。第122名学生想要考上清北，那么他在每个学科都得努力，每个学科的"安全"分数，才是真正有意义的"有效分"。

有效分的计算要经过四个步骤。第一步，算出录取人数（本案例中有122人）的平均总分。第二步，算出被录取人数的单科平均分。第三步，求出有效系数，即最低总分和平均总分的比值。第四步，利用有效系数算出每个学科的有效分。如果学生的某学科成绩低于有效分，说明该学科拖了后腿，"没有对考上清北贡献效益"；如果没有其他优势学科弥补分数差距，他就上不了清北。

说起来比较复杂，想不明白也没有关系，上网搜索一下就知道了。我们只要明白一个基本道理——要想达到某一个预期目标分数，就必须让每个学科都达到那个目标的最低有效分。有效分会让我们的教学从模糊的感觉走向精细化的数据统计分析，也会让学生看清楚自己相较同伴的优势和劣势，因此我们能够从微观上指导学生平衡各科的学习成绩，而不是浪费精力，单在某一门学科上下功夫。

下面是我班某一次考试前十名学生的有效分统计表（见表2.5）。

表 2.5　班级前十名学生有效分

姓名	语文	数学	英语	政治	历史	地理	生物	总分
学生 1	84	83	89	87	87	78	75	583
学生 2	72	85	91	82	93	82	78	583
学生 3	80	87	95	67	90	70	75	564
学生 4	72	80	97	83	89	66	77	564
学生 5	76.5	78	92	78	96	63	80	563.5
学生 6	81.5	91	91	83	76	70	69	561.5
学生 7	69	79	89	74	94	72	82	559
学生 8	73.5	82	80	85	86	76	71	553.5
学生 9	84.5	86	97	77	82	47	80	553.5
学生 10	82.5	60	90	87	83	67	83	552.5
平均分	77.55	81.1	91.1	80.3	87.6	69.1	77	563.75
有效分	76.0024	79.4816	89.282	78.6976	85.8519	67.7211	75.4634	552.5

在这张表上，凡是标注阴影的分数，都是前十名学生这次考试拖后腿的学科得分。阴影区域越大，表明该学生需要提升的科目越多。不管是第一名，还是第十名的学生，都可以清楚地看到自己的弱势科目是什么。这可以为他们提高自己在学区内的排名，提供明确的方向指引。

瞄准一所名校，算出该校录取线上每个学科的有效分，算出自己和有效分的差距，就找到了进攻方向——这就是有效分对学生的意义。

三、第三部曲：落实每个学生的提分措施

包班会的一般流程如下。

（1）总结前段成绩。对于在每位任课教师的积极帮扶下学生取得的基本成就，在总结时都要一一说出来。尤其是注意把每位任课教师的功劳说出来。切忌一开始就提问题，搞得大家情绪对立就不好了。

（2）分享前段经验。这时候，前面请教同事的作用就体现出来了。请搭班同事分享成功的帮扶经验，这既是做法参考，又是表彰和肯定，比空洞的表扬和赞美有效多了。

（3）梳理当下问题。建议用清单的方式将问题打印出来，因为大家一般都记不清楚口头陈述。另外，如果没有列明问题研讨顺序，发言就不会集中，讨论也没有效果。

梳理问题的时候，要聚焦到目标生、临界生个人身上。单独讨论单科的优秀率、良好率、及格率没有多大意义，最后得看学生的总分能否上线，这样才有意义。建议大家在分析成绩之前，做好目标生的情况分析，分析目标生个人的奋斗目标、提分点、提分策略，和帮扶教师一起讨论分析，看看是否抓住了主要矛盾。

（4）研究后段策略。拿出一个工具单，供教师们发言时参考。这个工具单上的内容涉及本学科班级成绩、帮扶学生的目标、学生分数的增长点、我们的突破点、能够采取哪些措施、怎么做才能实现、如何评价措施是否有效、如何把控时间节点（不要等终极结果，那太迟了）、怎样落实过程，共9点内容。

如果想法太多，建议做减法，想清楚一个问题——针对中考或高考，当下最重要的事是什么？然后拿出行动方案，每周一反思，每周一梳理，每周一总结，每周一改进。

研究帮扶的时候，不要谈模糊目标，要实打实地挖掘能提升的具体分数、可夯实的具体知识点、能训练的能力，将措施落实到具体学科、具体学生人群、具体时间节点上。大家注意到没有，这其实就是SMART原则[①]的具体应用。

（5）梳理行动方案。策略是单个的，方案是整体的，建议以分条款的方式梳理行动方案。比如：①调整任课教师帮扶的目标生，每位教师每个时间段帮扶不超过6人，4人最好；②细分目标生的成绩目标和对应措施，建议任课教师一定要一对一地找目标生看试卷，分析试卷，拿着试卷与目标生谈提

---

① 是英文specific、measurable、achievable、relevant、time-bound的缩写，中文意思分别是具体的、可衡量的、可实现的、相关的、有时间限制的。

分点和策略；③最后是说明班主任能够提供的班级保障措施（只说能够做到的，否则没有意义）。

挖掘提分点和方法时，最好请每位任课教师自己来谈，班主任只需要做好笔记。在会议结束时，把每个人的发言整理给他们确认就行。

（6）最后衷心致谢。不管怎样，任课教师参与研究，就代表对班主任的支持，班主任要致以感谢。施以"小恩小惠"其实就是很好的做法，用学生或家长的身份送出一杯奶茶、一张卡片（尽管是班主任自己掏钱），任课教师会很感动。有条件的一起聚餐，搭班团队的凝聚力会更强。

四、第四部曲：做好后期的跟踪和信息反馈

管理要形成闭环。包班会也是一样的，有开始，就要有结束，有评价。否则，措施就会无法落实。在后期跟踪时，班主任不好去考核评价任课教师，但是班主任可以把学生积极的反馈透露给任课教师，或者把教师们的辛苦奉献反映给学生和家长。

比如，一位家长告诉我："这个学期，我用数学老师教的方法，帮助孩子提升数学成绩。现在孩子进步很大，连续几次考试都超过90分了！"我就赶紧把这个消息分享给数学老师。

我们的生物老师杜俊婷，硕士毕业于华中师范大学，做过全国高中生物奥林匹克竞赛教练。为提升包干学生的生物成绩，学生每错一个题，她就给学生手抄几个同类型的变式题。最多的情况是，对于一个题型，她手抄四次。学生做到第四次都感动得哭了："老师，我一定把这个问题解决掉。"这样的案例很生动，班主任分享给家长，家长也会十分感激任课教师。

有些任课教师不仅努力提升学生的成绩，还自掏腰包，给学生买奖品。每次学生考试完，宋柳君老师都要奖励一遍自己帮扶的学生。我很庆幸，任课教师简直是无所不能：名牌大学毕业的美术老师给学生辅导英语，英语老师跨学科帮助学生盯数学，历史老师帮助学生做手工……不是他们天生坚强，而是因为良好的互动文化，让他们变得强大。

这叫积极补位，大家相互助力，将自己奉献给团队。

第七讲　考试结束后，如何与孩子们聊成绩？
——56 句话语术，让孩子觉得那都不是事儿

大型考试的成绩出来后，怎样和孩子聊成绩呢？很多家长和教师都在纠结。从管理学的角度来说，前期努力是一个环节，结果出来之后，怎么应对也是一个重要环节。做好每个关键环节，孩子才会走得更好。

基于此，我们可以准备下面一些话语术，它们在实际操作中很有用。

一、让孩子放下压力

公式： 孩子期待我们怎么说，我们就怎么说。

话语术：

（1）考的都是会的，那这次考试全白考了！因为他都不知道自己哪些不会，你比他幸运多了，不会的全发现了。

（2）咬咬牙关，等几天之后会发现，没有什么大不了的事儿。

（3）接受与否都改变不了历史，朝前看，生活那么美好。

（4）太好了，我们又发现了新的增长空间。

（5）我曾经也没有考好过……

（6）你又不是永动机，哪能次次考好。

（7）你的优秀又不是一次考试就能够否定的，着急什么呢？

（8）胜败乃兵家常事，更何况考试，打仗是要命的事情，考试算什么？

（9）考试最大的功能就是查漏补缺，现在解决问题，中考（或高考）就没有问题了。

（10）退一步一般能够跳得更远，别着急！

（11）没有关系，下次还有机会！

（12）我们都看见了你在努力，你不要太着急，时间会证明你是最好的！

（13）想哭就哭，没有人会看不起你。

（14）不管怎样，我们都爱你。

二、让孩子看到希望

公式：把我们期待的行为，用赞美的方式说出来。

话语术：

（1）对于哪些学科和知识点，你觉得考好是因为你做好了……（前期工作）。

（2）和上次相比，你在……（领域）取得了进步！

（3）其实你的分数和目标相差不大，就是……分（分数差距朝小的说）的事儿。

（4）你只要把哪些题目做对就可以超越……

（5）来，我们把差距分落实到……（具体）学科上，是不是就容易达成目标了？

（6）把目标分数落实到每个学科，你看看，你只要提升……分就能实现梦想。

（7）你比上次进步了……名次，提升了……分？

（8）哇，太让人惊喜了，你居然攻克了这个难题！

（9）（瞄准前面的目标生）不就在……学科上比你多……分吗？你提升上来，就超越他了！

（10）告诉你，这个题目全班才……人做对，你就是其中一个。

（11）虽然……（叙述糟糕事实），但是……（叙述正面方向）。

（12）根据你的基础和能力，只要……（孩子能够做到的），……（达到什么层次）根本就不难，我看好你。

（13）聊聊看，这次考试你觉得最满意的是……

（14）每临大事有静气，你镇定自若的样子最让我敬佩。

三、帮孩子找到提升点

公式：引导孩子说出自己能做到的事情。

话语术：

（1）在这张试卷上，还有哪些题目让你不服气，把它们挑出来？

（2）你其实还可以做对哪道题，把它的分数拿到手？

（3）哪道题是你稍微留心一下就能够得分的？

（4）哪道题是你稍微努力一下、多看看书就能解决的？

（5）哪道题是你出了考场就会的（熟悉感上来就行了）？

（6）试卷上的哪些题是你靠自学也能解决的？

（7）回顾一下这次考试，你觉得你还能改进的是……

（8）你觉得自己还能在哪些方面做得更好？

（9）你发现还有哪些好方法是你没有用到的？

（10）你觉得哪些好方法以后还能继续用？

（11）这个题很难，你是怎么做对的？（引导孩子总结出有价值的做法）

（12）看，这样……（把总目标分解到具体学科内容上）后，达成目标是不是很容易了？

四、让孩子产生行动

公式：从不费吹灰之力就能做到的事情开始鼓励孩子。

话语术：

（1）你只要把这个概念背熟、理解了，分数就上去了！

（2）你把题目读三遍，圈画出题干的主要信息，粗心就远离你了！

（3）我觉得这个计划一定能行，对你来说是小意思！

（4）我相信你能挑战自己，因为……（说孩子做到的案例）。

（5）这个内容，能由你示范给全班同学吗？（适用于学生经过一番努力才解决的问题）

（6）你还想到了哪些解决这个知识点的……问题的办法呢？

（7）你看，只要多做一道题，你的能力就提升了。

（8）只要多背一个单词，我们的计划就能实现了。

（9）只要抓实……就行了。
（10）你说做就做的样子，真帅。
（11）别在乎别人怎么看，我们做自己的就行。
（12）我知道……有些难，但是你一定能够做到，对不？
（13）总有一天，你会感谢这么努力的自己。
（14）优秀就是每天比别人多努力一点，一年后你就会脱胎换骨！
（15）哇，这么快你就开始行动了！
（16）你做得太好了，真为你开心！

记住一点，欣赏、赞美、鼓励的话（见图2.13），只要你内心诚恳，怎么肉麻都不过分，都会有用。试一试吧，相信我。

图2.13　会说话的三个境界

第三课 干部常规管理

第一讲　班干部不得力，如何提升班级管理效果？
——优先设置好科学的班级组织构架

在班级管理上，一些教师存在认识误区。他们总认为管理班级的关键在于选出一个或一批能干的班干部。一旦班级里没有能人，他们就认命了，觉得这个班不行了。

其实，理性的观点是班级管理不能寄希望于一个人，而是靠一批人，靠科学的团队组织构架，来做好班级管理。

一、选用最好的组织构架

管理上常说："组织构架大于一切。""能够用组织结构解决的问题，绝不用生冷的制度；能够用制度解决的问题，绝不轻易开会。"

遗憾的是在班级管理中，鲜有人思考班级组织构架的问题。在刚开始工作的那几年，我也这样想：找一个能干的班长，培养一批能干的班干部，我就可以"遥控"班级；甚至招一招手，动动手指头，就有学生帮我把事情搞定。

问题是能干的班干部可遇不可求。遇上资质平庸的班干部，怎么办？培训、指导，他们总不开窍，甚至当你代替他们做事的时候，他们还看不出门道。

人靠不住，靠什么呢？在后来的工作中，我发现了组织构架的意义。对班主任来说，设置一个好的班级组织构架，比寻找能干的班干部更重要。好的组织构架能弥补班干部个人能力的不足。在我带的几届学生中，没有几个能力突出的班干部，但是完善的班级组织构架让我班的管理取得了很好的效果，我也比以前工作得轻松、自由。

相反，落后的组织构架，涣散的人员分工，职权不明确，逻辑不合理，严重影响了管理效应，那些想做事情的人也常常感到有力无处使。这和我们在单位中的感觉是不是一样的？有那么多好教师，大家都很敬业、勤奋努力，可最后学校还是日薄西山……

领导好一个单位、管好一个班级，关键是寻找到科学的组织构架，让每个人的效益最大化。

二、防备低效组织构架的问题

传统班级组织构架存在的最大问题是：班主任一人负责全班，班长一人带领全体班干部，部门职责看起来清晰，实则属性不明，部门之间缺乏支持，大家都单打独斗。

1．组织努力的方向不明确

班级组织构架为谁服务？一些人想当然地说：向班主任负责，为教师服务。确实，班级组织构架需要为教师服务。但是，管理的核心价值不是要组织为某个人服务，而是让身处于组织结构中的每个人都受益。激发每个人的潜能，让每个人的价值都得以实现，才是组织的意义和价值。这样看来，班级组织努力的方向应该不仅是让教师方便，更应该指向学生的健康成长。管理的效能对下而不是对上，这是组织努力的方向。所有资源都用于促进学生的成长，教师的工作才有意义。

2．内部构架缺乏逻辑

在以往的组织构架中，班主任处于整个组织构架的最顶端，其下是班长，再是班委成员和各部门。班主任、班长与其他干部是上下级垂直关系，好像一个能干的班长就能管好一切。也正因如此，许多班主任一直有一个执念——找个能干的班长代替自己。如果没有这个人，那么班主任就只好亲自上阵了。这是组织内部构架缺乏逻辑造成的。

好的逻辑关系是什么呢？应该是班级有一个由班主任、任课教师、学生代表和家长代表四方人员组成的决策高层，集体决定班级重大事项；下面的思想引导、行政管理、学习发展和日常事务四条线齐头并进。工作逻辑是依靠每个部门分工合作完成班级运作，而不是仅靠班长一个人。

3．中层模糊或缺乏中层

在以往的班级组织构架中，谁是中层呢？有教师想当然地认为各部门负责人是中层。中层是有明确定义的：上级命令的执行者，下级成员利益的代表和形象代言人。中层不只是一些人，还是垂直关系中的管理者。现实中，班委干部有自己稳定的、独立管理的队伍吗？很明显没有。

真正的中层是谁呢？应该是小组长。每个小组长都有自己固定的、独立组织的、不被其他部门分管的人。遗憾的是在以往的惯例中，教师基本上没有把小组长视作中层。

小组是班级最基本的组织单元，班级所有的计划都必须落实到以小组为单位的学生身上才有实际意义。因此，真正的中层就应该是组长。班级的垂直管理体系应该是"班长—组长—每个学生"。其他班委都是支持人员，不是真正严格意义上的中层。

4．部门岗位属性不清

在传统的班级组织构架中，每个部门的职责是明确的，如学习部门负责学习，纪检部门负责督查和纪律处分。但是，这些部门的自身属性——管理、支持还是服务，划分得不清楚。每个部门看起来都是为学生服务，但具体为谁服务，怎么服务，大家都不知道。

其实，不管是现在还是未来，社会存在分工，就会衍生不同属性的部门。我们把班级各部门梳理一下，就会发现不同的属性。例如：班长管班，组长管组，他们都有固定的成员，是管理型岗位；生活、卫生、体育、劳动委员都属于服务型岗位，他们只有固定的事；学习部门肯定是技术活儿，学习委员的核心工作就是一直研究学习……

理清岗位属性是做好工作的前提。遗憾的是，很少有人研究此类事情。

三、重新梳理部门功能及属性

新的组织构架按照属性，对班级各部门进行重新梳理。梳理之后，有三个明显进步的地方。

1．把干部身份进行了科学分类

以前我们的干部都是管理型的，都发号施令。其实，在实际工作中，有些干部是管理型的，有些干部是支持型的，有些干部是学术型的，有些干部是服务型的。干部的属性不同，功能和作用不同（见表3.1）。

表3.1 干部身份的科学分类

部门（负责人）	岗位	职责举例	属性
行政部（管理班长）	班长	负责班级组织建设，如组织构架、人员分工、考核	管理型
	组长	负责小组内的岗位设置、人员管理和绩效考核	
	寝室长	负责寝室内的岗位设置、人员管理和绩效考核	
	换届委员	负责各级干部换届选举、考核和公示	
	值日干部	负责当天或当周值日工作	
学习部（学习班长）	学科代表	负责本学科的学习方法和技术研发、宣传和普及	学术型
	学科委员	负责本学科的问题解决和方法研发	
	学科组长	负责本小组内该学科学习	
	学科社团	负责第二兴趣课程、各社团活动的开展和生涯规划教育	
事务部（事务班长）	劳动卫生委员	负责班级卫生、保洁、环境保护、劳动技术培训等	服务型
	体育保健委员	负责出操、体育运动、心理健康、传染病防治等	
	生活服务委员	负责就餐就寝服务、茶水服务、安全及活动后勤供给	
	文宣委员	负责班级文化建设和宣传	
	学科干事	负责作业本收发、登记和纠错订正	
思政部（思政班长）	团队委书记	团队活动策划、组织；人员思想引导、领导班风建设	支持型
	组织委员	团队人员组织发展、评优评先、模范宣传	
	纪检监察委	出勤违纪督查、班规执行督查、计划任务落实督查	
	班规立法部	班规"立法"、完善、补充和解读	
	班规执行部	矛盾调解仲裁部、班级法庭、惩戒纠错、习惯养成	

在管理上，我们把直接服务于业务目标的职能部门称作业务部门，其他不直接服务于业务目标的职能部门称作非业务部门。比如：学校的业务目标

就是教书育人，教务、科研、德育、学科组、备课组、班级、任课教师就属于业务部门，又称技术部门或作业岗；校办、后勤、安全、食堂等就属于非业务部门，一般是指管理岗和服务岗。

参考这个分类，学生干部岗位也可以分为以学习发展为中心的业务部门，以及提供管理、服务和支持保障的行政部、事务部、思政部等非业务部门，一共四个大类。

2．为部门之间的配合提供全新思路

行政管理既然是服务学生成长的非业务部门，那么它和其他部门就不是垂直管理的关系，而是并列的支持系统——专业的事情交给专业的人做，非专业的事情交给大家做。

我把组织构架内的四个平行负责人称作班长，即管理班长（传统上的班长）、学习班长、事务班长（或服务班长）和思政班长，分别负责行政管理、学习发展、日常事务和思想政治建设工作。四个班长，都是"长"字辈，地位平等，一人分管一个部门，一个部门分管一类事情。即使个人经验和能力不足，他们也可以互学互鉴，没有诸如"我是班长，怎么能自降身份去求助别人"的顾虑。

3．选人的标准更加明确

我们可以根据岗位专有属性，选拔有专业能力的人。针对这一点，后面会详细说。

四、构建部门协作网

四个部门如何开展工作？我们可以用一张明茨伯格舱位图，对新的组织构架中各部门的协作关系做一个说明。

亨利·明茨伯格（Henry Mintzberg）是加拿大的一位管理学家，他把单位的组织构架分为决策高层、支持部门、研发部门、中层和一线。按照明茨伯格管理理念，新的班级组织构架下各部门机构的设置及其协作情况的舱位图如图3.1所示。

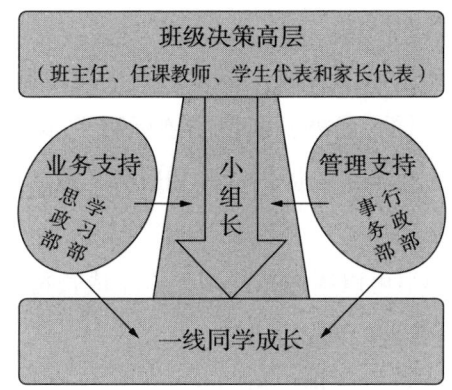

图 3.1 班级部门舱位图

这个舱位图有以下三个优势。

1．明确"决策高层"和"核心中层"

在这个舱位图中，决定班级重大事项和发展方向的是"决策高层"，由班主任牵头，任课教师、学生代表、家长代表组成，一般人数为 7 人。各部门正职和小组长列席会议。

真正在班级内挑大梁的是小组长，他们是班级管理的"核心中层"。根据对"工作性质、岗位价值、归口管理、责权利对等、工作内容互不交叉"等方面的分析，我们可以发现最终让每个同学发生变化的、管理好每个同学的，就是每天联系他们的小组长。从空间距离、接触密度和时间上的便利性等角度来看，对学生影响最大的，就是小组长。每个小组管好了，全班就管理好了。因此，小组长才是班级组织构架中的"核心中层"。

小组长怎么开展工作呢？他们在班主任的领导下，带领同学们落实班级高层决策，思政部和学习部为他们提供技术支持和思想保障，行政部和事务部为他们提供管理和服务。所有的资源都通过小组长，流向每一个同学。这就是"决策高层""核心中层"和一线"落地者"之间的逻辑关系。

2．说清楚各部门的功能和价值

在以往传统的班级管理中，班主任管班长，班长管班委，但班委有职无人，每个人都是光杆司令。很多事情最后还是班主任事无巨细地亲自操劳，班主任不表态，工作就推不动。

这个舱位图呢？四个部门各有一群人。各部门根据部门属性，寻找人建立圈子，做好分内的事情。另外，舱位图还标明了部门价值的实现途径——通过服务班内小组长，给小组长提供资源和服务，或者直接给同学提供资源，实现自身的价值。

资源流向基层，小组可以用的东西多，学生成长得就快。

3．变单一的垂直管理为网状协同

传统的班级管理为垂直管理，风险很大，一个环节出问题，整个工作体系就会瘫痪。有的班主任因对班长过度信赖，导致班级管理权旁落。班长违纪，全班造反。

现在这个舱位图呢？变垂直管理为"班级决策高层"领导下的网状管理。"决策高层"由班主任、任课教师、学生代表和家长代表组成，有最广泛的信息反馈基础，决策更精准。"决策高层"之下呢？四个功能、属性、分工明确的部门，都能为小组长提供支持，扶持小组长做大做强。如果小组长不够强势，他们还可以直接让资源"流向"学生。这样的网状协作，即使其中一个环节稍有不足，其他部门也可以"输血"进来，全班工作不受影响。

五、新构架让干部配置更专业

专业化发展是每个组织的必由之路。在我国传统"官本位"思想的影响下，在以往的组织构架中，每个干部都是"官"。学生干部"官"不大，"僚"却不小，欺压同学的新闻经常见诸网络。更重要的是干部工作不专业，班主任寻找学生干部，均以"成绩好、能干"为标准。班级里哪有那么多能干、成绩又好的学生干部呢？

新的组织构架不仅按照部门的服务性、管理性、专业性和支持性，厘清了部门属性，还把不同岗位学生干部的"专有素质"说清楚了（见表3.2）。

表 3.2　不同干部的专有素质

部门 (负责人)	岗位	干部专有素质	成绩要求	属性
行政部 (管理 班长)	班长	懂管理，会协调，有领导力，会激励人	班级前 20%	管理型
	组长	懂管理，会激励，能输出情绪价值	班级前 50%	
	寝室长	懂管理和考核，有领导力和组织力	班级前 50%	
	换届委员	程序严谨，敬畏制度，严格自律，有公信	成绩不限	
	值日干部	无专业要求，热心、愿意服务即可	成绩不限	
学习部 (学习 班长)	学习班长	文化知识全面，会学习，专业精深	综合前五	学术型
	学科委员	单科学科思维突出，会学习，成绩优秀	单科前三	
	学科代表	单科成绩中等，爱思考，会提问，愿进步	成绩中等	
	学科组长	所任学科领域组内最优或个人最优学科	该学科有 优势	
	学科社团	对某学科有强烈兴趣、爱创新、喜研究	不限，能 进步	
事务部 (事务 班长)	劳动卫生 委员	吃苦耐劳，有劳动特长或技能，懂管理	不限	服务型
	体育保健 委员	身体素质好，爱运动，有运动特长，能吃苦	不限	
	生活服务 委员	细心，做事严谨，同理心强，手脚勤快	不限	
	文宣委员	性格开朗活泼，能输出情绪价值，有特长	有文艺特长	
	学科干事	愿意跑腿，能把事情做完，无其他要求	不限	
思政部 (思政 班长)	团队委书记	善沟通交流，领导力强，能输出情绪价值	班级前 20%	支持型
	组织委员	做事严谨，能守住嘴巴，不背后传话	班级前 50%	
	纪检监察委	铁面无私，公正正直，三观稳定，重程序	班级前 50%	
	班规立法部	知识面广，善于研究，守正创新，严谨	班级前 50%	
	班规执行部	善于沟通，服从意识强，执行力强	班级前 50%	

根据干部属性和专有素质配备干部、选拔干部更专业。以学科代表设置为例，在以往的班级管理中，学科代表主要任务是收发作业。教师在设置学科代表时，一般任用在这个学科学得最好的学生，希望他们能够反馈学情、分析策略、提供支持。遗憾的是，他们没有做到。原因是什么？事务性工作占据了研究性工作的空间。

反馈学情、分析策略、提供支持应该是研究型学生做的事情。如果要求结果具有代表性，则不宜选择好学生，因为好学生的问题不能代表全班同学的学情。谁能代表？中等生。在一个班级里，中等生群体最大。中等生的成绩提高了，整个班级尖子生的基数就大了，班级成绩也就提高了。因此，在中等生里挑选学科代表比在好学生里挑选更合适，前者有更广泛的代表性，能更准确地反映学情。

收发作业，把作业送到教师办公室，登记没有交作业的学生，这样低技术含量的体力活由谁来做呢？在新的组织构架中，事务部增设了"学科干事"一职——他们负责做此类工作。如此一来，"学科干事"的选拔范围就很广了，一般学生、差生都可以。在实际工作中，一些教师为鼓励差生、管住差生，让差生担任某一学科的"学科代表"，其实就是让他们干"学科干事"的活儿。另外，他们能够反映学科学习中的问题。

真正学科代表的活儿，应该是普适性技术工作——适合大多数同学，而且有一定的技术含量，能解决全班的学习问题。因此，中等生最恰当。但是，中等生成绩一般，想法多，能力不够，怎么办？这时候，好学生就有"市场"了。好学生成绩好，学科思维强，解决学科问题的能力也很强。他们最适合解决学科代表发现的问题。于是，我们设置了学科委员。学科委员单科成绩位于班级前列，学科思维强，能较好地负责该学科的学法分享、经验传递、成绩提升和解决相关问题。让成绩好的学生收发作业、登记姓名、督促别人纠错订正，甚至和不写作业的同伴斗智斗勇，相当于把专业型人才放到服务型、事务型岗位上，这是浪费资源的表现。好学生要成为专家型人才，为班级同学提供专业性、技术性支持。

这样，学科干事、学科代表和学科委员就可以分开设置了（见表3.3），方便我们找到恰当的人来做恰当的事。

表 3.3　学科干事、学科代表及学科委员的设置

岗位名称	职责功能	任职条件	岗位属性	隶属部门
学科干事	作业本收发、登记和纠错订正	人员不限	事务型	事务部
学科代表	学情反馈、学习方法研发、宣传和普及	中等生	技术型	学习部
学科委员	负责本学科的问题解决和方法研发	尖子生	技术型	学习部

感悟：以前把学科代表"奖励"给学科尖子生、优秀生，其实只起着引领学习的作用，没有起到技术研发的作用。因为尖子生和中等生、差生没有共同语言，所以尖子生不能代表中等生和差生。学科代表不由他们担任，尖子生的自豪感怎么形成呢？从专业荣誉上予以认定，如设置学科权威机构——学术委员会，它的工作是解决同学们的学习问题。事务性工作由学科干事负责，学科问题由学科代表解决，发展性工作由学科委员来做，这样班级管理的专业性就出来了。

不一定要任用最优秀的人，而是要把每个人都安排到最恰当的位置上——这是新的组织构架带给我们的思考。

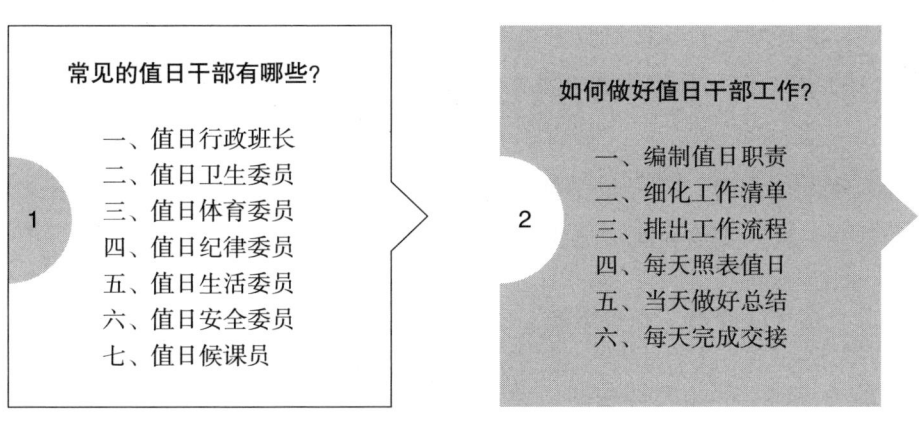

图 3.2　常见值日干部岗和工作策略

第二讲　如何把最适合的人选拔到恰当的位置上？
——行为观察量表让干部选拔更科学

对很多人来说，识人用人是一个很难的问题。不少教师内心都有一个疑问："我怎么知道哪些人适合做班干部呢？"

一、以往干部选拔凭感觉

因为不知道如何选拔干部，所以我们常常选用下面一些学生做干部。
（1）成绩好的（能起带头作用，只是，成绩好≠善管理）。
（2）听话的（听话的会服从，但是，听话≠执行力）。
（3）喜欢老师或和老师关系好的（其他学生和老师就疏远了）。
（4）人际关系好的（人缘好很容易做老好人）。
（5）办事能力强的（能力强到干预老师了——"逼宫"）。
（6）人品好的（人品好的人擅长管理吗？）。
（7）同学呼声高的（担心"压"不住，怎么办？）。
（8）榜样人物（道德模范不一定就是能干的干部）。
（9）长得好看的（这样的学生很容易变虚荣）。
（10）有经验的（熟手从哪里来？小学一年级的学生怎么办？）。

大家发现没有，括号里全都是纠结啊！一边是渴望，一边是犹豫——当我们没有工具、凭感觉选干部的时候，患得患失就是常事。

二、选干部要看"专有素质"

其实，选干部是有标准的。学生干部最关键的是有管理能力，在保证思想品质的前提下，愿做事、敢担事、会想事、能做事、做成事成为我们选拔学生干部的重要标准。换句话说，干部必备的领导力、管理力、执行力、沟通力、协调力应该成为班主任选人用人的"专有"标准。成绩好不是最关键因素，当一名学生具备干部"专有素质"时，成绩好才是锦上添花。

我曾经和一些管理方面的专家交流，有企业的专家，有行政部门的专家。他们都认为——管理能力是天生的，后天也能培养，只是成本太高。

他们直言：干部选拔更需要关注干部的"专有素质"。那么，干部的"专有素质"有哪些呢？一般来说，干部的"专有素质"体现在以下五个方面。

（1）思想品质好，德能服众（前提保障）。

（2）管理能力优，技能成事（核心能力）。

（3）团队意识强，合作共赢（关键指标）。

（4）学习能力强，业务引领（发展要素）。

（5）心理素质稳，悦人悦己（必要条件）。

这五个方面分别从前提保障（人品）、核心能力（管理）、关键指标（团队）、发展要素（学业）和必要条件（心理）五个维度，建立了学生干部选拔的思维模型。坚持人品第一，能力第二，是为了防止能力强的干部带偏方向。将"学习能力"作为发展要素，目的是把"管理型"人才和"技术型"人才分开。同时，学习是学生的主业，如果学习好的学生做干部，那么他面对同伴的时候，底气就会更足，有助于树立班级的学习风气。

三、编制干部行为观察量表

上述五个维度太抽象了，还需要把它们进一步细化为各学段学生干部的行为观察量表。五个维度为一级栏目，细分要素为二级栏目，关键行为为三级栏目。针对不同学段的干部，用于选拔任用的行为观察量表见表3.4—表3.6。

表3.4 小学干部行为观察量表

维度	细分要素	关键行为（核心点摘选示范，可增补）	-1（差）	0（有）	1（优）
思想品质	1.三观正确	听话、安静，说话公道，做事懂规矩			
	2.道德修养	和善，乐于助人，尊重他人，不怪罪人			

（续表）

维度	细分要素	关键行为（核心点摘选示范，可增补）	-1（差）	0（有）	1（优）
思想品质	3. 公道正直	遵守游戏规则，公正评价，不偏袒			
	4. 奉献精神	主动劳动，爱帮忙，乐于分享和捐赠			
	5. 律己待人	理性消费，上课不吃零食，信守承诺			
	6. 服务意识	喜欢跑腿，爱帮忙，操心但不强势			
管理能力	1. 领导力	有新想法，会合理安排游戏角色和规则			
	2. 沟通力	嗓门大，会说话，懂得倾听，能说服人			
	3. 思考力	提问有深度，会联想推理，独立不跟风			
	4. 决策力	主动选择，会利弊分析，有主见			
	5. 组织力	常发起活动，有效召集同伴，激励他人			
	6. 协调力	所有人都和他关系好，情绪稳定			
	7. 执行力	交办任何事情，都能迅速完成任务			
团队意识	1. 大局观念	善待对手，懂合作，乐于为班级牺牲			
	2. 合作意识	主动找人，积极回应，分工配合有耐心			
	3. 服从意识	迅速响应指令，快乐服从安排，愉快听话			
	4. 价值归属	以团队为傲，谁说班级坏话就驳斥谁			
	5. 勇于担责	主动履职，不怕失败，输了从不赖皮			
学业水平	1. 自身成绩	骨干前30%，一般干部前50%，干事不限			
	2. 学习品质	认真专注，主动积极，重方法，有热情			
	3. 兴趣拓展	好奇，爱探索，有特长，喜欢社团			
	4. 辐射影响	保持学习领先地位，有学习上的追随者			
心理素质	1. 自我和谐	悦纳自己，观点稳定，前后基本不矛盾			
	2. 情绪稳定	遇到不公平或被欺负时不失控、不乱生气			
	3. 抗压能力	会诉说和表达压力，愿意接受挑战			

（续表）

维度	细分要素	关键行为（核心点摘选示范，可增补）	-1（差）	0（有）	1（优）
心理素质	4. 能抗挫折	失败、摔倒时能积极想办法，不急不躁			
	5. 积极乐观	视角积极，总憧憬未来，从不或很少抱怨			
	6. 热情诚恳	主动打招呼，示爱自然，做事从不敷衍			
	7. 意志坚定	喜欢挑战，做事从不半途而废，非常自律			

表 3.5　初中干部行为观察量表

维度	细分要素	关键行为（核心点摘选示范，可增补）	-1（差）	0（有）	1（优）
思想品质	1. 三观正确	说话、做事符合社会主流价值观			
	2. 道德修养	谦和、善良，乐于助人，尊重他人			
	3. 公道正直	说真话，处事公平公正、不投机取巧			
	4. 奉献精神	乐于分享、奉献，不贪小利			
	5. 律己待人	以身作则，宽以待人			
	6. 服务意识	愿意为他人服务，服务他人成就自己			
管理能力	1. 领导力	能够在思想和行动上影响同龄人			
	2. 沟通力	会说话，精准传递信息，达成目标			
	3. 思考力	会追问原因，分析问题，看清事情的本质			
	4. 决策力	会判断、决策，有结果意识			
	5. 组织力	会分工，会调动人力资源实现目的			
	6. 协调力	能落实、懂变通、会创新、重结果			
	7. 执行力	手脚勤快，吃苦耐劳，不怕累			
团队意识	1. 大局观念	班级利益至上，能为集体克制隐忍			
	2. 合作意识	认同组织规则，能在合作中找到快乐			
	3. 服从意识	遵守纪律，乐意接受并执行上级意见			

(续表)

维度	细分要素	关键行为（核心点摘选示范，可增补）	-1（差）	0（有）	1（优）
团队意识	4. 价值归属	对班级有情感，取得成绩会自豪			
	5. 勇于担责	向心力、凝聚力、责任心强，主动担当			
学业水平	1. 自身成绩	骨干前30%，一般干部前50%，干事不限			
	2. 学习品质	专心听讲，及时记笔记和写作业			
	3. 兴趣拓展	有学习之外的爱好，且有一定成就			
	4. 辐射影响	学习方法和做法能够启发同伴			
心理素质	1. 自我和谐	从不纠结，自我认同度高			
	2. 情绪稳定	遇到不公平或被欺负时不失控			
	3. 抗压能力	遇到难题不躲避，会求助			
	4. 能抗挫折	面对挫折时能积极地想办法			
	5. 积极乐观	自信乐观，始终相信自己能解决问题			
	6. 热情诚恳	为人诚恳，能影响和感染他人			
	7. 意志坚定	不怕失败，做事情相对有耐力			

表 3.6　高中及中职干部行为观察量表

维度	细分要素	关键行为（核心点摘选示范，可增补）	-1（差）	0（有）	1（优）
思想品质	1. 三观正确	说话、做事符合社会主流价值观			
	2. 道德修养	自律，脾气好，能尊重反对者			
	3. 公道正直	说真话，处事公平公正，不投机取巧			
	4. 奉献精神	乐于分享、奉献，不贪小利			
	5. 律己待人	以身作则，宽以待人			
	6. 服务意识	同理心强，能在成全他人的同时成就自己			

(续表)

维度	细分要素	关键行为（核心点摘选示范，可增补）	-1（差）	0（有）	1（优）
管理能力	1. 领导力	能够在思想和行动上影响同龄人			
	2. 沟通力	会说话，精准传递信息，达成目标			
	3. 思考力	会追问原因，分析问题，看清事情本质			
	4. 决策力	会判断、决策，有结果意识			
	5. 组织力	会分工，会调动人手资源实现目的			
	6. 协调力	能落实，懂变通，会创新，重结果			
	7. 执行力	手脚勤快，吃苦耐劳，不怕累			
团队意识	1. 大局观念	坚持大局利益，提供情绪价值			
	2. 合作意识	利用合作成事			
	3. 服从意识	遵守纪律，乐意接受并执行上级意见			
	4. 价值归属	对班级有情感，取得成绩会自豪			
	5. 勇于担责	向心力、凝聚力、责任心强，主动担当			
学业水平	1. 自身成绩	骨干前30%，一般干部前50%，干事不限			
	2. 学习品质	专心听讲，及时记笔记和写作业			
	3. 兴趣拓展	有学习之外的爱好，且有一定成就			
	4. 辐射影响	学习方法和做法能启发同伴			
心理素质	1. 自我和谐	很少内耗，偶尔自恋，经常赋能			
	2. 情绪稳定	精力充沛，饮食、睡眠良好，不怕嘲笑			
	3. 抗压能力	冷静，处事积极，有心理弹性			
	4. 能抗挫折	不逃避，不放弃，自我激励，调整策略			
	5. 积极乐观	自信乐观，随机应变，思维积极			
	6. 热情诚恳	能影响和感染他人，会表达对他人的欣赏			
	7. 意志坚定	有耐力，能坚持，喜欢考验意志的运动			

针对上述表格，需要说明以下几点。

（1）表格中列出的是核心指标，不是全部指标。由于篇幅限制，上述表格中对"关键行为"的描述，只提炼了该学段最具代表性的核心指标，目的是抛砖引玉。表格展示的不是全部指标，而相对完整的、详细的"小、初、高学生干部行为观察量表"，有1万字左右，我们将其发布在"自主教育"微信公众号上（如果公众号要求不变，则名称不变；如果公众号名称规则改变，会考虑用郑学志的姓名注册）。这样可节省本书文字版面，降低大家的阅读成本。有需要的教师可以搜索一下，以实现图书和网络平台的互通。

（2）三个学段要素一致，但是要求有梯度。细心的读者可能已经发现了，这三个行为观察量表，模板要素一致。区别在于学段不同，对同一观察点的描述有差异，要求有梯度。以"自我和谐"这一点为例，小学生的世界观正在形成，这一点的要求是"悦纳自己，观点稳定，前后基本不矛盾"。初中生处于青春期，对外界评价非常敏感，"从不纠结，自我认同度高"是该阶段学生的好品质。高中生呢？他们的性格趋于稳定，人格逐渐成熟，"很少内耗，偶尔自恋，经常赋能"就成为重要指标。年龄是我们研制学生干部行为观察量表时必须考虑的因素，这样才能抓住学生的典型特征，进行精准判断。

对于上述观察量表的设计和制作，南京心理学专家马彩云老师和武汉华中科技大学附中的樊会武老师做出了卓越贡献，他们使观察量表更为科学、严谨，有工具性。

（3）观察量表的意义在于提供理性分析工具。这个观察量表的意义在哪呢？——给我们一个理性用人的"识别工具"。当一个学生非常优秀，适合做干部时，就不会有悬念。当我们犹豫时，通过核算观察量表的分数，就能精准识别选拔对象。

计算办法很方便，也很简单：有该项能力，计"0分"；该项能力优秀，计"1分"；该项能力欠缺或比较差，计"-1分"。这样，我们可以通过分数区分考查对象。

（4）注重学生行为表现观察，而非思想审查。编制观察量表的时候有一个亮点，就是"行为观察"。对于一些思想层面的东西，我们无从考查。比如：凭什么说学生思想不好？凭什么说学生不爱班级？爱与不爱班级、思想好与不好，不借助具体的事情，是看不出来的；借助具体的事情，就能通过行为表现出来。

行为观察量表重点观察学生在日常生活中的行为。这在某种程度上体现了量表设计的科学性。如果时间不够，在选拔班干部时，可以用便捷的干部识别工具——"干部快速识别 7 看"（见图 3.3）。

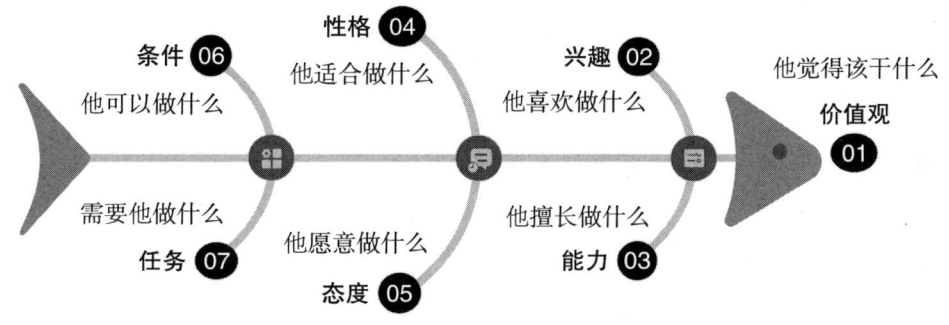

图 3.3　干部快速识别 7 看

四、建立自我评价标准模型

我提倡学生自我教育，也一向反对班主任被具体的事务性工作缠住，从而没有时间思考更高层面的设计，只埋头拉车，不抬头看路，就会迷失方向。看到这么多表格，不少教师的第一反应是："哇，这么多内容，我怎么算得过来？"

我想说，这不仅是给教师用的，也是供学生自我测试的。学生通过自测和互评，不仅会得出教师想要的结果，还能收获一个自我教育的过程。好多学生参与测试后，对综合素质的认识会更加深刻。

为方便学生自测，本书提供了非常详细的观察计分标准。限于篇幅，仅以"合作意识"为例，向大家展示"学生干部专有素质·合作意识自我评价标准"，具体内容如下所示。

合作意识自我评价标准

1. 主动寻求合作

（1）经常主动邀请同学合作（优秀）

（2）有时主动邀请同学合作（良好）

（3）较少主动，需要他人提醒（一般）

（4）几乎不主动寻求合作（较差）

2. 合作邀请回应

（1）总是积极热情地回应并参与（优秀）

（2）多数情况下积极回应（良好）

（3）回应不太积极但会参与（一般）

（4）回应消极甚至拒绝（较差）

3. 分工配合

（1）能高效合理地进行分工，配合默契（优秀）

（2）分工较合理，配合较好（良好）

（3）分工和配合有一定问题但可调整（一般）

（4）分工混乱，配合差（较差）

4. 倾听他人意见

（1）总是专注倾听，认真思考（优秀）

（2）大部分时间能倾听（良好）

（3）偶尔会分心，但能听进去（一般）

（4）经常不认真倾听（较差）

5. 表达自己观点

（1）清晰、有条理地表达观点（优秀）

（2）能表达，但不够清晰完整（良好）

（3）表达比较模糊（一般）

（4）表达困难或不愿表达（较差）

6. 尊重他人观点

（1）完全尊重，积极探讨（优秀）

（2）基本能尊重，偶尔有不同意见（良好）

（3）有时不太尊重他人观点（一般）

（4）经常不尊重他人观点（较差）

7. 合作中的妥协

（1）很容易为合作做出适当妥协（优秀）

（2）经过沟通能做出妥协（良好）

（3）不太愿意妥协但最终会妥协（一般）

（4）坚决不妥协（较差）

8. 鼓励合作伙伴

（1）频繁且真诚地鼓励（优秀）

（2）经常鼓励（良好）

（3）偶尔鼓励（一般）

（4）几乎不鼓励（较差）

9. 共同解决问题

（1）积极主动，方法多样，效果好（优秀）

（2）较积极，能找到方法解决（良好）

（3）参与度一般，解决问题能力有限（一般）

（4）消极对待，解决问题效果差（较差）

10. 共享资源信息

（1）毫无保留，主动全面共享（优秀）

（2）主动分享重要的资源信息（良好）

（3）分享一些，但不够全面（一般）

（4）很少分享（较差）

11. 合作中的责任心

（1）责任心很强，认真对待任务（优秀）

（2）有一定责任心，能完成任务（良好）

（3）责任心一般，需要督促（一般）

（4）责任心差，敷衍了事（较差）

12. 接受他人批评

（1）虚心接受，立即改进（优秀）

（2）能接受并思考如何改进（良好）

（3）虽然接受但是改进效果不明显（一般）

（4）抵触批评，不改进（较差）

13. 给予他人建议

（1）友善、合理、有建设性地提建议（优秀）

（2）能提建议，但合理性一般（良好）

（3）建议较少或不太合适（一般）

（4）不提建议或提不恰当建议（较差）

14. 团队氛围营造

（1）对营造良好氛围贡献大（优秀）

（2）有一定贡献（良好）

（3）贡献较小（一般）

（4）对氛围没积极影响，甚至有负面影响（较差）

15. 合作成果评价

（1）客观、全面、积极评价（优秀）

（2）较客观评价，有积极方面（良好）

（3）评价较片面（一般）

（4）评价不客观或不评价（较差）

16. 跨性别合作

（1）与不同性别同学合作得都很好（优秀）

（2）与某一性别同学合作得较好（良好）

（3）与不同性别同学合作有差异（一般）

（4）与特定性别同学合作困难（较差）

17. 不同性格合作

（1）与各种性格同学合作得都出色（优秀）

（2）与大部分性格同学合作得较好（良好）

（3）与部分性格同学合作有问题（一般）

（4）与某些性格同学合作困难（较差）

18. 合作中的耐心

（1）始终保持高度耐心（优秀）

（2）大部分时间有耐心（良好）

（3）耐心一般，有时会急躁（一般）

（4）容易急躁，耐心差（较差）

19. 合作任务坚持

（1）坚决坚持完成，不放弃（优秀）

（2）能坚持，偶尔有动摇（良好）

（3）会有放弃念头但仍然坚持（一般）

（4）轻易放弃（较差）

20. 合作创新尝试

（1）积极创新，有好的想法并实践（优秀）

（2）偶尔有创新想法并尝试（良好）

（3）创新意识一般（一般）

（4）几乎没有创新尝试（较差）

这个评价标准模型较为全面地展示了"合作意识"的自我评价标准。一些班主任使用之后说："以前只知道要合作，不知道究竟怎么合作。做了这套测试才发现，合作的学问真不少。"

我们团队里的一些资深教师说："参与课题研究前，只觉得这个项目对选拔干部很重要。参与之后发现，夫妻怄气、吵架，是因为我们不会合作！"夫妻需要合作，亲子也需要合作，道理一通百通。"研究让生活更幸福。"这是"干部选拔课"的意外惊喜。

一些学生自测之后,还回家给爸爸妈妈做测试。一些家长说:"我们虽然不能处处做好,但至少明白了努力方向。"这些反馈确实有些让人意外。

第三讲　初做班主任，不知道如何选拔班干部，怎么办？
——学生干部选拔任用的 16 个方法

这一讲将介绍 16 个非常好用的干部选拔任用办法。这些办法适用于新建班级和连续性班级干部选拔，大家不妨一试。

一、项目考查法

把班级管理所需要做的事情，以公益项目或者体验项目的方式发布出来。每个学生从第一天开始，要在班级里找一件自己可以做的事情，在班级里做一周（甚至更长时间，时间以班主任感觉可以找到主要干部为止）。这样，事情有人做，干部不固定，班主任就会有足够的时间来考查和选拔班干部，这一点也不耽误事儿。

使用项目考查法要注意两点：一是项目足够多，尽量让每一个学生都有参与机会。班主任可以把原来某个大岗位的事分解成许多小项目，这样机会就多了。二是前期宣传到位，每个学生都参与，不然没人捧场也尴尬。

只要有机会，学生还是很乐意参与的。

二、情景观察法

班主任要善于制造混乱情景、问题情景，让适合做班干部的学生尽快脱颖而出。比如，把学生带进一间乱糟糟的教室，什么也不说，放任他们自由活动十几分钟。在同伴七嘴八舌的讨论、无所事事的等待中，看不惯教室脏乱差、动手打扫清理的学生，是有责任感的学生，可以优先考虑让他们当卫生委员。见不得行为无序，敢于有组织、有节制地提醒大家安静下来的学生，可以考虑让他们当班长、纪律委员。为什么要加一个"有节制"的认定标准？因为要防备任性的学生、爱出风头的学生迷惑我们。

情景观察法很适合新生班级开学第一天使用。优点是不需要做过多的准备，有能力的学生自然就能"冒"出来。缺点是通过一次观察不一定能看清楚一个人，尤其是当学生试图讨好教师时，教师不一定能看出他们的人品。

三、公开征集法

这个办法和项目考查法有相似的地方，都是学生主动报名。但是，公开征集法主张不把岗位拆散，而是直接公示干部试用岗位，鼓励有意愿的学生主动报名。

公开征集法的优点是阳光、透明、公开，胆大的学生一下子就能"冒"出来，班级管理也可以快速走上正轨。缺点是学生不具备该工作岗位需要的能力和经验。干部们上岗之后，班主任需要密切关注他们，以便随时帮扶。

不过，好在这些都是临时性的岗位实践，不是正式的，后面还可以调整。要提前让学生知道后面还有正式选举，想留任得靠他们自己。

四、问卷调查法

这个办法比较正式。开学报到的第一天，或者开学前新生资格认定家访的第一天，带一张调查问卷给孩子，让他们自己填写一下。问卷的内容涉及兴趣、特长、社团经验、是否做过小组长以上的干部、对班级的期待、是否乐意做班干部，以及最期待的岗位等。

现在信息交流方便，只要有家长的联系方式，开学前就可以完成这个调查任务。建立一个群，把问卷的二维码发出去，学生实名填写；也可以在班级微信公众号上发布二维码。

问卷调查法的优点是信息全面，学生的回答比较理性、谨慎、可靠。缺点是学生的自我评价不一定恰当，这可能会在一定程度上误导我们。

五、咨询推荐法

如果想知道学生的基本情况，可以向他们以前的班主任、任课教师、生活辅导员或同伴咨询，看看哪些学生比较适合做班干部。

咨询推荐法的优点是人选相对成熟、可靠，使用起来容易上手，不会出什么大乱子。缺点是先入为主，会漏掉一些新生的、有能力的学生干部。那些表现不怎么好的学生，知道班主任事先了解情况了，可能会心存芥蒂，怕班主任以老眼光看人，所以要注意保密。

六、临时指派法

这是不少班主任常用的方法。教师可以在综合使用上述方法的基础上确定干部人选，也可以不使用上述方法，直接凭"眼缘"指定干部。可能有些教师会认为凭"眼缘"不靠谱，其实，工作时间长一点的教师是具备这种判断能力的。有些教师只要和目标学生眼神互动一下，就能够断定对方是不是自己想要的人。这是既往经验带给他们的直觉判断。

前面六种方法，适合新生班级开学初确定班干部。学生进入正常学习状态后，教师可以使用下面介绍的一些办法来考查干部，这样更理性、更客观。

七、问题聊天法

教师可以设置一些情景性问题，邀请目标孩子（有意向做干部或者教师有意向任用的学生）聊天，有意识地考查他们的管理思维和服务意识。这其实就是常见的面试。问题主要涉及以下八类（见表3.7）。

表 3.7 干部选拔任用办法之问题聊天法

情景性问题	涉及领域
1. 如果有同学在你跟前说三道四、挑拨离间，怎么办？	人际交往中的三观是否正确
2. 班干部只传达教师意见，忽略同学感受，怎么办？	同学观念、为政理念
3. 有些同学做干部时成绩上升了，有些下降了，你怎么看？	正确处理学习和干部工作
4. 如果你做干部时被同学们举报不公平、徇私舞弊，怎么办？	职业领域内的公平公正
5. 你怎么看待干部和同学之间互相打击报复的事情？	正确处理干群关系
6. 你的工作需要别人协助，可是别人不搭理你，怎么办？	部门干部之间的沟通协调
7. 在管理学习生活时你的意见和班长、教师不一致，怎么办？	处事原则及矛盾平衡能力
8. 同桌或者同小组同学学习没有积极性，怎么办？	领导力和同伴影响力

问题聊天法的优点是谈话前没有明确的干部任用，学生和我们都没有什么思想压力，这样可以全面地看出一个学生的三观和处理具体问题的能力，更为科学、准确。

八、量表观察法

这是上一讲介绍的内容。我们从思想品质、管理能力、团队意识、学业水平、心理素质五个方面，设置了 29 个行为观察要素，根据候选对象的能力进行打分，综合评估学生。

该量表比较科学的地方，就是不考查空洞的想法，而是观察行动，相对客观。尤其是对干部的专业管理能力进行"领导力、沟通力、思考力、决策力、组织力、协调力、执行力"七个方面的细分，这样专业属性会更强。

只是这个方法相对费时。不过，凡事都是公平的，任前费时，任后就省事了。

九、试用比较法

顾名思义，试用比较法就是临时任用一批干部，试用一段时间，先把班级事务管理起来。如果试用合格，就正式任命这些学生；如果试用不合格，就尽快调整岗位人选。

试用比较的时候，不提倡同一个工作岗位试用多人，被筛掉的学生可能会觉得很没有面子。比较好的试用方法是岗位试用，即在试用前教师向学生说明试用期可能是两周或更长时间，鼓励学生好好干。符合用人标准的学生，就会留任。

为保护学生的积极性，不建议盲目试用。看准人后，谨慎试用。

十、项目攻关法

安排几个有挑战性的小项目，例如：策划一个班级文化节活动，做一次环保小实践，举办一场学生自行主持的小班会，开展一个学科经验分享活动……全部交给学生去做。尤其是在大家互不相识的时候，组织这些活动会更有挑战性。

教师只是宣布项目内容、要求和完成任务的时间，其余全部由学生自行完成。理想的是教师发布任务后，学生自己组队。如果没人组队，就以座位为单位，六人一组去完成。所发布的任务最好是班级必须要完成的事情。这样既完成了任务，又考查了干部，还锻炼了学生，一举多得。

项目攻关法很不错。攻关时，学生肯定会遭遇到困难，肯定有人会存在不同的意见，面对同伴的质疑，组织者需要耐心说服、主动出击，限制项目完成的时间……这样学生的心性、能力就全都体现出来了，所以项目攻关法是一种非常可靠的干部选拔方法。

十一、自我推荐法

自我推荐的时候要注意引导：一是自荐岗位要具体明确，这样方便同学们对自荐人进行综合考核；二是自荐人要尽量向同学们展示自己的能力、才华和兴趣爱好，争取更多的支持；三是自荐人拉票要公开，私下拉票或承诺都是不恰当的；四是教师要做好落选心理预防辅导，鼓励学生不怕挫折，做最好的自己。

提倡学生自我推荐，这是勇于担当、敢于担当的表现，也是锻炼自己的重要方式。我们应综合自我推荐、民主投票和干部考查三种选拔方式。选拔公正、稳妥、严肃，是对学生的隐性教育。

十二、民主推荐法

不管什么时候，民主推荐都是尊重民意、重视学生想法以及能被大多数人认同的方法。可采用学生个人或小组提名、班级综合考核的方式确定干部候选人，然后公开投票选举。民主推荐可以把那些群众基础好、能被同伴认可和在同学们中有威望的干部选出来。

但是，要谨防拉帮结派的人推荐利益代表，或者不敢得罪人的老好人当选为班干部。这样的学生当干部，不利于开展班级工作。因此，在民主推荐前，要对学生进行正确的思想引导，引导他们推荐自己信任的、公道正派的和乐意奉献的干部，不要推选拉票、买票的同学，或者派小团队、小帮派的代言人出来，那样会害了他们自己，也会害了被推选的同学。

为防止失控，"民主推荐+班级考查确认"是一个不错的把关方式。

十三、综合考核法

综合考核法是一种比较客观、全面和公正的干部选拔方法，适合干部公开竞选的前、中、后期使用。前期可以对候选人进行精准把关，中期可以客观衡量干部，哪怕在选举之后、正式任命之前，也可以对干部岗位进行精准调整。

综合考核可以由班主任和任课教师执行，也可以从班级公开选拔一批志愿者来做这件事情。我个人的经验是让志愿者来做这件事情，这比教师来做更恰当。因为他们离候选人更近，看得更真实、更准确。

综合考核可以借助干部行为观察量表对学生进行综合评价，计分方式与此类似。

十四、公开竞选法

公开竞选是现在班主任普遍使用的一种方法，形式十分活跃，这里不再重复。

我想强调的是，公开竞选一定要在出台具体的选举办法、明确选举制度和流程、推出选举的执行班子、充分营造选举氛围之后进行。什么准备都不做，只图完成任务、走形式的公开选举，既容易被学生钻空子，又会显得草率，选举出来的干部还会没有成就感。

干部岗位要好不容易得到，他们才会珍惜。因此，一定要强化候选人提名、竞选演讲、公开投票、选举结果公示、落选心理辅导和任命承诺等环节的仪式感，这样，选上去的干部才会有成就感，不会轻易辞职。

十五、比赛竞争法

竞争有多种方式，关键是看班主任怎么考虑。

一种方式是采取两套或两套以上的班干部系统，学生们自己组阁，一套班子负责一周，轮流"执政"，当周进行满意度测评，每月公开一次竞赛结果。某周没有安排值日任务的小组，可以称为"轮空小组"；安排值日任务的小组，称为"在岗小组"。两组竞争，有利于激发学生以团队的方式合作，比较好玩。

另外一种方式是在正式干部确定之前，对于一些特定岗位，组织多人参与同一个比赛的活动或挑战赛，以竞争选出我们最终想要的班干部，如可以开展干部知识抢答、疑难问题答辩、个人才艺展示、能力比武、限时挑战赛和脑筋急转弯等。通过才华和技能的比拼展示，选拔出具有创新精神和竞争力的优秀人才。

十六、以老带新法

当班级进入中考、高考备考阶段之后，我们要把尖子生解放出来。让那些成绩好、挑战和冲刺好学校的学生在毕业前担任主要班干部，部分家长和学生可能会不太乐意。怎么办？让成绩好、挑战和冲刺好学校的老干部退下来，让他们推荐"新干部"，用"以老带新"的方式，帮助新干部做好班级管理。

这样做的好处是什么呢？一是能充分利用老干部的经验，让新干部尽快上手。二是能增强老干部的责任感，他们以老带新。因为新干部太差就会拖累老干部，所以老干部在选人的时候就会精挑细选。三是有利于新旧更替，方便工作的交付，这样就不会因为换干部出现班级管理断层的现象。

第四讲　怎样稳定干部队伍？
——建立干部选拔任免与后备干部培养机制

不少教师提问：干部们要辞职了，怎么办？尤其是一些重要岗位的干部辞职，全班乱套，班主任很着急。

有愿意做班干部的，自然也有不愿意做班干部的，辞职很正常。班主任为什么着急呢？估计在班主任的潜意识里，压根没想到学生会辞职，这让人措手不及。如果我们建立了规范的干部选拔任免和后备干部培养机制，那么无论遇到什么问题，我们都有后手。

我的个人观点是，要强化干部的选拔和任用仪式。一件事情太容易得到了，人们就会不珍惜。机会越难得，学生为得到它付出得越多，就会越珍惜。这就是越付出越热爱。

所以，我在选拔与任免干部时一定会经过下面一些程序。

一、干部选拔程序

1. 摸底

哪些学生适合做班干部，哪些学生具有培养前途，接班第一天就要做好摸底调查。摸底方式有学生自我填报、同学推荐、既往履历介绍、家访咨询等。

2. 建档

为适合做干部的学生建立一个备选人员资源库，记录每个学生的优缺点和适用岗位。最好使用一个专项档案表，这样学生会更加关注。

3. 推荐

个人自荐与民主推荐两条途径都可以。个人自荐考查个人勇气和愿望的强烈程度，民主推荐考查受欢迎的程度。

4. 考查

选举或指派干部之前，一定要找本人及其他学生谈话，了解候选人的情况，征求学生的意见。

5. 入围

经过前面的四个环节，宣布竞选或者指派干部入围名单，观察班级学生的反应，以便后期调整。

6. 定人

这个环节包括岗位设置和人员安排，可以用选举或指派的方式，这两种方式各有优劣。选举需要有申报、演讲、拉票、投票、入围、拟任等环节，不能敷衍。

7. 培训

对拟任人员进行职责、能力、方法培训，以便其开展工作。建议第一批任命的干部和后备干部一起培训，这样可以不浪费资源。

8. 公示

不少教师做事雷厉风行，想到人选之后马上宣布，这样做并不好，没有给自己留下调整人员的空间。最好是先公示两三天，提前征求学生的意见。公示期间可以换人。

二、干部任命程序

1. 谈话

任前谈话必不可少，主要原因有三点：一是给学生鼓劲；二是交代方法；三是培养学生的自豪感。任前谈话最好邀请任课教师参与，体现任职的重要性。

2. 任命

这是正式宣布，一定要有正式宣布的仪式和氛围，增强干部的身份认同和其他学生的羡慕感。

3. 就职

邀请任命的学生发表个人就职演讲。如果有任命书，可以在这个环节颁发，这样会增强学生的荣誉感。

4. 宣誓

在每个干部发表就职演讲之后，集体宣誓。任命环节结束。

5. 指导

任命班干部不是宣布人选就可以了，还要"扶上马、送一程"。刚开始的一个月，班主任要经常指导他们开展具体工作，提高他们的工作能力。

三、干部免职程序

1. 考核

定期对干部进行考核，将考核结果作为后面调整的依据。

2. 优化

及时调整和优化干部队伍，更换不合适的干部。

3. 申请

不要粗暴地撤掉一个干部，那样学生会很没有面子。让他自己提出申请会好很多。

4. 审议

在干部提交辞职申请后，要组织核心人员审议辞职报告，重在肯定成绩，理解难处，做好新任干部的推荐和工作调整。

5. 补选

对新接替干部进行补选，程序参照干部选拔程序。

6. 任免

新旧干部的任命和免职同时进行，这样可以保证工作的延续性。新任干部接手工作后，辞职干部才能结束工作。建议不要浪费辞职或者免职的干部，建立顾问团，用处会很多。

7. 移交

这是最后一个环节，免职干部发扬风格，继续帮助新任干部一周。

四、解决干部后顾之忧的 7 条对策

学生宁可辞职也不愿意当干部，这背后一般都有问题，班主任要有针对

性地解决学生的后顾之忧。

1. 辞职原因：能力不够，总是被打击

【对策】提供技术支持，一对一帮扶

和他们一起制定工作清单，帮助他们以天为单位进行复盘；建立一事一议制度，遇到问题一起研究解决；不定期地塞"智囊手册"给他们，让他们有办法应对；提前预知班级问题，提前教会他们应对具体突发事件的技巧，帮助他们树立信心；不管学生做得怎样，都给予表扬和鼓励；利用"你说呢？""还有呢？""太好了！"等语言模式引导他们自己想办法。

2. 辞职原因：班级歪风邪气旺盛，干部屡被嘲讽

【对策】强力手段营造风清气正的良好环境

班级风气不正是因为教师太懦弱，学生不懂事。班主任要寻找那些有正义感的孩子，一起正面发声；对于不正之风毫不犹豫地、坚决地表态，对于错误行为态度鲜明地打击；利用班会课对学生进行三观教育。当班级氛围好了，干部就没有压力了。

3. 辞职原因：担心精力不够，成绩下降

【对策】提供学习支持，看见成绩进步

当干部是要分散精力的，再遇上贪玩、不会利用时间，干部的学习成绩自然会下降，家长和孩子压力都很大。班主任要教会干部们"时间管理法则"，坚持要事第一法则，帮助他们厘清要事。同时，还要把每个学科的学习方法教给他们，定期督促和检查干部，课堂上对其予以适当的关注……学生成绩提升了，自然就自信了。

4. 辞职原因：班主任方式不当，干部不好做人

【对策】寻找符合人性的教育和管理方式

有些班主任总找学生干部了解情况，把学生干部当眼线、暗哨和告密者，这样的学生干部在同学面前很难做人。要知道，学生最痛恨的就是"叛徒"。班主任应该变私下告密为公开举报、变个别了解情况为面向班级提出问题、变布置眼线为与学生谈心……寻找更为人性化的管理措施，这样会更受干部和学生的欢迎。

5. 辞职原因：荣誉机制不健全，干部动力不足

【对策】建立干部荣誉晋升体系

干部需要被看到，除了常规的评选优秀班干部、优秀科代表、优秀小组长之外，我们还可以建立干部晋级制度。例如：班长可以根据年限、经历和绩效，分为见习班长、初级班长、中级班长、高级班长、特级班长、黄金班长、钻石班长、终身成就班长。每个岗位都这样，每次晋级都举行授勋仪式，学生会特别喜欢。

6. 辞职原因：校方规则不合理，干部压力大

【对策】做好自己就行，不要被不合理规则绑架

学校为了严格作风，规定每个巡视干部每天扣足5分才算合格。同学们都做好了，为何还要吹毛求疵地扣分？干部压力很大。我们可以告诉学生："规则不合理，可以保留意见。做好自己就行，不要被不合理规则绑架。"

7. 辞职原因：认识不足，遇到麻烦撂挑子

【对策】说出生活真道理，硬核道理妙说服

"宰相肚里能撑船，那是被气撑大的。""受气是干部的成长过程。""担多大的责，就会有多大的牺牲。"……这些硬核的话，会让学生瞬间解开心结。

五、建立后备干部培养机制

建立后备干部培养机制，是我们不怕任何人辞职的"绝招"。

1. 后备干部来源

后备干部可以是各方面表现优秀、具备良好的个人素质，但是因为岗位数量限制，目前还没有找到理想岗位的学生。

2. 后备干部权限

后备干部和正式干部一样，按要求参与班级重大活动和会议；旁听班级会议，可以发言，但没有决策权。遇到问题，可以组织他们在小范围内提出建议，供正式干部参考。

3. 后备干部任务

我给后备干部一个日常任务——填写"每周观察表"，从第三方角度，对

班级管理进行监督。

4. 后备干部职责

当后备干部承担职责时，他们进入角色会更快。在日常的工作中，如果正式干部请假或者忙不过来，可以邀请后备干部帮忙。

5. 后备干部数量

按现职干部岗位配置，一岗 1～2 人。

6. 后备干部培训

培训方式有观摩现职干部例会、模拟一事一议、参与现职干部专题培训，以确保干部能力提升。

7. 后备干部考评

针对后备干部，建立专项荣誉评价机制，定期评选，颁发证书。任何岗位出现空缺，或者遇到问题，后备干部直接替上。

第五讲　干部培训效果不好，怎么办？
——一人一张表让班干部工作得心应手

干部培训是班主任工作的重要内容。可是，在实际工作中，不少教师发现，尽管自己对干部进行了很多次培训，可是效果还是不理想。

效果不理想很正常。因为很多教师对干部进行的培训基本是通识培训，也就是常识性培训。这种培训覆盖面广，短时间可以完成任务，但是缺乏针对性。岗位不同，要求和方式也不完全一样，悟性差的孩子可能无法领会。

此外，不是每个学生都会对别人的培训感兴趣。培训班长的时候，学习委员或者纪律委员就会走神。因为他们觉得，这些事情和他们无关。"无关联""非我"的想法，不能激发学习兴趣。无论你开发了多少培训课程，培训了多少次，最后效果依然会不明显。

我们有比培训更有效的办法——组织每个学生干部根据自己工作岗位的性质和功能，研发出一整套岗位职责和服务流程表，然后照表操作。这比任何培训都管用。

怎么研发呢？

一、宏观思考岗位工作的五要素

干部是一个社会性工作岗位，接触的是人，服务的是人。任何一个社会性工作岗位，一定有自身价值存在的五个要素，即五个"W"。

（1）who（谁）：我为谁服务（给谁提供服务）？

（2）what（什么）：我能给他提供什么服务？

（3）why（为什么）：如果我是被服务对象，我会喜欢什么样的服务方式，为什么？

（4）how（怎样）：我的服务有怎样的标准？

（5）when（何时）：何时评价我的服务？（定量会更清晰）

这五个"W"是学生干部岗位研究实践的五个维度，分别对应"工作对象""工作内容""工作方式和流程""工作标准"和"考核时间节点"。

例如，值日生早上发现有同学忘记带书、忘记带文具，该怎么办？我们可以分别从涉事学生、相关教师、学生家长三个方面，给他们提供服务，解决问题。具体策略见图3.4。

教同学这样应对：
一、培养分类清理的习惯。
二、出门前对照清单检查。
三、学会做好第二应对方案。
四、找同年级其他班同学借。
五、时间来得及的话回去拿。
六、就近购买小用品。

这样向教师求助：
一、动用教师的备用教材。
二、请求指派同学共用。
三、让教师帮忙想办法。
四、别批评这个同学。
五、帮学生牵线搭桥解决。
六、在教师之间求助。

这样对家长说：
一、感谢家长没生气。
二、请求提供解决方案。
三、帮忙给孩子送过来。
四、不要责怪这个孩子。
五、祝贺他找到成长空间。
六、向其他家长咨询办法。

图 3.4　值日生培训

二、设置具体情景，寻找服务对象

这五个"W"如何细化为干部岗位的具体操作细节呢？我带他们开展一项活动，叫作"寻找客户"。"寻找客户"就是明晰自己为谁服务、服务什么、如何服务、怎样评价。

"客户"是一种商业说法，就是工作对象。每个岗位在设置的时候就"映射"了它的实际"客户"和潜在"客户"。但是，并非每个学生都能准确找到这些客户，怎么办？给他们设定具体的情景性问题，用问题引导他们寻找客户。

案例：如何寻找纪律委员的"客户"？

背景：传统抓纪律的方法是盯死看牢，一旦发现违纪的同学，马上抓出来处理。问题是，面对班级那么多同学，纪律委员无法看住每一个人。纪律委员做不到，班主任就在全班安插眼线，谁违纪了就举报谁。结果在班上形成了告密风，纪律委员成了同学们眼中的"特务"，很多学生不愿意当纪律委员……

背景：自习课，同学们正在写作业。几个同学觉得无聊，开始眼观六路、耳听八方，发现无人盯着，就开始违纪说小话了。请问：该如何有效管理这种情况？

管理情景1：直接点名处理。违纪同学说："你看见我违纪了？凭哪一条处理我？别人说小话你为什么不处理？"纪律委员离得远，无法判断。

管理情景2：纠缠于事件真相。纪律委员说："你那里有声音，有声音就是说小话。"违纪同学说："我们在讨论问题，不是说小话。不信，你问我们组长。"如果组长正直，就会说真话；如果组长担心连带扣分，就会和组员一起说："他们没有说小话。"真相是什么？

管理情景3：纪律委员遭指责。纪律委员说："安静，别说小话了。"同学说："本来就很安静，你这一吆喝，班级里就不安静了，你在破坏纪律。"纪律委员："真的吗？……"

管理情景4：纪律委员学习受影响。家长说："老师，您能不能别让我们家孩子当纪律委员了，他在自习课上都不能安心写作业。"老师问："怎么就不能安心写作业呢？"家长说："他要盯别人啊！"

……

问题：每个人都要盯吗？纪律委员日常最重要的客户，究竟是违纪的同学，还是小组长？

面对情景背后的真问题，大家得出结论。

结论1：根据客户最近距离原则，和谁直接发生关系，谁就是首要客户。违纪同学影响的是组内同学，其次才是整个班级。所以，违纪同学是小组长的第一客户。抓好纪检工作，应实行近地管理，小组长盯才最有效，也只有小组长才能真正抓好班级纪律。纪律委员主要为小组长管好纪律，提供组织支持、条例支持、经验支持、评价支持和责任追究支持。

结论2：纪律委员的第一客户是小组长。他们通过小组长实现对每个小组的纪律管理。因此，好的纪检工作思路是：①调研班级违纪现象及规律，提前告知小组长，增强防违纪能力；②总结梳理纪律模范小组的做法，给其他组长提供经验和技术支持；③组织小组之间进行作风点评和学习，学习先进经验；④为小组长教育违纪同学提供好做法。

结论3：纪律委员的第二客户才是违纪同学。因为违纪不是常态，处理也只是偶然。违纪处理需要：①确认违纪事实（由小组长取证）；②确认违纪依据（根据班规解释）；③告知处理流程，即告知权益保护办法、处理办法和提供改正的正确方法；④提前干预，如提前告知违纪风险，经常进行违纪案例警示教育。

结论4：纪律委员应该在自习课专心写作业，因为他们的首要身份是学生。为确保他们能安心学习，他们的工作要前置：平时要进行经常性的案例警示教育，这样才能形成好的班级环境。

根据以上针对情景性问题的研究，学生们得出结论：纪律委员的一级客户（经常服务对象）为小组长和违纪同学；二级客户（偶尔服务对象）为评优评先人员和有需求的同学。他们的服务内容、流程及评价标准如表3.8所示。

表3.8 纪律委员的客户服务

优先层级	客户对象	服务内容	服务流程	评价标准	评价方式
一级客户（经常服务对象）	小组长	1. 提供维护纪律的经验和做法； 2. 梳理常见违纪行为发生的规律及防范措施； 3. 提供违纪警示案例，告知正面的做法； 4. 帮助做好违纪者处分前的思想工作，当好组织后盾； 5. 组织各小组进行作风互评和经验分享。	1. 询问需求； 2. 提供方法； 3. 跟踪效果； 4. 及时帮扶； 5. 点赞推优。	1. 做法便捷，好操作； 2. 违纪规律总结到位，便于预防违纪行为； 3. 警示案例典型，以便组长开展工作； 4. 解读权威，以理服人，组长没有后顾之忧； 5. 互评及时，经验流通快。	调查问卷、座谈、满意度调查、给服务对象贴红花、使用点赞卡等方式（定期一周或不定期）。

（续表）

优先层级	客户对象	服务内容	服务流程	评价标准	评价方式
一级客户（经常服务对象）	违纪同学	1. 解读纪律条例，告知违纪原因； 2. 学习警示案例，做好风险提醒； 3. 告知纪律处分办法和工作流程，帮助维权； 4. 帮助违纪者减少或杜绝违纪行为。	1. 询问需求； 2. 提供方法； 3. 跟踪效果； 4. 及时帮扶； 5. 点赞推优。	1. 解读经典、权威，没有歧义； 2. 警示案例具有代表性，含正面做法； 3. 违纪者熟悉维权的每个步骤，真正认识对错； 4. 能够让违纪者发生显著而积极的变化，如有效减少违纪次数、降低违纪危害。	调查问卷、座谈、满意度调查、给服务对象贴红花、使用点赞卡等方式（定期一周或不定期）。
二级客户（偶尔服务对象）	评优评先人员	1. 提供无违纪证明； 2. 帮助其防范违纪风险； 3. 提供公正的违纪查询； 4. 确保评优评先过程零违纪。		1. 及时提供，不耽误评优； 2. 尽量做到不违纪； 3. 确保每个人的证明是精准的； 4. 评优评先全程监督，实现零违纪。	
	有需求的同学	1. 解读纪律条例，做好纪检教育； 2. 答复纪律规定，澄清相关事实； 3. 进行权威鉴定，辨析是否违纪； 4. 回应相关问题，营造良好环境。		1. 态度诚恳，做法温和； 2. 时间精准，从不延误； 3. 鉴定权威，结论不会被质疑和推翻； 4. 问题处置及时，保护每个人的权益。	

纪律委员这样做，其实是不会得罪人的。他已经成为组长的支持者、违纪同学的保护者，以同学们为服务对象，大家怎么会怪他呢？

三、每个岗位都制作流程表

上述表格出台的过程，我们叫"寻找客户"。每个岗位都需要制作一张这样的岗位职责和服务流程表。这张流程表不仅涉及岗位职责，还涉及他们的工作对象、服务方式和评价标准。干部们在研发的过程中，通过一对一的帮扶和指导，就能明白每个岗位的职责和服务流程的细微差别。我们的培训就能从"个性化""情景化"培训，转移到"个别化""具体化"培训。

每个岗位都是独一无二的，根据每个岗位思考出来的东西都不是雷同的。学生看到这张表，就会有一种积极尝试的欲望和念头。因此，"寻找客户"的过程，也是给干部们安装"发动机"的过程，这样能激励他们实现自己的最大价值。

第一次这样做会很艰难，我们班这样做了将近半个学期。半个学期之后，每个干部都有这样一张流程表，他们的工作就不需要问班主任，也不需要问同学了，每天对照表格问自己就行了。这就是"一表实现干部培训的全过程"。

当每个干部都有这样一张表的时候，他们就有这样一种感觉：我有一表，问题全无！

我知道教师们很需要每个班级干部的岗位职责和服务流程表，我也很想在这本书里全部照录。遗憾的是字数太多，会增加图书成本，大家阅读代价很高。为此，我把班级里最核心的、抓成绩的部门——学习部的干部岗位职责和服务流程表在此完整展示出来，以飨大家。书中没有照录的其他干部岗位职责和服务流程表，我会在"自主教育"微信公众号上完整展示出来，大家搜索"每人只用一张纸条，学生干部工作就得心应手、如虎添翼"就能找到。

学习部的干部岗位职责和服务流程如表3.9—表3.13所示。

表 3.9 学习班长（学习委员）的岗位职责和服务流程

优先层级	客户对象	服务内容	服务流程	评价标准	评价方式
一级客户	学科代表	1. 帮助他们做好学科日常管理； 2. 作业送交及时； 3. 处理缺交作业等特殊情况； 4. 做好本学科的教研； 5. 组织好学科知识竞赛； 6. 做好学科经验交流； 7. 做好学科思维与品质训练； 8. 指导其为学科组长做好服务。	1. 询问需求； 2. 提供方法； 3. 跟踪效果； 4. 及时帮扶； 5. 点赞推优。	1. 日常管理有序、任务明确； 2. 没有错漏； 3. 对于每个问题，都能提出实在的解决方案； 4. 给教研提供方法和工具； 5. 协调资源，确保顺利开展； 6. 出谋划策，确保准时到位； 7. 向教师取经，提供技术支持； 8. 及时调研组长需求。	调查问卷、座谈、满意度调查、给服务对象贴红花、使用点赞卡等方式（定期一周或不定期）。
一级客户	行政组长	1. 做好学习型小组建设； 2. 给每个学科组长服务； 3. 组织本组同学参加学科学习； 4. 参与班级学习方法的交流分享。		1. 机制健全，角色明确、有活力； 2. 每周做一次支持性的技术分享； 3. 每周一次情况反馈； 4. 能发现每组的亮点并点赞。	
二级客户	学科兴趣小组	1. 协调教师的辅导时间； 2. 及时发现并推广好的做法； 3. 协调小组活动场地； 4. 帮助他们解决实际问题； 5. 做好学期方法分享会。		1. 时间不出错，精确到分； 2. 好做法推广不晚于一天； 3. 如有变化，提前半天告知； 4. 针对一个问题，提出一系列解决方法； 5. 分享会气氛热烈，有分量。	
二级客户	学科委员	1. 提供培优补差服务； 2. 拓展优势学科； 3. 促成学习经验分享； 4. 形成团队，进行研讨和学习。		1. 协调资源，一对一帮扶； 2. 每个学科每日一题分享； 3. 每周反馈一次策略卡的使用； 4. 每月组织一次挑战性活动。	

（续表）

优先层级	客户对象	服务内容	服务流程	评价标准	评价方式
二级客户	有需求的同学	1. 陪伴他们一起询问教师； 2. 提醒他们及时写作业和预习； 3. 提供学习策略卡； 4. 及时鼓励他们，帮助他们树立信心。	1. 询问需求； 2. 提供方法； 3. 跟踪效果； 4. 及时帮扶； 5. 点赞推优。	1. 态度诚恳，做法温和； 2. 时间精准，从不延误； 3. 策略卡实用、方便、流通快； 4. 能感受到我们的温暖。	调查问卷、座谈、满意度调查、给服务对象贴红花、使用点赞卡等方式（定期一周或不定期）。

注意：优生也有弱势科目，他们的弱势科目可以由两部分学生帮助提升。一是该弱势学科的学科委员帮助其提升；二是学习班长推荐同学互相结对，你帮我数学、我帮你英语，互相用优势学科帮扶输出。优生是学习班长的二级客户。

表 3.10 学科代表的岗位职责和服务流程

优先层级	客户对象	服务内容	服务流程	评价标准	评价方式
一级客户	学科委员	1. 帮助学科委员纳新换届； 2. 组织学科委员开展教研； 3. 陪同他们咨询教师； 4. 解决学科委员的工作难题； 5. 做好学习经验分享； 6. 实现自身学科成绩的突破。	1. 询问需求； 2. 提供方法； 3. 跟踪效果； 4. 及时帮扶； 5. 点赞推优。	1. 纳新、换届时间固定，仪式感强； 2. 教研时间、场地精准有序； 3. 陪伴热情、及时，促进思考； 4. 一个问题配一个解决策略； 5. 收集同学的反应，激励分享者； 6. 提供资源，陪伴和及时分享。	调查问卷、座谈、满意度调查、给服务对象贴红花、使用点赞卡等方式（定期一周或不定期）。

（续表）

优先层级	客户对象	服务内容	服务流程	评价标准	评价方式
一级客户	学科组长	1. 布置作业和安排学习任务； 2. 每天及时收发组内作业； 3. 收集和解决小组同学的学习问题； 4. 每周进行两次教研活动； 5. 组织班级同学的早自习和晚自习； 6. 解决组长的工作难题； 7. 做好学科思维与品质训练。	1. 询问需求； 2. 提供方法； 3. 跟踪效果； 4. 及时帮扶； 5. 点赞推优。	1. 布置及时精准，方法灵活； 2. 不缺一人，不迟于5分钟； 3. 针对一个问题，提出一系列解决方法； 4. 每次教研都有计划、有内容； 5. 提前告知自习的要求和任务； 6. 一对一帮扶，解决学生的难题； 7. 每周一次专题微分享。	调查问卷、座谈、满意度调查、给服务对象贴红花、使用点赞卡等方式（定期一周或不定期）。
二级客户	学科兴趣小组	1. 协调教师的辅导时间； 2. 及时发现并推广好的做法； 3. 协调小组活动场地； 4. 帮助他们解决实际问题； 5. 做好学期方法分享会。		1. 时间不出错，精确到分； 2. 好做法推广不晚于一天； 3. 如有变化，提前半天告知； 4. 针对一个问题，提出一系列解决方法； 5. 分享会气氛热烈、有分量。	
	有需求的同学	1. 陪伴他们一起询问教师； 2. 提醒他们及时写作业和预习； 3. 提供学习策略卡； 4. 及时鼓励他们，帮助他们树立信心。		1. 态度诚恳，做法温和； 2. 时间精准，从不延误； 3. 策略卡实用、方便、流通快； 4. 能感受到我们的温暖。	

注意：①学科委员由该学科学习成绩非常优秀的 3～8 名学生组成，帮助学科代表做好本学科的学习研究工作，在班级里发挥榜样示范作用，是该学科学术型尖端人才的交流中介。②学科组长是每个行政组内负责该学科学

习的组长，由小组成员自行推选，其成绩不必十分优秀，主要负责该学科的日常业务工作。③两者的区别是：学科委员侧重专业学习的研讨和分享，构成全班层面该学科的科研型组织，是学科代表的智囊团；学科组长侧重日常管理，属于行政组内的角色分工，是行政组长的学科学习助手。

学科组长在行政组内担任某一具体学科学习的负责人，由行政组长聘任，向学科代表报备，负责组内的学科学习。学科组长在原则上"一个学科一个同学"，特殊情况下可以两人协同。

表3.11 学科组长的岗位职责和服务流程

优先层级	客户对象	服务内容	服务流程	评价标准	评价方式
一级客户	每个组员	1. 收发作业； 2. 清查组员的学科知识记忆情况； 3. 组织本学科的学习分享； 4. 解决组内成员的缺交作业和拖欠任务问题； 5. 带领大家参与本学科的活动； 6. 整理记录本学科的学习交流情况； 7. 配合学科代表做好组内学科的方法分享。	1. 询问需求； 2. 提供方法； 3. 跟踪效果； 4. 及时帮扶； 5. 点赞推优。	1. 做到及时、精准、有序； 2. 按要求完成背诵默写； 3. 按要求完成课堂讨论； 4. 采用一对一的方式提供技术支持； 5. 确保每人都参加，每次都不缺人； 6. 每天关注一次班级相关积分的变化情况，及时通报； 7. 认真记录学科委员和学科组长研讨成果，保证零出错。	调查问卷、座谈、满意度调查、给服务对象贴红花、使用点赞卡等方式（定期一周或不定期）。

注意：每个小组最多6个学生，其中每个学生必须在组内担任一个学科的学科组长，每个组员都是他的直接客户，也是他最重要的经常性客户，故不存在二级客户。

服务流程和评价方式与前面相似，不再重复。

新的组织构架实践表明，收发作业不难，每个学生都能够做，属于事务型工作，应归属于事务部，故学习部的干部岗位职责没有该项内容。

学科委员是每个学科的尖子生，一般由3～8人组成。

表 3.12 学科委员的岗位职责和服务流程

优先层级	客户对象	服务内容	服务流程	评价标准	评价方式
一级客户	学科组长	1. 帮助做好预习、复习； 2. 解决学科学习难题； 3. 追踪问题解决情况； 4. 提供学习方法指导； 5. 为学科活动提供技术支持； 6. 做好组内命题把关。	1. 询问需求； 2. 提供方法； 3. 跟踪效果； 4. 及时帮扶； 5. 点赞推优。	1. 预习、复习有知识清单； 2. 一个问题配一个解决方案； 3. 对每个问题都进行一周的跟踪处理； 4. 方法具体、适用； 5. 方法符合实情； 6. 纠错率达100%。	调查问卷、座谈、满意度调查、给服务对象贴红花、使用点赞卡等方式（定期一周或不定期）。
一级客户	学科兴趣小组	1. 提供课题技术支持； 2. 及时发现并推广好的做法； 3. 帮助他们解决实际问题； 4. 做好学期方法分享会； 5. 帮助其做好学科海报。		1. 全程参与，零缺席； 2. 好做法推广不晚于一天； 3. 针对一个问题，提出一系列解决方法； 4. 分享之前仔细把关三轮； 5. 资料新颖丰富、有价值。	
二级客户	有需求的同学	1. 陪伴他们一起询问教师； 2. 提醒他们及时写作业和预习； 3. 提供学习策略卡； 4. 及时鼓励他们，帮助他们树立信心； 5. 解决他们的学习疑惑。		1. 态度诚恳，做法温和； 2. 时间精准，从不延误； 3. 策略卡实用、方便、流通快； 4. 能够感受到我们的温暖； 5. 确保会说能写，可做变式题。	

表 3.13 学科社团负责人的岗位职责和服务流程

优先层级	客户对象	服务内容	服务流程	评价标准	评价方式
一级客户	社团成员	1. 提供学期活动安排； 2. 安排好成员的具体任务； 3. 组织好每次活动； 4. 激励每个成员参加； 5. 对接好每位教师； 6. 成果分享精准、有内容。	1. 询问需求； 2. 提供方法； 3. 跟踪效果； 4. 及时帮扶； 5. 点赞推优。	1. 方案完整，精确到周； 2. 任务到人，时间明确； 3. 一周前通知，流程清晰； 4. 看见每个人的付出； 5. 确保不出任何疏漏； 6. 不遗漏每个人的成果。	调查问卷、座谈、满意度调查、给服务对象贴红花、使用点赞卡等方式（定期一周或不定期）。
二级客户	有需求的同学	1. 陪伴他们一起询问教师； 2. 耐心回答同学的提问； 3. 提供参与策略卡； 4. 及时鼓励他们，帮助他们树立信心； 5. 吸引同学参与。		1. 态度诚恳，做法温和； 2. 热情真诚，答案精准； 3. 策略卡实用、方便； 4. 能够感受到社团温暖； 5. 每学期有人数突破。	

注意：一级客户和二级客户是按照客户的重要性区分的。一级客户是经常服务对象、最重要的客户，也是岗位设置的原因、意义和价值所在。二级客户是次要客户、偶尔需要提供服务的客户，是岗位设置者的溢价性服务对象，是班级干部有余力服务的增值性客户。

控制和管理会带来矛盾，服务和评价能够激发活力，这是岗位设置的基本理念。

四、彩蛋及思考

我和一个有将近 30 年教龄的老教师交流。

我：科代表和学习委员的职责有什么区别和联系？

他：科代表负责具体学科的学习，学习委员负责全班所有学科的学习。

我：他们在职务上有什么区别和联系吗？

他：按理说，学习委员管科代表……可是，现在他们各管各的。

我：科代表主要的职责是什么？

他：在任课教师的指导下布置作业，收发学生的作业本。

我：这个工作技术含量高吗？非得要成绩好的学生做吗？

他：没有什么技术含量，只要负责就行。

我：那我们常用该学科成绩最好的学生做科代表，是不是有些浪费？

……（没有回答）

思考：技术含量低的、每个人都可以做的事情，属于事务型工作，只要能力适当就可以担任；技术含量高的、具有不可替代性的工作，属于发展性工作。发展性工作越丰富多彩，班级越充满活力。

学科委员必须发挥学科成绩引领、学科学习方法示范和研究性学习引导等作用，具有不可替代性。因此，班级要大力发展学科委员组织建设，他们在班级里的作用发挥得越好，学习氛围、成员的学习能力和水平也就越高。

这是抓成绩的关键。

第四课 家校常规建设

第一讲　新建班级，家长互相不熟悉，怎么筹建家委会？
——把握家委会筹建的基本组织技巧

谈家长工作的文章很多，相应的图书也不少，都侧重于创新；个性化的书很多，系统且详细地介绍家长工作（从组织构架到常规操作）的书很少。其实，一线班主任更需要介绍家常式的有关家长工作的书，做好常规家校工作会更有意义，也更具持久性。

基于此，我将从普适的角度探讨家长工作。先说家委会的机构设置。想要把家长群体组织起来，以协调一致的方式开展相关工作，必须重视家委会的设置。

一、家委会的领导职数

家委会的领导怎么设置呢？一般采用"一正两副"或"一正三副加秘书长"的方式设置，也就是总数为3个人或5个人。好处是什么呢？当家委会领导层意见不统一、大事悬而未决的时候，可遵循少数服从多数的原则进行民主表决（当投票人数为奇数时，票数容易过半）。

家委会的"一把手"可以被称作家委会主席或主任，其职责是全面召集家委会成员，组织、领导和管理家委会。温馨提醒一句：家委会的领导一定得是我们值得信任的人。不然，工作会很被动。

二、家委会的领导分工

家委会领导分工如下。

一把手：家委会主席，必须是有领导才能、脾气好、有气魄、能决策的家长。他的职责是全面领导和管理整个家委会的工作，把控大方向，落实具体管理工作，督查落实情况，及时和班主任沟通协调。家委会的资金由他负责管理。

一副：常务家委会副主任，负责家委会的日常事务和人员管理，维持日常运转。如果遇到家委会有资金管理需求，他负责安排人做出纳、保管现金。

二副：业务家委会副主任，家委会中负责有技术含量业务的管理人员，如家长会课件制作、微信公众号编辑、宣传海报制作和发布等。如果家委会有资金管理需求，他负责安排人记账、做会计。

以上是"一正两副"的设置，资金管理按照收支两条线、钱账分开、管用分流的原则进行。管钱的人（家委会主席）不能亲自支付费用，只负责审批；花钱的人不能直接保管资金；记账和现金保管工作分开，会计账、出纳账要一致，确保资金安全。

如果是"一正三副加秘书长"，则正职统管全面，一副负责日常运行，二副负责学术业务发展，三副负责后勤保障，秘书长协助正职，每个人各自分管几个业务部门。

三、家委会的部门设置

家委会设置多少个部门比较合适？8个以内。根据管理学的规律，管理者一般可以有效管理3～6人，极限是8人，超过8人就会出现失控现象。

部门功能怎么设置？按照设立部门的"初衷"去设置。每个部门的设置都有它的理由，这些理由的背后就是部门的职责和功能。比如，设置日常管理部的初衷是做好家委会的日常管理，家长群的值日工作、群管理工作、群提问工作、在群内推荐美文和分享信息的工作以及配合学校的志愿者工作都属于日常管理部的内务。有些家长平时做公益活动的动机不强，需要外部激励，我们可以制定相关的考核制度，对其进行表彰，这些事情是从日常管理延伸出来的，自然应由日常管理部负责管理。

功能设置遵循单一性原则，即同一件事情，尽量在同一个部门完成，跨部门会扯皮，多事情则会分散精力。如家长有问题要研究，则成立一个研究性部门，全权负责这件事情。研究性工作是一个组织存在和发展的动力之源，只有不断研究，才能满足组织内成员的不同精神和物质追求。如果一个组织整天只是做事务型工作，总有一天，组织成员会感到厌倦。因此，研究性部门是一个组织发展的内部动力。研究需要氛围，也需要时间和精力，不要让一些"鸡毛蒜皮"来影响和打扰该部门的人员。一些非研究性的活动,如群内值日、交通指挥、后勤跑腿,就不要让这个部门的人员来做了。这叫部门职责的单一性。

此外,我们还要有系统思维,即各部门之间有一个合理的逻辑支持。它们不是一盘散沙,而是一个有机整体。我们要厘清各部门的职责,建立沟通协调机制,厘清组织逻辑。家委会的核心目标是教育好孩子,研究与落实家长的教育策略。其中直接为学生服务的部门应该成为家委会的核心部门。其他部门是为了方便实现目标而设置的,叫作支持部门。支持部门要为核心部门实现价值提供服务和支持。

按照上述关键思想,一般在家委会中设置6个部门(见表4.1),其中学研部、活动部是核心部门,其他都是支持部门。

表 4.1　家委会的部门设置

部门	职责	案例	主管
决策层	家委会年度和学期计划、重大事项研究和决策、日常管理领导	学期任务、奖励审核、资料购买调研和决策、制度制定、信息反馈	秘书长 管理型
联络部	负责日常事务管理、出台家长激励措施及落实、积分管理	家长组织、值日安排、积分管理、群管理、志愿者行动、早安心语	第一副 支持型
文宣部	活动摄影、视频制作、文案与微信公众号编辑和发布	文字编辑、图片摄影、视频制作、海报宣传、课件设计、媒体发布	
学研部	组织策划家长间问题研究、知识学习、家长教育等发展性工作	研究沙龙、智爸慧妈、家长学校、亲子策略、共读共学、家长手册	第二副 技术型 (核心)
活动部	组织策划密切亲子关系、家长关系的非研究型活动	亲子时装秀、爸爸球赛、21天锻炼打卡、子问母(父)答、社会实践	
后勤部	财务、采购、交通运输、活动场地布置及学校评餐活动组织	班费预算、收缴、开支和通报;物品购买、车辆和场地布置、餐饮	第三副 服务型

执行上述表格中的分工,要注意区分部门内部事务和全体家委会事务。部门内部事务不宜由其他部门完成,比如:文宣部有宣传的功能,这个宣传功能面向全体家委和所有学生;其他部门内部的宣传,则不宜交给文宣部,

理应由自己完成。如果学研部想发布一个话题研讨的海报，接收人员是学研部的内部人员，那么这个海报的设计与发布，应该由学研部自己完成。学研部的人员不能说："哎呀，文宣部负责海报宣传，这个海报就让他们做吧。"但是，如果家委们觉得，某个研讨具有普遍性，希望全体家长参与，把它提升到"整个"家委会的工作层面，海报要文宣部支持配合，文宣部就责无旁贷。这叫跨部门协作，实现的是家委会的"全局性"。

落实职责分工，厘清事件边界，明白归属，这也叫单一性原则。当然，如果学研部不知道怎么设计海报，需要技术支持，可以向文宣部求助，这是部门之间的横向联系。

执行上述表格中的组织构架，还有一个要说明的是"决策层"。这个决策层指向的是家委会执行运转的内部常规性事务决策，不是班级发展和管理的重大决策，由家委会领导层组成，即"一正N副"和秘书长。他们只负责家委会内部事务的决策工作，而不负责家委会外部事务的决策工作。因此，家委会决策层不得干预班级管理和发展。这和班级组织构架里讲的"班级决策高层"不是一回事。

在家委会的组织设计上，我不太赞成因人设岗，尤其反对因为一个需求特殊的家长而影响其他家委会成员的设置。我们可以私下关爱，但是不宜用公权或者公共资源做交换。这不公平，会给我们添加很多麻烦。

四、人员的组织安排

家委会的机构设置完成后，接下来要做的就是根据岗位需求，寻找合适的工作人员。

"千军易得，一将难求。"首先要找准的是家委会主席和副主席的人选。家委会中最关键的就是这几个人，他们确定好了，后面的事情就好办了。一般来说，家委会的主要负责人应从以下六个方面去寻找（见表4.2）。

表 4.2　家委会主要负责人的考查方案

	考查要素	考查办法
1	曾经有相关的经历或经验	填写调查问卷、直接谈话或咨询学生之前的老师
2	较强的人际沟通和组织能力	邀请其代办事情或策划小活动
3	有足够的时间	询问其职业、工作及陪伴孩子的情况
4	支持、了解和配合学校工作	交办具体任务
5	为人正直、公道，有正能量	设置情景性问题求教或通过观察与座谈了解其为人处事
6	对子女教育比较重视	了解其对孩子的要求、孩子的行为习惯及学业表现

找准对象之后，可以通过以下七个方法，恳请他们担当大任。

（1）直接邀请：诚恳地邀请他们，出任家委会负责人。

（2）民主推荐：发动和鼓励其他家长民主推荐目标人员担任家委会负责人。

（3）主动登门：借家访的机会主动登门拜访，请求他出山。

（4）体验过渡：先做一段时间，在考查之后正式选举为家委会负责人。

（5）赖皮将军："还有谁比您更适合做家委会负责人呢？要不您去劝说一下？"

（6）构建关系：先和目标家长构建良好关系，之后的事就容易了。

（7）公开竞选：如果有意向的人多，可以公开竞选，这是最理想的方式。

有人问：为什么要提供这么多方法？家长情况不同，采用的方法不同。我这是给大家一个方法清单，有利于大家自由把握。

主要负责人选好之后，我们就有"合伙人"了，可以一起去寻找更多的人来帮我们做事情——安排好其他各部门的负责人。我们可以用表 4.3，从兴趣、能力、性格等七个维度，寻找家委会部门负责人。

表 4.3　家委会部门负责人的考查方案

序号	考查项目	考查内容	考查办法举例
1	兴趣	喜欢做什么	展示部门职责和既往活动案例与岗位，观察其兴趣
2	能力	擅长做什么	根据平时的观察和交流，了解其擅长的工作领域
3	性格	适合做什么	根据部门性质分类，寻找适合其性格的岗位
4	价值观	应该做什么	通过交流座谈，寻找与其价值观相匹配的岗位
5	态度	愿意做什么	征求个人意愿及其对家校的态度，看其是否支持学校
6	条件	可以做什么	了解其工作单位和时间情况，判断其适合什么岗位
7	任务	需要做什么	根据组建意图和工作需求，寻找合适的人选

这张表很有价值，适用于学生干部选拔、家委会部门负责人考查、学生生涯规划，是干部行为观察量表的"迷你"版。

怎样将用人失察的影响降到最低呢？设置公开聘任流程。常用的聘任流程有七步：公开任职需求、征集家长意向、入围人员考查、拟聘人员筛选、岗前培训谈话、三个月的试用、正式聘任。这七步要在征集意见的时候就明白地说出来，坦诚相待，风险就能降到最低。

组建家委会的时候，要始终坚持一个理念——寻找教育学生的合伙人，搭建家校共同体。不找拆台者，也不给自己找麻烦，情感、态度和价值观是关键因素，能力不足可以通过组织构架来弥补。如果三观不一致，事情就会难以推进。

五、家委会工作流程

家委会如何开展工作？这里有两个工作流程，即一般性工作流程和会商性工作流程。

一般性工作流程（见图 4.1）是家委会在正常情况下的日常工作流程，如家长研究沙龙、家长课堂、家长学校、日常群管理、志愿者行动、共读分享等工作的流程。班主任要充分尊重家委会的自主权、独立权，除了学期计划、年度计划外，一般不予以干预。

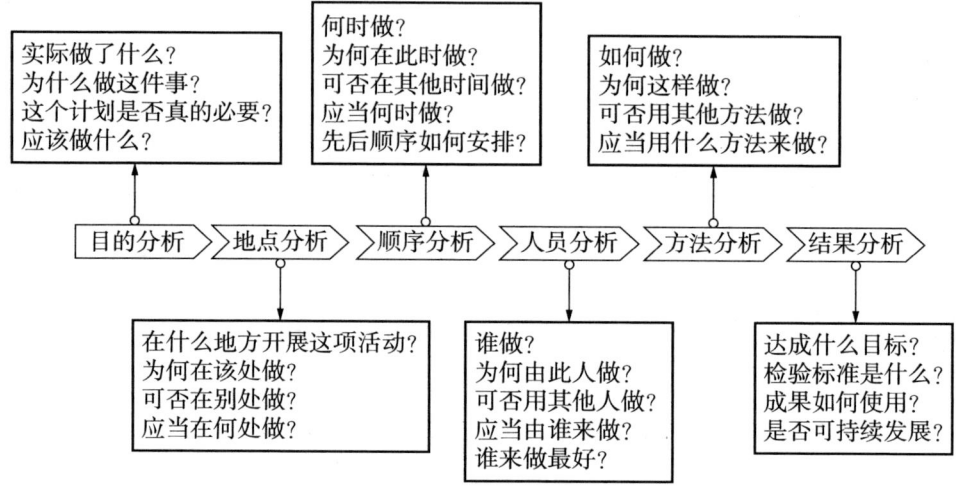

图 4.1　家委会一般性工作流程

相对一般性工作流程而言，会商性工作流程是需要班主任密切关注的。因为会商性工作大多涉及非常态事件，家委一定要将此类事件提前告知班主任，请班主任参与会商。班主任不清楚具体情况，就不能把握方向。需要会商的事情包括家校矛盾、校园欺凌、费用收取、资料（含校服及其他物品）购置、饮食卫生、师生矛盾、亲子冲突……但不局限于这些事情。

会商性工作流程（见图4.2，务必注意箭头的方向）有三个要点。①决定权掌握在班主任手中，班主任确认某事必要、可行、无风险后，家委会才能执行。②家委会如果继续坚持，则在调研会商后，小步子尝试。评估无风险且达到预期后，家委再行动；如果没有达到预期且有风险，立即停止行动。③把过程性监控和结果性监控结合起来，无论家委做得怎样，都要向班主任汇报并向学校报备，要遵循一个基本原则——对人或组织有伤害，有政策和舆情风险，一律叫停。

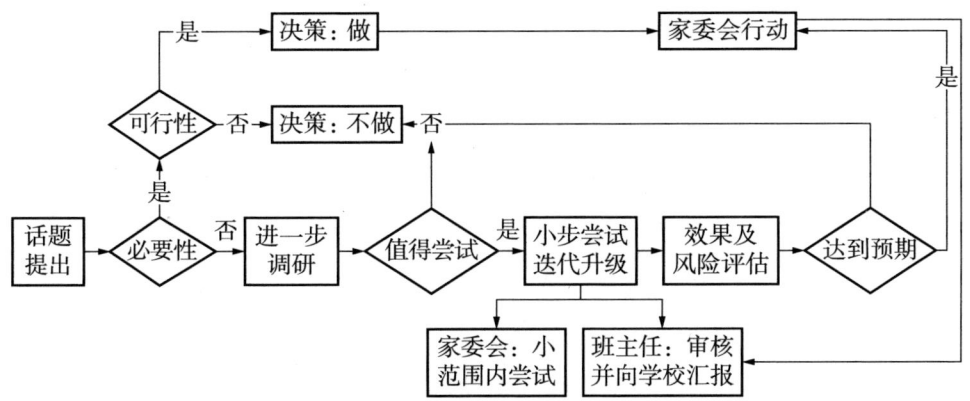

图 4.2 家委会会商性工作流程

这两个流程必须在家委会成立之前，就让每个成员都知道，确保后面不出事。

第二讲　家长的想法和我们期待的不一致，怎么办？

——构建生长型家校共同体，在发展中解决问题

在传统的家校关系中，我们经常提合作，提同盟。这两个概念传递着甲方-乙方思维，甲乙双方均有自己的立场和利益，在合作中甚至有摩擦和斗争，结果不是甲方委屈，就是乙方受伤。

怎样避免甲方-乙方思维？构建家校共同体，而且是生长型家校共同体，用发展的思维解决出现的问题。

一、生长型家校共同体的基本内涵

"共同体"是近年来一个很火爆的词语，最早出现在让-雅克·卢梭（Jean-Jacques Rousseau）的《社会契约论》（The Social Contract）中，卡尔·马克思（Karl Marx）使其真正发展成熟。"共同体"是"现实的人"形成的利益团体，是人类生存和发展的基本方式[1]。

"共同体"传递的思维是"同呼吸、共命运，同生活、共参与"。"共同体"规避了甲方-乙方思维，强调责任和利益共享、命运和行动同担，呼吁有事一起扛的行动实践。

"生长型家校共同体"的内涵有以下几点。

（1）共同愿景：看见教育最美好的样子。

（2）共同目的：为孩子成长营造最好的环境，做好孩子成长的生命支持者。

（3）共同背景：孩子进入中学前后的每一位家长和教师或同班级、同小区、同小组的家长和教师。

（4）共同利益：孩子的成长、成功和终身幸福。

（5）共同原则：互信互利为基础，互通互助为桥梁，共赢为根本目标。

（6）共同组织：各种在平等自愿的原则下组织的小团队，学校最大的家

---

[1] 马一凡，陈智. 马克思主义如何理解"共同体"[N]. 学习时报，2022-12-26.

校共同体是校级家委会。

（7）共同领导：教师、家长和孩子民主选举领头人。

（8）共同心理：我们会一直在。

（9）共同行动：一起为孩子的成长做最有价值的事情。

（10）共同特征：跟上孩子成长的步伐，和孩子共同成长。

（11）共同舆论：一起发声，为教育营造更好的环境。

二、生长型家校共同体建设的主要载体

生长型家校共同体是一项全新的探索，如何激发家长参与的积极性？"让每一个人在思想上和行动上都成为自己的CEO①"②，有掌控感和获得感是家长们积极投入的关键。

为此，我们搭建了下面一些平台、一些载体，让家长们参与。

1. 功能组织

细化以班级、年级和校级家委会为领导机构的家长多功能参与组织，做大做强各级家委会。我们倡导三大类功能组织：一是管理类的官方组织，如家委会学习部、财务部、活动部、餐评部等；二是服务类的民间组织，如护路志愿者、舒乐氧吧（心理咨询和救助帮扶）等；三是研究类的发展组织，如亲子读书会、学习品质沙龙、家教策略库等。在每一个功能组织里，尽可能给家长提供参与机会，让每一位家长都能成为自己思想上和行动上的CEO。

2. 家长课堂

这个家长课堂不是家长们被教育的课堂，而是家长们给孩子们做讲座、和孩子们谈心交流的课堂。一个家长从事一种职业，一个家长拥有一项特长，一个家长拥有一门资源……汇总起来，就构成了学生教育的资源库。对于学生的职业规划教育、生涯引领，家长的资源比教师的资源更丰富。只要家长能做的，我们就可以为其提供平台。"爸爸课堂""妈妈课堂""爷爷课

---

① 英文全称为"Chief Executive Officer"，中文意思为"首席执行官"。

② 德鲁克，等.自我发现与重塑［M］.刘铮等，等译.北京：中信出版社，2015.

堂""奶奶课堂"都可以开讲;有些班级一个学期安排不完,还得等下个学期。

3. 研究沙龙

"相约周四""周末有约""思想汇""今晚八点"……这些有意思的名称,不是哪个媒体的栏目名称,而是我们学校各个年级和班级家长的网络研究沙龙名称。"在有孩子之前,我们不知道怎么做父母。"当孩子的教育遇到问题时,家长们非常渴望有所借鉴,研究沙龙就应运而生。"聚焦一个小问题、选择一个小切入点、做一个小调查、形成一系列小策略、开展一项小实践、进行一次小反思"的"六小行动",成为研究沙龙的标准流程。

4. 同步课程

"如何让孩子尽快适应高中生活?""考前如何给孩子科学释压?""如何选择自己的高考科目?"……这些都是高中部的"家长同步生长课程"。课程有一个典型特征——阶段性特别强。当孩子到了某个阶段,家长遇到某些棘手问题的时候,这些课程恰好就出现了。

同步课程是我们耗时数年打造的,它的主讲者不是教师,而是家长。有人问:"并非所有的家长都是教师出身,他们怎么会讲课呢?"这个问题很容易解决。录制好一堂标准的家长课,准备好一个标准的课件模板,标注好各个环节的注意点,发给家长们就可以了。家长们对着演示模板,一个环节一个环节地增删调整,直至完美。

下面是我们学校高中三年的 12 堂家长同步课程(见表 4.4),由上一届的家长给下一届的家长讲,这样参考性最强。学校要做的事情,就是给每个讲课的家长颁发一张"特聘专家证书"。

表 4.4　高中家长同步课程

	高一家长课程	高二家长课程	高三家长课程
上学期	如何让孩子尽快适应高中生活?	如何选择自己的高考科目?	孩子的未来由孩子决定
	孩子在校园感觉孤独怎么办?	让学习适应孩子	如何做好高三的后勤保障

(续表)

	高一家长课程	高二家长课程	高三家长课程
下学期	家长怎样说，孩子才愿意听？	考前如何给孩子科学释压？	赢在自信，赢得未来
	课题分离，家长应该学会的课程	孩子恋爱了怎么办？	要特长还是要就业？

5. 决策会议

如果家长对学校建设、管理、发展有参与权、建议权和决策权，他们就会觉得这个学校是自己的，并且认同这个学校。我们学校建立了教师代表委员会、家长代表委员会、学生代表委员会，学校重大事项的决策（如三年规划、餐饮改革、课程设置等）均由他们开会研究决定。当家长清晰地理解了学校的办学理念，深入地探究了学校的教育措施时，他们就会更坚决地拥护学校的决策。毕竟，他们自己就是亲历者、参与者和决策者。班级、年级、校级三级决策会议，极大地拓宽了学生、教师和家长参与决策的渠道，可以更好地集聚智慧，优化学校的各项工作。

6. 成果分享会

分享是人的天性，是一种精神追求的满足、一种自我实现。人们就不同问题交换的信息越多，他们之间的"共同意义空间"就越大。因此，分享是生长型家校共同体建设的一个核心理念。通过分享，节省了学校对家校共同体新成员的培训成本；通过分享，促进了家长之间教育经验的传播；通过分享，增强了家校共同体的凝聚力、成员的自豪感；通过分享，促进了家校共同体实现自身成长……家长成果分享会，让每一个家长被看见。"周末分享会""月度分享之夜""学期分享节""年度分享大典"……每次成果分享都让参与的家长感到很愉快，而且受益匪浅。

7种受欢迎的家长会见图4.3。

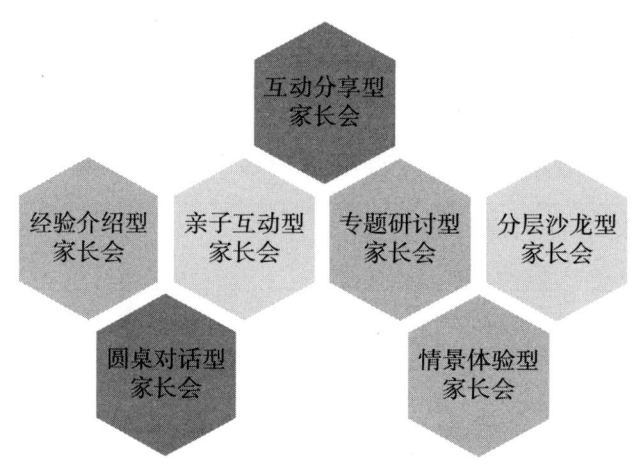

图 4.3　7 种受欢迎的家长会

三、如何培育生长型家校共同体

很多参观我们学校的教师觉得我们的家校关系很和谐，家校共同体拥有旺盛的生命力。怎么形成这样的氛围呢？我们的做法是"新五子登科"，该做法能促进家校关系深度转变。

1. 播种子

对于任何一项工作，期待齐步走、一蹴而就是不现实的。刚开始的时候，在一个班级里，能有一两位家长认同我们的做法，我们就很高兴。当 20% 左右的家长认同我们的做法时，这件事情就可以做了。我们利用家长课堂、家长开放日、学校招生宣传等一切可能的机会，向家长宣传我们的家校共同体建设理念，用我们能看到的、想到的美好，给每一个家长播种家校共同体的种子。家长是现实的，只有当他们感受到其中的好，他们才会表示支持和认同。

2. 育苗子

要提倡和保护好任何有意义的家校共同体，并尽可能地让其发展壮大。这是家校共同体建设的一个重要思维。有家长说，想利用报告厅做研究沙龙，我们马上全力支持；有家长说，想近距离参观学校食堂，推进学校评餐制度改革，我们马上成立年级评餐会……我们想方设法地创造各种条件满足家长的合理要求。管理学上有一个规律:"保护比激发更重要。"千万别打击家长参与的积极性。对于任何有意义的家校共同体,我们都要用心呵护和引导,把种子育成苗子。

3. 举例子

典型引路永远都是不落伍的做法,关键看我们怎么做。家长对形式主义的东西很反感,宣传、赞美典型,会让那些典型人物觉得尴尬,甚至产生众叛亲离的感觉。最好的做法是分享,一旦发现有好的或者值得推广的做法,马上邀请家长分享。推广有价值的经验,比宣传、赞美个人更有力量。一些家长非常积极主动,分享一次后,还主动询问是否要继续分享。

4. 小步子

家长都是成年人,若非被"洗脑",一呼百应的场景是不存在的。引导和培育家校共同体,适宜采用小步子、慢慢走、齐进步的技巧,一天一点小改变推动他们。为此,我们推进"微行动"计划,号召家长从不费吹灰之力就能做的事情开始,从稳定夫妻关系、做一对好父母开始,重视自身的成长。"父爱则母安,母安则子宁,子宁则家和,家和则万事兴",我们把这些道理讲给家长听。当爸爸知道自己的爱意表达能影响孩子的学习情绪时,改变就会成为可能的事情。当20%的家长行动起来时,我们就可以把这当作一件重要的事情来做;当50%的家长支持和认同时,这件事情就可以在全校推广;当80%的家长都认同时,做这件事情就会成为一项基本要求。我们就这样小步子、慢慢走、齐进步,推动生长型家校共同体发展和壮大。

5. 变样子

改变需要积累,也需要机遇。"家长不变,幻想孩子改变是不现实的。"为促进家长改变,每个学期,我们都以班级、年级和学校为单位奖励先进的家长,通过奖励和分享,推动家长改变。比如,每个学期结束,我们会组织孩子和家长互相颁发"称职家长""称职孩子""满意家长""满意孩子""优秀家长""优秀孩子"证书,让家长和孩子互相考核。高中毕业的时候,我们组织班主任给每个家长颁发结业证书,评选优秀学员,颁发优秀家长证书。很多学生毕业多年后,他们的家长还珍藏着学校颁发的奖励证书。

四、生长型家校共同体带来的改变

生长型家校共同体组建几年来,给学校带来的改变是十分明显的。

1. 弱化了对立关系,强化了共同意识

"吃得怎样,决定了学生对学校的直观感受。"我们把相关工作交给家委会,从餐厅招标、菜谱制定、卫生许可、采购流程、现场评餐、后续跟踪等多方面介入。每天,每个年级会安排1~2位家长参与评餐,他们直接和厨师对话,并在家长群里通报评餐结果。家长参与备餐工作,对营养搭配、卫生质量和孩子们的口味就会有更深刻的了解,认识到办好大厨房不容易,增进自己对食堂、孩子们的理解。

除了食堂管理,购买校服等涉及学生根本利益的事情,也由家委会落实。他们配置校服采购课程,成立校服指导专家组,举行校服招标会,最终学生对购买的校服非常满意,家长也感到非常高兴。更重要的是,在做这些事情时,家长对学校产生了强烈的信任感,增强了家校共赢意识。

2. 促进了共同行动,形成了整体氛围

"孩子周末回家只玩手机,不写作业怎么办?""爸爸妈妈在家里不和我聊天,聊天也只聊学习,怎么办?"在高一的家长会中,我们了解到孩子和家长之间的冲突,那么该怎么处理这些冲突呢?

我们借鉴了全国著名班主任、名校长贾高见老师的做法,组织家长、学生和教师一起来聊这些问题,分别从"你期待孩子周末有哪些好的行为?""你期待家长周末有哪些好的行为?"两个方面来讨论,制定了"周末亲子行为指南"。家长从"综合评价、沟通陪伴、成绩问题、电子设备、以身作则"五个方面,拟定了自己的行为指南。孩子则从"理解父母、管好手机、周末作业、按时作息、暖心贴心"五个方面,制定了自己的周末行为指南。

指南制定之后,我们每周进行一次互相评分(见表4.5),并将评分结果纳入班级小组考核管理。家长和孩子都努力改变。在期末的时候,家长感谢学校的"周末亲子行为指南",因为它促进了亲子关系的改变。家长们表示"孩子们懂事了,有节制了";孩子们也表示"和家长有话说了,自己的周末有规律了"。

表4.5 周末亲子行为指南评分表

家长行为指南得分（居家版）				子女行为指南得分（居家版）			
条款	分值	家长自评	学生打分	条款	分值	学生自评	家长打分
综合评价	5			理解父母	5		
沟通陪伴	5			管好手机	5		
成绩问题	5			周末作业	5		
电子设备	5			按时作息	5		
以身作则	5			暖心贴心	5		
特别奖励（最高分值5分）		分值：		特别奖励（最高分值5分）		分值：	
事项1				事项1			
事项2				事项2			
本周总得分				本周总得分			
孩子签名		日期		家长签名		日期	

3. 改变了旁观习惯，推动了共同参与

在传统的家校合作理念下，表彰学生一直都是学校的事情，重视家长的学校可能会邀请家长参加表彰会。在家校共同体的理念下，班级的月考奖励、年级的期中考试奖励、学校的期末颁奖大会，一直都是家长、孩子和教师一起筹办的。"我们一起来办会"成为大家的共同追求。

有教师问："参加"和"参与"有什么不同呢？"参加"是被动的、局部的、浅层次的；"参与"是主动的、全程的、深入的。对于一件事情、一项工作，参加者最多是进行评价，提出建议则是意外惊喜；参与者会全身心投入，不断反思，重视每一个环节的提升和完善。

每次表彰之后，家长们一定会在群里"复盘"，从"我的角度"提出更好的改进措施。奖励不仅是让每一个孩子被看见，也是让每一个家长被看见。"奖励孩子其实就是奖励家长"，这也就是孩子学习越来越有动力的关键原

因——家长也是教育的参与者、亲历者和见证者。

4. 学会了换位思考，增进了内部理解

我曾在很多地方与很多教师进行过交流，我让他们做一个简单的游戏："请大家用双手的食指，在头顶上比一个'人'字给我看！"无论我强调多少次，也无论我把这个指令分解得多详细，最后大多数人比的是"入"字。为什么会这样呢？因为每个人思考问题的角度、看世界的起点决定了他们的思维。换位思考很困难，想要做到换位思考，关键在于改变人们思考问题的角度。

生长型家校共同体建设从根本上改变了家长看问题的方式——不是采用甲方-乙方思维，是重视"我们的""共同的"。每个问题都从"我们的""共同的"角度思考，是家校共同体建设的最大进步。

5. 优化了教育环境，营造了良好生态

以前有一个相对极端的说法："每一个问题孩子背后都有一个或者一对问题父母。"这个说法有些绝对，但是有一点是确定的：家长的教育理念好、情绪稳定、教育方法科学，孩子一定会受益。

我们带领家长一起做亲子共读，一起朗诵"从今天起，我们这样爱孩子"这首诗歌，一起做经验交流，一起做"智爸慧妈"直播课堂，一起做成果分享会……为什么要做这些事情？我们始终不忘自己的初衷："为孩子成长营造最好的环境，做好孩子成长的生命支持者。"经过多年的实践，我们利用问卷对学生、家长和教师进行调查，共同体成员之间的满意度、信任度、舒适感逐年递增，到2023年这三个维度的数值达到了100%。

好理念带来好做法，好做法形成好生态，好生态促进孩子成长，大数据的支持让我们对此深信不疑。

第三讲　开一次成功的家长会，需要注意哪些细节？
——给你一套完整而实用的会议方案

家长会是班主任的必修课。把家长会开得实在、开得有用、开得让家长喜欢，真不是一件容易的事情。一般来说，开一次成功的家长会，需要注意下面一些细节。

一、树立宏观思维

什么是宏观思维呢？就是做一件事情前，跳出事情本身，在更高层面思考核心问题：为什么要这样做？没有可以替代的吗？做好这件事情有哪些必不可少的环节？怎样才能实现我们的意图？如何评价最终的结果？

宏观思考可以让我们理清思路。开家长会其实就是在筹备、准备、实施和跟进四个宏观层面做一些事情（见表4.6）。

表4.6　关于开家长会的一些思考

流程	主要事项	涉及问题	核心目标
会议筹备阶段	1. 成立筹委会 2. 征集家长意见与建议 3. 确定家长会目的与主题 4. 规划家长会时间与地点 5. 制定详细的活动流程 6. 准备家长会的内容 7. 邀请与通知家长	1. 主题如何确定？ 2. 内容如何丰富？ 3. 形式如何确定？ 4. 任务如何分工？ 5. 人员如何组织？ 6. 时间如何安排？ 7. 流程如何设计？	动机及整体掌控： 1. 为什么要开会？ 2. 做到什么程度？ 3. 怎样实现预期？ 4. 如何宏观管理整个会议的筹办工作？ 5. 哪些人去落实？
会议准备阶段	1. 资料准备 2. 人员组织 3. 会场布置及物资准备 4. 操作准备（如接待环节） 5. 活动准备（互动区域设置） 6. 资源准备（领导、行家） 7. 标准准备（贴心服务）	1. 要哪些资料，如何准备？ 2. 通知如何到位？（如手绘邀请函、温馨提示、回执） 3. 如何接待更温馨？（亲子引领更显仪式感） 4. 孩子如何获得安全感？ 5. 如何打磨内容？（多试）	关键细节思考： 1. 已经考虑了哪些？ 2. 还有哪些未考虑？ 3. 如何避免盲区？ 4. 怎样预演？ 5. 好的标准是什么？ 6. 哪些经验可借鉴？

（续表）

流程	主要事项	涉及问题	核心目标
具体实施阶段	1. 按流程清单执行，突出会议要点提示 2. 溢出式管理，提前到岗 3. 专人专责专岗履职 4. 突出关键项目管理（如学生成果展示、亲子互动交流、教师学科经验传递、家长经验分享、问题研讨与答疑） 5. 注重现场生成资料留档（多拍照，安排多人记录） 6. 加强风险管控（至少两种预案），完成比完美更重要	1. 会议如何组织？（签到、入场、主持、开幕、议程、决议、闭幕、散会、返程、清场） 2. 场地怎么安排？（指引牌、座位的安排、学生自主制作的姓名卡、签到台上可爱的小绿植、学生座位上"爱的便笺"……让会场更温馨） 3. 内容如何记录？ 4. 会场纪律如何维护？（各种提示牌及计时工具的使用）	目标落实与衡量： 1. 关键项目完成度如何？ 2. 流程实施得顺利吗？ 3. 客户体验感怎样？ 4. 时间掌控得怎样？ 5. 有哪些亮点？（发现亮点立即记录并留档） 6. 如何评价本次会议的成败？
后续跟进阶段	1. 汇总家长反馈 2. 制定改进措施 3. 及时向家长通报处理情况 4. 家长会成果宣传 5. 本次会议复盘 6. 筹备下一次家长会	1. 情况如何通报？ 2. 共识如何达成？ 3. 策略如何落实？ 4. 后续如何跟进？ 5. 效果如何实现？ 6. 以后如何改进？	有效才是硬道理； 1. 形成哪些数据？ 2. 积累哪些工具？ 3. 实现何种转变？ 4. 取得哪些经验？

二、组建好筹委会

做事要有帮手，这个帮手就是筹委会。可以考虑以下人选：搭班教师（轮流参与或者邀请别人参与，记得别冷落个别教师）、家委骨干、学生代表。学生代表不一定每次都要参与，但是一定要有邀请学生代表参会的意识。我习惯在会议室里放一把空椅子，当与会人员的意见有分歧或者思路不清的时候，我就会问自己：如果那把空椅子上坐的是学生，他会需要什么？通过这样的思考，我的思路就清楚了。

筹委会下设五个工作小组：秘书组（负责会议材料准备）、联络组（负责会议过程组织）、宣传组（负责宣传与新闻报道）、后勤组（负责会场材料与物资准备）、安保组（负责安全与交通指挥）。组长由筹委会的人员担任，一个人领导一个小组。成员可以是学生，也可以是家长，这样就形成了"我们一起来办会"的氛围。组建筹委会最大的好处就是，遇到问题有人商量，决定之后有人落实，不至于让班主任太累。

三、调研各方需求

筹委会的一个重要工作，就是了解开会之前家长、学生和任课教师的需求。这个工作一般由联络组负责。最简单的办法是使用调查问卷，问卷一般涉及四个方面的内容：当前的自我感受与情况判断、关注事项、遇到的疑难问题或困惑、当下最迫切的需求。调查结论主要是为我们研判现实情况、确定主题做参考。

表 4.7 列出了调查问卷中的四个问题，大家可以参考一下。

表 4.7　调查问卷中的四个问题

情况判断	对于孩子的教育，您在近段时间最大的感受是什么？
关注事项	目前您觉得最值得关注的事情是什么？
疑难困惑	针对孩子的教育，您当下最大的障碍或难题是什么？
当下需求	您最希望获得什么样的支持？

四、精心选取主题并考虑细节

好主题能激发家长的参与欲望。内容实在、富有针对性、精心规划且具有整体性的家长会，家长们更期待。

1. 主题确定

家长会主题如何确定？给大家介绍一个好工具——关键时间、关键事件、重点需求和核心任务四维工具（见图 4.4）。

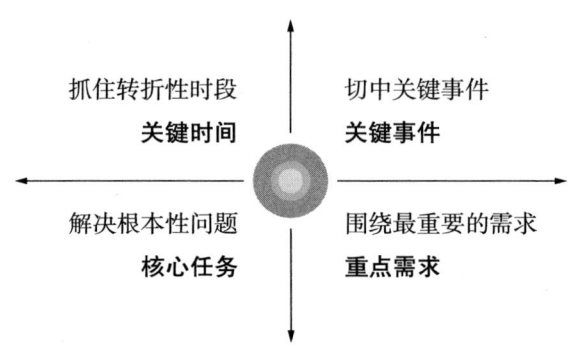

图 4.4　确定家长会主题的四维工具

（1）关键时间。并非每个时间点都是关键时间。关键时间是学生在校的转折性时刻，是对他们的学习、生活和未来产生关键影响、起关键作用的时间节点。关键时间一般是开学前后、月考期考、学生情况变化大的时候，或者是人生重要转折期（如普职分流、高中选科、叛逆期），以及放假前后等。

抓住每个关键时间节点，提前做好安排和准备，可以避免学生走弯路。

（2）关键事件。关键事件是影响学生身心发展的大事，包括开学、升学、考试、职业规划、身心变化、热点新闻、首次叛逆、重大活动、校园霸凌、普职分流、志愿填报等。这些事件如果没有处理好，会影响学生以后的人生走向，故被称为关键事件。

每个学龄段的学生都有自己的关键事件，如小学生入校时对学校形成安全感就是影响他们学习体验的第一个关键事件。他们好奇好动、喜欢模仿、崇拜和信任教师。教师可以设置校园寻宝活动，让学生在游戏中熟悉校园。

人生并非时时都要小心谨慎，在关键时间处理好关键事件，走对关键步骤，就非常成功了。

（3）重点需求。学生和家长的重点需求是召开家长会的基础。家长会因为有需求才召开，没有需求的会议是在浪费大家的时间。因此，学生和家长的重点需求就成为家长会主题设置的出发点。

同一时间段，不同的人的重点需求是不一样的。举例说，同样是开学，小学一年级学生和家长的重点需求是"幼小衔接的方法和技术引领"，小学二年级学生和家长的重点需求则是需要"合群的集体教育和情绪安抚指导"。初中呢？面对突然增加的学科学习，七年级学生和家长需要"心态调整"和"学法指导"，八年级学生和家长的关注点是"如何应对学业水平考试"和"如何防止两极分化及掉队"。各学段学生和家长的需求不同，家长会的重点也应该有所变化。

（4）核心任务。核心任务是家长会的焦点任务，是我们需要协同家长一起解决的重要问题。它与学生和家长的重点需求、学校和班级的重要工作密切相关，是家长会的主要目标。

一般来说，当我们决定开家长会的时候，核心任务也就完全确定了。它是重点需求的满足办法，也是关键问题的解决方案，是学生和家长共同问题的答案所在，是我们当下要做的重要事情或达成的主要目标。

如小学一年级新生入校，他们都是好奇爱动的孩子，如何做好幼小衔接，如何让他们熟悉校园、爱上学习，如何培养和激发他们的学习兴趣？我们的答案是给家长提供科学的教育理念，引导家长树立科学的教育观念，凝聚美好的教育愿景，以培养学生的好习惯为抓手，给家长提供贴心的支持。树立科学理念、培养良好习惯，是这一时期家长会的核心任务。

2. 主题细节

以上四点决定了家长会的主题。主题确定之后，还要考虑两个细节——主题表达和主题系统。

（1）主题表达。大部分人对会议有一种反感，甚至厌倦情绪。但是，大家对自己关心的事件、想要解决的问题、关注的话题，还是非常感兴趣的。因此，一个直击家长需求、引发家长憧憬、吸引家长的会议主题就显得非常重要。

基于此，我们可以把家长会的主题风格设定为：正面解决问题、具有感召力、体现共同需求。也就是说，家长会的主题应该是积极的、美好的、正面的、能解决问题的、给人强烈感召力的，以及符合时代主流舆论的。

案例：新班开学初如何确定家长会主题？

关键时间：新生班级开学一个月内。

关键事件：新环境、新问题、新想法、新期待，需要建立新规则、新目标、新习惯。

重点需求：了解学校，了解班级，了解师资，了解教育管理理念和配合方式。

核心任务：形成愿景，凝心聚力，协同配合，做好工作。

主题选择："凝心聚力，预见美好未来""看见教育最美好的样子""抵达美好未来"。

（2）主题系统。家长会的主题应该系统化。第一次要解决什么问题，第二次什么时候召开，第三次怎么做……要形成一个系列，在不同阶段解决不同的问题，避免被动和散漫。

大家的时间都很宝贵，我们只开必须要开的会。系统思考、整体架构、逐一落实，应该成为家长会的发展趋势。

表4.8—表4.10列出了各学段的家长会主题，以供大家参考。

表4.8 小学家长会主题

关键时间		关键事件	重点需求	核心任务	主流导向	家长会主题（案例示范）
一年级	上	校园安全 模仿好奇	幼小衔接 兴趣培养	科学理念 良好习惯	积极阳光 希望鼓舞	好教育赢得好未来（理念篇）
	下	习惯培养 亲子关系	家长要忙 孩子要养	修正关系 做好引领	提供方向 提供方法	好关系引领好教育（行动篇）
二年级	上	个性形成 容易冲动	集体意识 情绪管理	行为矫正 激发兴趣	把握规律 心里不慌	和孩子一起成长（技术篇）
	下	习惯定型 关键时期	关注心态 研究表扬	夯实基础 培养品质	强化行动 目标坚定	做好高质量陪伴（操作篇）
三年级	上	学业变化 出现分层	任务加重 需要方法	指导家长 帮助孩子	自信安全 积极挑战	关键的三年级，我们的新起点（操作篇）
	下	情感转折 普遍马虎	情绪管理 习惯培养	提前干预 培养兴趣	回归经典 常态干预	科学应对三年级现象（技术篇）

（续表）

关键时间		关键事件	重点需求	核心任务	主流导向	家长会主题（案例示范）
四年级	上	自我觉醒 亲子冲突	孩子叛逆 父母无策	读懂孩子 知识普及	悦纳问题 积极解决	阳光·健康·幸福（理念篇）
	下	已有主见 渴求独立	自我管理 自我保护	榜样引领 纠正偏差	正向引领 闻过则喜	健康身心，幸福你我（支持篇）
五年级	上	声音突变 喜欢搞怪	自我意识 性别认同	尊重个体 调节情绪	理解尊重 正面管教	变声期里的优质成长（支持篇）
	下	自我管理 权力争夺	安全意识 性别保护	行为导向 经典深化	客观理性 提供支持	孩子的成长密码（知识篇）
六年级	上	意识自主 喜欢批判	青春期相关的教育	深度学习 创新思维	学习研究 强化引导	规划未来，做好衔接（指导篇）
	下	小升初的升学压力	提升成绩 稳控心理	优秀毕业 平稳过渡	坚定信念 永向光明	坚持不懈，努力向前（辅导篇）

表 4.9　初中家长会主题

关键时间		关键事件	重点需求	核心任务	主流导向	家长会主题（案例示范）
七年级上	期初	新生入校 小初衔接	方法指导 习惯培养	凝聚愿景 形成合力	充满希望 激励自信	凝心聚力，预见美好未来
	期中	首次大考 多科学习	心态调整 方法指导	科学教育 解决问题	提供支持 让人踏实	做孩子成长的"神助攻"
	期末	期末考试 评优督差	学期回顾 系统复盘	首个寒假 衔接工作	悦纳孩子 弯道超车	寒假，你好！
七年级下	期初	异性交往 手机管理	早恋教育 规则养护	处理叛逆 情绪管理	你若需要 恰好专业	美好青春期，我们共呵护
	期中	半期考试 成绩分层	培优补差 防止掉队	学习品质 综合培养	相信努力 相信岁月	好习惯成就好未来
	期末	年度考评 安全教育	个别帮扶 提供支持	生涯规划 信心激励	重塑信心 憧憬未来	每个孩子都出彩

（续表）

关键时间		关键事件	重点需求	核心任务	主流导向	家长会主题（案例示范）
八年级上	期初	中二现象 新增物理	水平测试 学法指导	防止掉队 自主学习	认真应对 赢得未来	"壮腰行动"·细节决定成败
	期中	媒体影响 偶像崇拜	价值引领 自我意识	心理辅导 叛逆处理	踏实稳重 专业自信	做支持型父母，育阳光少年
	期末	14岁生日 叛逆高峰	人生引领 心灵加氧	生涯教育 自我管理	亲和温暖 传递价值	拥抱你，美丽的14岁
八年级下	期初	学考鼓动 发育迅速	培优补差 心理辅导	做好支持 做好服务	坚定理念 坚守信仰	长线坚守，成就未来
	期中	两极分化 学业焦虑	方法指导 信心鼓舞	传递经验 提供支持	共同努力 一起发展	智爸慧妈·经验分享
	期末	水平测试 初三衔接	学考支持 平稳过渡	课题分离 关系重建	全力支持 乐观自信	提灯引路，举梦成光
九年级上	期初	新增化学 学业紧张	学业规划 对标中招	科学规划 时间管理	务实坚韧 自信阳光	科学规划引领未来
	期中	频繁检测 压力陡增	情绪调节 学法调整	心理疏导 方法支持	稳健心态 理念坚定	好心态带来好教育
	期末	全面复习 初次模考	学业辅导 心理建设	接纳孩子 全力支持	温馨包容 态度良好	我们一直都在
九年级下	期初	百日誓师 一轮模考	凝心聚力 做好支持	培优补差 精准帮扶	温暖坚定 运筹帷幄	做好孩子的坚强后盾
	期中	模拟考试 学情分析	焦虑释放 心理辅导	日常关注 攻坚克难	抓大放小 环境美好	最好的爱，最美的现在
	期末	升学考试 普职分流	志愿填报 生涯规划	科学指导 关注个体	平和坚定 积极乐观	一起向未来

注意：①表4.9介绍了初中三年18个家长会的主题，但是并非每个关键时间段都必须开这些家长会。能全开，肯定好；不能全开，可以选择。②地方不同，关键时间可能会调整。比如，河南一模在九年级上学期末，湖南一模在九年级下学期初，两省一模时间不同，应对一模的家长会时间就不同。

表 4.10　高中家长会主题

关键时间		关键事件	重点需求	核心任务	主流导向	家长会主题（案例示范）
高一上	期初	多科学习 经常月考	三年规划 学习适应	适应节奏 调整状态	理性务实 乐观坚定	让孩子尽快适应高中生活
	半期	系统检测 自招筹备	自招政策 要素筹备	个体规划 家庭协调	科学理性 提前规划	最好的梦想合伙人
高一下	期初	分科选课 专业分流	政策详解 个别帮扶	选科指导 稳定人心	支持孩子 配合学校	方向（规划）比努力更重要
	半期	高一学考 超前高二	多头兼顾 做好高一	培优补差 提升成绩	自信乐观 胸有丘壑	做支持型父母
高二上	期初	超前学习 量大常考	稳定成绩 提升实力	激励士气 防止掉队	专业理性 永远乐观	让孩子适应学习
	半期	多校联考 学考通知	情绪支持 技术帮扶	防止松懈 稳中求升	立足当下 着眼将来	学业水平早知道
高二下	期初	应对学考 两极分化	夯实基础 学考顺利	学考首胜 缩短分化	坚强后盾 永远放心	如何给孩子科学释压？
	期末	新课完毕 高二学考	学考帮扶 消除内耗	准高三 心理建设	相信努力 相信自己	相信岁月，相信种子
高三上	期初	一轮复习 招飞通知	提升成绩 看到希望	精准帮扶 培优补差	激励鼓舞 立足长远	高考就是考人品
	半期	多校联考 二轮复习	找准个人 提升空间	提供优质 环境支持	无惧问题 无畏将来	做孩子的心理营养师
高三下	期初	百日誓师 模拟考试	强基报名 体育专考	做实精准 帮扶工作	热血激情 自信乐观	赢在自信，赢得未来
	期中	成人仪式 高考备考	情绪支持 未来指导	科学规划 稳定收官	淡定豁达 看见孩子	永远的长期主义者

注意：成绩是高中家长、学生普遍关注的核心问题，获取学业支持是他们的核心需求，因此，分析成绩和提供策略，应该成为家长会的重要环节，成为教师的常态化工作。

五、梳理筹备清单

筹备清单主要是指会议之前的准备清单,主要由"模块＋任务＋主要内容＋责任人＋工作标准＋时间节点"六个部分组成。表4.11是常见的家长会筹备清单,"前站性工作"一表解决。

表4.11 筹备清单

模块	任务	主要内容	责任人	工作标准	时间节点
会议确认	会议主题	研究确定会议主题	筹委会	切中需求	筹备当天
	会议议题	细分主题下的子主题	班主任	定位明确	筹备期间
	会议时间	具体时间及时长	班主任	大家方便	发通知前
	与会人员	参加的人员及与会方式	班主任	不遗漏	做流程前
	主讲嘉宾	具体流程发言人	筹委会	无可替代	筹备当天
	主持	主持方式及主持人（一般轮流）	筹委会	定人到位	筹备当天
	会议形式	选择恰当的形式	家委	适合主题	筹备当天
	场地安排	校内还是校外	家委	方便恰当	发通知前
	会议流程	细分会议各个关键流程	家委	规范清晰	发通知前
	问题精选	精选家长研讨问题并细分话题	家委	得票最高	发通知前
	经费预算	可能需要的经费	家委	精打细算	会前3天
	筹备调度	对需要调整的环节进行把关	班主任	应对及时	会前3天
资料筹备	筹委分工	把任务和5组人员组织到位	各组长	职责到人	筹备当天
	主题发言	最重要的发言材料筹备	秘书组	完善无误	会前3天
	与会发言	内容审核及时长计算、安排	秘书组	审核到人	印刷前
	课件制作	每个环节做好课件	发言人	完整无误	会前1天
	议程确认	再次研究和确认会议议程	秘书组	确保无错	发通知前
	研讨提纲	问题细分并制作研讨提纲	学研部	形成课件	会前3天
	成绩分析	学生成绩分析及个别化需求	教师	个别化清单	会前3天

（续表）

模块	任务	主要内容	责任人	工作标准	时间节点
资料筹备	主持词	衔接各环节，承上启下	主持人	简洁规范	会前3天
	会议手册	文件材料的制作、校对、印装	秘书组	够用无错	会前1天
	会议请柬	制作会议通知及发放	联络组	温馨有创意	发通知前
	证书资料	各种奖励名称及证书准备	联络组	规范无差错	会前3天
人员组织	人员审定	确定发言及参会对象	联络组	一一确认	发通知前
	会议通知	联系通知参会对象	联络组	多途径联系	发通知前
	通讯录	编制到会人员联系电话	联络组	名号无错	印刷前
	签到表	制作与会人员签到表	联络组	清晰简洁	会前3天
	回执确定	核实答应与会的人员	联络组	一一到位	会前1天
	讨论分组	分组方式、名单及场地安排	联络组	精准详细	印刷前
场地安排	记录本	家长学习研讨记录本	后勤组	有备用	首次会前
	会场布置	台签、桌签、标语、环境设备	后勤组	无差错	会前半天
	座位安排	根据需要安排好座位	后勤组	精确到人	发通知前
	休闲娱乐	活动安排及物资准备	后勤组	新颖有趣	会前3天
	茶水点心	根据情况准备茶水及点心	后勤组	节俭温馨	会前半天
	合影场地	场地、背景、人员位置及摄影师	后勤组	精确站位	报到前
	餐饮服务	涉及餐饮则安排，否则跳过	后勤组	贴心卫生	会前3天
氛围营造	会前发动	会议意义、目的、任务、要求	宣传组	引人瞩目	筹备前后
	会标	拟定会标、关键词、主题词	宣传组	无差错	会前1天
	会徽设计	家长会徽标设计与制作	宣传组	新颖醒目	印装前
	宣传标语	制作并张贴宣传标语、条幅	宣传组	紧扣主题	会前1天
	互动设计	亲子互助游戏、活动策划并落实	宣传组	好做、乐参与	会前1天
	着装要求	对家长穿着提出具体意见	宣传组	具体明确	发通知前
	专栏	与主题相关的专栏	宣传组	有用、及时	可做几次

(续表)

模块	任务	主要内容	责任人	工作标准	时间节点
氛围营造	宣传展板	学生活动成果展板、主题展板	宣传组	简洁醒目	会前1天
	指示牌	交通指示牌、会场手机静音牌	宣传组	温馨、醒目	会前半天
	视频制作	会议可能需要的视频	宣传组	主题集中	会前2天
	媒体宣传	前期发动，后期宣传、跟进	宣传组	时效性强	紧跟进程
	新闻通稿	会前准备好新闻通稿初稿	宣传组	基本成型	会前1天
安全防护	交通规划	交通方式、路线及推送	安保组	简单快捷	发通知前
	车辆停放	停放位置、违停风险、秩序	安保组	规划有序	发通知前
	安全保卫	主要是指人员安排及职责落实	安保组	具体可执行	会议前后
	执勤	主要指交通指挥和门岗执勤	安保组	定点定人	会议前后
	饮食安全	茶点质量及卫生安全保障监察	安保组	提前检查	会前一天
	违禁摸排	摸排违禁物品，确保会场安全	安保组	规范有礼	报到时
	消防排查	会场、停车场及过道消防隐患	安保组	不留盲区	会议前后

注意：会议形式可以有"主题分享式""专题讲座式""经验分享式""亲子互动式""游戏体验式""专题研究式""任务安排式""分组研讨式""成员座谈式""问题答疑式"等，可根据需要选择。

六、分享筹备进程

请注意关键词，我没有说"督查"筹备进程，而是说"分享"筹备进程。"督查"的感觉有些行政化；"分享"则不同，"分享"是主动表达。

我们一定要建立会议筹备进程分享机制。组建一个筹备人员群，每天在群里分享各个筹备组的进展。不管谁分享，其他人员都积极点赞。分享的时候采用任务进度条的方式，即完成了筹备工作的"几分之几"或"百分之几"，这样能营造一种紧迫感。只说进度，不说困难，别的小组就会有压力，准备工作就会变快。这是秘诀。

七、规范会议流程

我不提倡一次家长会一个流程,太乱了,不好组织,家长也不知道怎么配合。最好是建立一个规范的流程。我们学校的家长会固定流程如下所示。

(1) 经验分享(文宣部负责挑典型,两位家长各讲 5 分钟);

(2) 问题研究(学研部负责落实,现场讨论 15 分钟,每组分享交流 2～3 分钟,共计 18 分钟);

(3) 分组说事(组长向本组家长汇报孩子的成绩,5 分钟);

(4) 要点提示(家委、家长代表、任课教师或班主任发言,请学生发言会更好,5～7 分钟)。

上述流程连同主持人的发言,控制在一小时以内。如果要加入其他流程,则每个流程节省一两分钟。形成习惯后,到什么环节做什么事情,大家都一清二楚,配合迅速。

八、认领而非安排

筹备清单涉及的内容很多,怎么安排落实?最好的方法是采用认领制。千万别闷在办公室里安排人选,每个人遇到的情况不同,目的、期待和付出的程度也不同。单方面地布置工作,会带来意想不到的麻烦。

认领制则不同,呼吁、号召大家一起来办会,遵循一个基本原则——每人必须承担 1～2 件事,内容、项目自选,但是必须在筹备期到位。只要宣传到位,后面的操作就好办。尤其是在形成了"我们一起来办会"的氛围之后,家长们会因为参与更有认同感。

分享一个小故事:有一次,家委忙了几天,都没有把任务分配下去。怎么办?我把相关人员召集起来,分组开会,让他们自选。结果,扯皮几天都没有解决的问题,半小时就解决了。秘诀是什么?调动每个人的主观能动性。事情如何做,他们已经掂量过很多遍了,只是不想被动安排打乱自己的节奏。开放菜单,自选认领,就能满足他们的期待。

以下是让每个家长都来参会的 7 个小妙招（见图 4.5）

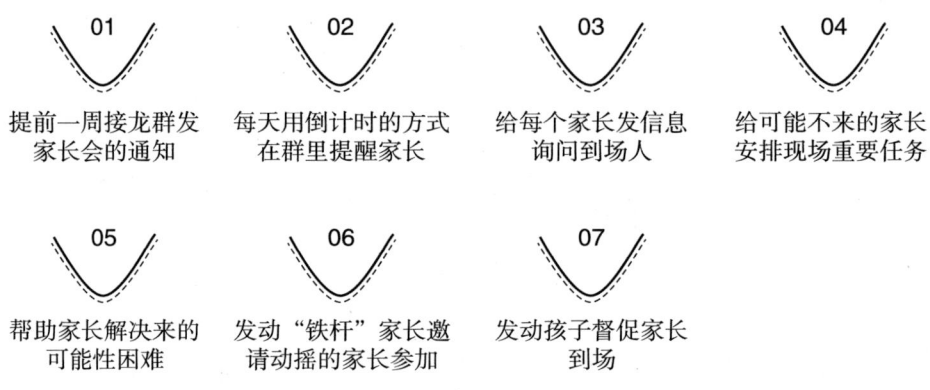

图 4.5　让每个家长都来参会的 7 个小妙招

九、排出责任清单

一次成功的家长会仅靠班主任一个人是不够的，理想的状态是家长、学生、搭班同事和班主任一起来办会。每个人都承担工作，每个人都有事，那么，这个会议就是"我们的"。

表 4.12 是"我们一起来办会"的责任分工清单，清单按照时间编排，这样可以随时替换会议工作人员。

表 4.12　责任分工清单

流程	主要内容	工作要求（注意事项）	到位时间	责任人
入场	检查会场布置及准备工作	设备、环境、会标、物资检查	会前半天	后勤组
执勤	交通指挥和道路引领	提前到位，确保交通顺畅	会前 1 小时	安保组
清场	空调、灯光、暖气准备	空调、暖气提前半小时运转	会前 1 小时	后勤组
拷贝	提前拷贝会议课件	提前试播，检查是否有问题	会前 1 小时	秘书组
签到	安排与会人员签到	备齐表格、笔、会议资料，迎接到位	会前 30 分钟	联络组
引座	引导嘉宾进入会场	礼貌热情，引导到位	会前 30 分钟	联络组

（续表）

流程	主要内容	工作要求（注意事项）	到位时间	责任人
考勤	清点与会人员到会情况	所有嘉宾——清点到位	会前5分钟	联络组
观展	参观学生学习成果展览	让每个人被看见，每栏有主讲	会前30分钟	宣传组
候场	播放视频、音乐	不间断播放，确保观看顺畅	会前30分钟	宣传组
静场	提醒大家安静和会议须知	安排人员举静音牌	会前3分钟	宣传组
摄影	拍摄会议整个流程的照片	从签到开始抓拍，到会议结束	会前30分钟	宣传组
记录	记录会议主要内容	重点记录在会场生成的新观点和新做法	会前3分钟	秘书组
主持	开始主持会议	介绍会议嘉宾及主题	准时开始	主持人
致辞	致欢迎词	欢迎问候家长、学生和同事	会前3分钟	班主任
经验分享	经验分享	做好家长的引导工作	会前30分钟	文宣部
经验分享	寻找最佳听众	把榜样人物找出来	会议中	宣传组
经验分享	发现最佳经验	把家长经验梳理出来	会前3天	宣传组
经验分享	梳理发言亮点	制作思维导图或提取关键词	会议中	宣传组
经验分享	点赞卡信息反馈	家长感悟和点赞收集	会议中	宣传组
经验分享	一句话反馈	3~5人发言即可，提交主持人	分享后	活动部
问题研究	问题研究选题工作	提前3天发布提纲、准备材料	会前3天	学研部
问题研究	研讨物品发放到位	马克笔、卡纸、便利贴	会前30分钟	后勤组
问题研究	细分问题提纲	把话题分配给每个小组	会议中	主持人
问题研究	分组分角色酝酿	按照六顶思考的帽子思考	5分钟	家长
问题研究	组内研讨、梳理、记录	将研讨内容梳理完毕	讨论10分钟	家长
问题研究	分组展示研讨成果	把全班的研讨成果梳理成思维导图	限18分钟内	家长
问题研究	总结员总结解决策略	用关键词、陈述句概述要点	限2分钟内	总结员
问题研究	绘制班级研讨成果图	根据提纲绘思维导图	会前1天	梳理员
问题研究	成果共享（文档模式拍摄）	把现场制作的思维导图拍照发群里	总结发言时	宣传组

（续表）

流程	主要内容	工作要求（注意事项）	到位时间	责任人
分组说事	分组说事·成绩分析	至少在家长会前一天定稿	限时5分钟	班长
	小组成员介绍本组情况	分享内容侧重做法和成绩	计时2分钟	各组长
	组员分享进步经验	一人一案例，一人一做法	计时2分钟	各组长
	组员心声·我想要的支持	每人一句话概括	计时1分钟	各组长
表彰进行时（选）	表彰优秀家长和学生	富有仪式感、参与感	总长5分钟	联络组
	按照领奖顺序提前候场	注意证书顺序和人一致	提前3分钟	联络组
	播放颁奖音乐	音乐响度适中，预先调试	会前1天	秘书组
	展示颁奖项目	获奖项目名称具有感染力	同步进行	秘书组
	展示获奖人风采	与获奖人一同在媒体播出	会前3天	宣传组
	按顺序上台领奖、拍照	注意让获奖者站中间	同步进行	宣传组
	发表获奖感言	事先审核讲话内容，控制时长	时长1分钟	联络组
要点提示	要点提示	重申本次会议的关键要求	限时7分钟	秘书组
	要点梳理、研讨与审核	会前3天筹备，现场增补调整	提前9分钟	秘书组
	要点梳理及强调	现场展示及强调要点	限时5分钟	发言人
	要点分享及传播	同步到家校群，方便记笔记	发言时发布	秘书组
闭幕	宣布闭幕，引导离场	有序、安全	时长1分钟	主持人
合影	与会代表合影（如有）	摄影师提前一天踩点规划	会后10分钟	联络组
个谈	接待有需求家长的访谈	全体教师参与，热情耐心	时长自控	联络组
清场	打扫场地和清理会标	恢复原貌，清理遗留物品	半小时以内	卫生部
返程	有序引导家长回家	安全有序	会后半小时	安保组
通稿	审核和发布新闻通稿	在初稿基础上添加现场细节	当天发布	新闻组
纪要	按需形成会议纪要	提前准备、现场增补	会后2天	秘书组
复盘	对各个环节进行复盘	各组负责人、主要组织者参与	会后1小时	召集者
存档	对会议资料编号、存档	按专题和时间编号，图文共存	会后1周	班主任
后续	落实会议决议和提示	跟踪落实重要事件	会后1月	家委

做好一件事情,准备工作至少占总工作量的 70%,谋定而后动,事情才会越来越顺。准备不足,仓促上阵,不但累,还处处不如意。

基于这个想法,我给大家重点梳理了几个开家长会要注意的细节。目标很简单:哪怕你是新手教师,按照这个系统而完整的筹备方案去操作,也能开好每次家长会。

第四讲　家庭教育问题那么多，如何让家长有效开展研究？
——高效组织研讨型家长会的 6 个工具

随着家校合作的推进，不少学校教师和家长开始青睐"研讨型"或"研究型"家长会。研讨型家长会之所以能得到大家的广泛认同，是因为家长在参与、研究、体验和同伴互助的过程中产生了很强的获得感。

但是，对于一线班主任来说，如何激发家长的参与热情，如何有效组织研讨型家长会，却是现实难题。如何让家长开展有效研究呢？

一、巧用角色分工，激发家长责任意识

因职责而伟大，让家长们研究起来，首先得让他们在团队内有事情可做。按照六人一小组，把每个家长编进研讨型小组，这是前提。

编组的方法灵活多变：可以根据学生所在的班级小组为家长分组，这样小组的人员构成清晰，组员方向明确，彼此有共同话题；也可以根据话题召集家长，将对同一个话题感兴趣的家长聚集在一起，方便他们思想碰撞；还可以用游戏的方式，随机组成小组，吸引具有新鲜见解的家长加入，这样有利于打破固化思维，拓展思考边界……

不管采用哪种方式建立研讨型小组，都要在组内对家长进行职责分工。家长的具体角色和职责如下。

（1）组织员。话题的发起和细分者，话题项目总策划，负责成员分工，组织项目讨论。

（2）记录员。在梳理员的帮助下，负责在对开的大白纸上记录本组讨论要点。

（3）梳理员。仔细聆听每个人的发言，梳理概括大家的发言要点，帮助记录员记录。

（4）展示员。负责代表本组的成员在分享环节阐述观点、做法。

（5）计时员。控制每人发言时长，提醒发言人别跑题，必要时叫停发言

以控制研讨时长。

（6）质疑员。负责对考虑欠佳的内容提出质疑，弥补成员思考的不足；还负责根据小组成员的意见，对其他小组分享的内容提出质疑，梳理、记录质疑内容和答疑要点。

在幻灯片上写明六种分工，并在多媒体上展示出来；或者在黑板上用特殊字体标注分工；还可以在小卡片上写明分工，将小卡片直接放在座位上……小组成立后的第一件事情，就是让家长们自选角色分工。每个家长都有精准的职责分工、明确的研讨任务，进入会场后就会积极思考，后面的工作就变容易了。

二、聚焦共同话题，激发家长参与兴趣

"孩子又顶撞我了，怎么办？""不给手机就不吃饭，怎么办？""孩子一回家就不写作业，怎么办？"……

每个家长都有备而来，都希望自己的问题得到解决。但是，一个班有那么多学生，每个学生家长遇到的问题都不同，在同一段时间内怎么可能把每个家长的问题都研究透呢？没有研究，他们会沮丧，全部研究又做不到，怎么办？使用"三步法"聚焦，引导家长把目光聚焦到大多数人当下最关心的、最重要的、最核心的问题上。这三步分别如下。

1. 建立题库

每个家长都写下自己最关注的问题。记住，只允许写一个问题。这样就能迫使家长做出思考和选择：当下最迫切需要解决的问题是什么？如何根据轻重缓急在众多问题中筛选出最核心的问题？当下的主要矛盾是什么？因为只允许写一个问题，所以家长会在比较、权衡后选出最重要的问题。

然后，把全班家长的问题都梳理出来，合并相同或类似的问题，对问题进行整合。一般来说，家长的问题主要集中于八个方面——亲子关系、手机问题、学业问题、异性交往、安全问题、心理问题、行为习惯、人际沟通，每个方面有 4~6 个问题。这样就建立了班级问题库。

题库多长时间更新一次？理论上每次研讨都需要更新题库，但是大面积地更新题库很费时。最好的解决办法是有新问题再更新，无新问题则继续使用旧题库。

2. 初选问题

每个家长都希望自己的问题被讨论。如何平衡家长的需求，达成研讨共识呢？对海选题库进行精挑细选。一般采用问卷调查或群投票的方式，这样便于统计，而且速度快。全员参与能规避暗箱操作。

具体做法是把家长关注的问题全部挑选出来，做成投票单。每个人在规定的时间内（一般是5分钟内）限投两个最关注的问题。教师要引导家长：不管问题有多少，每个人只选自己当下最关注的、最重要的两个问题。在选择的过程中，要保持独立思考，不影响其他人。最终按照票数多少，选出票数高的前 10～18 个问题。

为什么要选票数高的前 10～18 个问题？这是按照家长所组成的小组的倍数来计算的，确保每个小组有两个问题可供选择，以满足大多数家长的需求。

3. 聚焦核心

在四五十个问题里挑选一二十个问题，选择空间还是比较大的，思维不太聚焦。但是，在 10～18 个问题里只选一个问题，思维就会很聚焦。因此，要引导家长聚焦，每个人只投一票，选出自己最想研讨的话题。

我们可以引导家长思考：什么是当下重要又紧急的事情，什么是当下重要但不紧急的事情。重要又紧急的事情马上做，重要但不紧急的事情坚持做，不重要但紧急的事情交给别人做，不重要又不紧急的事情放弃做。

经过这样的引导，家长们每人一票，思维会更聚焦。比如，新生家长会聚焦在学习品质和人际交往安全上，初二、高二家长会聚焦在如何不掉队及早恋问题上，初三、高三家长会聚焦在升学考试上。然后，每个小组选一个票数前 10 的问题，把它作为研讨主题。

以下是让家长乐意做笔记的策略（见图 4.6）。

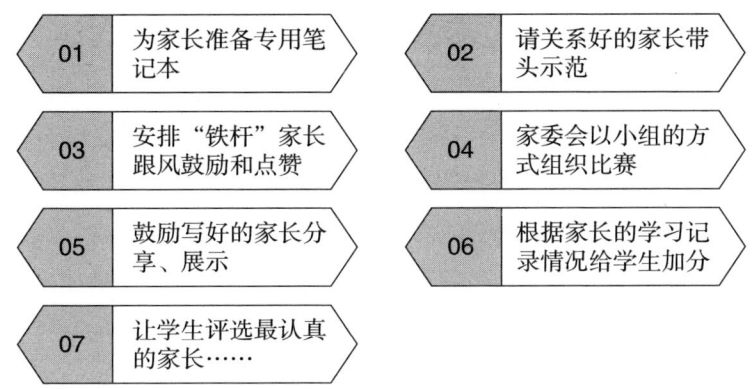

图 4.6　如何让家长乐意做笔记

三、共塑问题标准，提高成员提问质量

家长们在研究中发现，自己不缺问题，但是缺乏高质量的问题。尽管我们已经采用层层聚焦法选出了家长们的共同问题，但他们还是觉得太粗糙，怎么办？

1. 重塑问题标准

教师需要教家长们怎么提问。常说提出一个好问题比获得一个好答案更重要。那么，好问题的标准是什么呢？经过讨论，大家明确了"好问题的四个标准"：

（1）能推动大家进一步思考；

（2）以结果为导向；

（3）有充足的背景信息；

（4）答案并不固定，也不唯一，让人有思考的兴趣。

如果使用上述四个标准来检验，那么大家急着想解决的"孩子不按时写作业怎么办？""孩子回家和我们不说话怎么办？""孩子心里很烦怎么办？"等问题是不是缺乏充足的背景信息呢？家长一想就明白。最后，他们得出好问题的基本公式：好问题 = 客观事实 + 感官描述 + 判断表达 + 判断依据 + 困惑提炼+期待目标。

2. 学会高质量提问

明确了好问题的标准，怎么高质量地提问呢？我们又继续研讨，很快大家就达成一致，提出了"高质量提问的六个步骤"：

（1）说明自己提问的目的；

（2）精准描述客观事实；

（3）准确表达当下的困惑；

（4）提供具体的感受依据；

（5）去掉无用的信息；

（6）用一句话概括主题。

按照这个标准，大家发现，"我们家孩子收到别人的情书，怎么办？"只是一个标题，问题的完整表达应该是这样的。

标题：16岁的女孩收到男生的情书，怎么办？

目的：我想知道我作为家长应该怎么办。

背景：我们家有一个女儿，性格外向，长得还可以，平时嘻嘻哈哈，和同学们的关系很好，有很多男生和女生朋友。进入高二后，我们惊讶地发现，女儿收到了班上好几个男生的情书。原来我们没有往深处想；现在男生明确提出来要做男女朋友，我们很紧张。现在的孩子恋爱，同学们都知道，就是老师和父母不知道。这个学期以来，我们家孩子的成绩并不理想。我们很着急，这明显是早恋影响了成绩。

困惑：我们只有一个女儿，女儿的平安幸福就是我们全家的平安幸福。现在我们很着急，又不知道怎么和孩子聊这个话题。不知道你们家孩子有没有遇到这类情况？作为家长，我们究竟应该怎样看待孩子的早恋问题？有哪些措施可以帮助他们把心思放在学习上？

期待：希望班上有类似问题的家长能抽出时间，这周四晚上八点，我们围绕这个问题开展讨论，梳理出一些和孩子妥善沟通的方式，帮助孩子正确处理恋爱和学习问题。

结局不难想到。由于这个家长的问题描述得准确，背景信息充足，而且提前两天发布了自己的问题，因此得到了家委会的重视，周四的研讨非常激烈，家长们居然总结出了 13 条策略，提问的家长感到非常满意。

3. 维护好自己的问题

有家长抱怨：为什么大家只关心他的问题，不关心我的问题？为什么我的问题没有人回应？我引导大家思考：你对别人的问题感兴趣吗？你提问的时间是否恰当？上次研讨后，你有没有和大家分享答案？"心是互相捂热的"，既然期待别人关注我们的问题，那么我们就要做好问题的维护者。

于是，他们又提出了"维护好问题"的标准：

（1）明确知道自己的问题；

（2）用语谦虚、礼貌，让人乐意回答；

（3）选准合适的时机提出问题（建议群提问在每天晚上七点半到九点半之间进行）；

（4）所提的问题精准、具体；

（5）及时分享大家的答案，这样可以帮助更多的家长。

研究是一种文化，需要大家共同培育。借助"共塑问题标准"这个行动，教师能够培育家长们的研讨文化。当家长彼此激励、关心彼此的问题，并促进彼此的思考和行动时，他们就会喜欢上这种生活。

因为，这就是团队。

四、学会追问，不断挖掘问题真相

好问题配好思维，才能引发深度思考。这里给大家介绍一个深度思考的工具——"丰田 5why 分析法"，又称"5 问法"。

"丰田 5why 分析法"就是对同一个问题连续追问 5 个"为什么"，来探究根本原因。"丰田 5why 分析法"最早是由丰田创始人丰田佐吉（Toyoda Sakichi）提出来的，从"问题为什么会发生？"（制造层面）、"为什么没有被早发现？"（检验层面）和"为什么没有从系统上预防？"（系统层面）层层思考和提问。"丰田 5why 分析法"的特征是上次提问的答案是下一次问题的开始，鼓励人们努力避开主观或自负的假设和逻辑陷阱，沿因果关系链条，找出原问题的根本原因。

下面将通过一个家长普遍关心的问题"为什么我们家孩子考试老粗心？"，了解如何使用"丰田 5why 分析法"。

（1）为什么我们家孩子考试老粗心，不是算错这个题，就是看错那个题？

【答案】因为孩子审题不仔细。

（2）为什么我们家孩子考试时审题不仔细呢？

【答案】因为孩子以前缺乏系统、规范的考试审题训练。

（3）为什么孩子缺乏系统、规范的考试审题训练呢？

【答案】因为我们对以前的考试重视程度不够，没有刻意地对孩子进行审题训练。

（4）为什么我们不刻意地对孩子进行审题训练呢？

【答案】因为我们对考试审题这方面缺乏了解，不知道怎么对孩子进行训练。

（5）为什么我们对考试审题这方面缺乏了解呢？

【答案】因为我们既不知道怎么训练，也没有充分关注相关考试的细节。

（6）那我们当下该怎么办呢？

【答案】①了解孩子的答题习惯；②掌握科学的审题策略；③对孩子进行系统规范的审题训练。

一个简单粗暴的办法是，动笔之前先把题目逐字看完，用笔圈画出题干的关键信息，做题时确认已经掌握所有问题。

大家有没有发现？原问题"为什么我们家孩子考试老粗心？"看起来是孩子的态度问题、习惯问题，追问之后才发现其实是"技术问题"，是考试方法的训练问题，是教师和家长没有给学生提供足够的支持。在讨论中，家长由抱怨孩子，转移到思考该给孩子提供什么帮助。结局完全不一样。

值得注意的是，"丰田 5why 分析法"是一个思维模式，不限于追问 5 次，而需要打破砂锅问到底，揭示问题的本质原因，并且从系统上、根本上解决问题。我们梳理一下"丰田 5why 分析法"的核心思维模型：

（1）识别问题；

（2）澄清问题；

（3）分解问题；

（4）查找问题要点；

（5）把握问题倾向，并最终指向问题解决。

任何一个问题追问 5 次（或 5 次以上），你将发现不一样的真相。

五、规避思维缺陷，集思广益出台方案

我们在研讨时提出的措施一定能够解决问题吗？不一定。凭什么判断甲的方法有道理，乙的方案不恰当？有没有恰当的工具帮助我们确认？答案是肯定的。"六顶思考的帽子"能让研究者冷静思考自己的策略是否恰当。

"六顶思考的帽子"是英国心理学家、"创新思维之父"爱德华·德博诺（Edward de Bono）博士开发的一个全面思考问题的模型。该模型提供的"水平思维"（也被翻译成"平行思维"）工具，可以帮助成员避免无意义的争执，冷静考量策略是否得当。具体使用方法如下所示。

（1）白帽（建议由记录员兼任）：陈述问题，确保客观中立，着重关注客观事实和数据。

（2）绿帽（建议由梳理员兼任）：鼓励创造性思考，引导大家进行头脑风暴，提出解决问题的方案；使用工具性语言，不管大家说得怎样，都用"说得真好，还有呢？"诱导。

（3）黄帽（建议由计时员兼任）：从肯定的方面评估该方案的优点，给大家以信心。

（4）黑帽（建议由质疑员兼任）：反面提出质疑，进行批判性思考，列举该方案的缺点，以确保大家完善思维方式，避免方案盲区。

（5）红帽（建议由分享员兼任）：可以表达自己的情绪，从预感、直觉和感受等方面，对该方案进行直觉判断。

（6）蓝帽（建议由组织员兼任）：强调决策性思维，负责控制和调节思维过程，决定各种帽子的使用顺序，规划讨论流程，总结陈述并做出决策。

如何让高二的孩子不掉队？家长们采用"六项思考的帽子"展开研讨。研讨主要内容如下。

案例：家长如何做孩子成长的"神助攻"？

白帽陈述问题：高二是学生成绩的分水岭，现在已有孩子呈现出掉队迹象：①没有明确的学习计划或目标，被动学习；②对自己要求过低，总觉得已经够好了；③缺乏学习方法，靠死记硬背拿分；④动力不足，精神压力很大；⑤成绩下降。作为家长，我们如何做孩子成长的"神助攻"？

绿帽解决问题：①多研究孩子的需求，少给孩子提要求，多听少说少建议，避免亲子冲突；②多对孩子表达爱和善意，让他们知道自己不是一个人在奋斗；③鼓励孩子挑战自己，题目再难，做题的时候也绝不翻书，以检测不会的知识点；④培养孩子专注的习惯，旁人活动时可安心刷题，吵闹的环境中可背书，培养良好的心态；⑤重塑孩子的上进心，孩子有信心，成绩就会提高；⑥引导孩子遵循要事法则，养成自律习惯，提高时间管理水平。

黄帽正面评价：这些策略和方法可行，就坚持做下去，一定会改变孩子的状态。此外，我们要鼓励班内的良性竞争；同伴强大，才能水涨船高，大家共同进步。

黑帽反面质疑：大家想象得非常完美。问题是，孩子和我们在一起的时间太少了。我们还没起床，他们就要出去了；他们晚自习回家都十一点了，我们根本没有时间陪孩子解决问题。

红帽直觉判断：这些策略符合孩子的心理需求，可行；黑帽的反对发言也很现实，需要加以考虑。

蓝帽最终决策：对于前面提出的六点解决问题的策略，我完全同意，可以坚决执行。黑帽提出的问题很现实，我们要注意利用孩子的月假和节假日，在他们有较多空闲时间的时候，落实上面的措施。此外，要重视对零碎时间的使用，每天帮助孩子解决一个问题，微行动也可以成就大事业。

"六顶思考的帽子"是一个系统思考的模型，可以避免团队走偏，使研讨更加周密严谨。

六、进行实践反思，助力家长智慧转型

怎样让家长们的研讨变成教育生产力呢？我给家长们的最后一个工具是"七小行动"。

"七小行动"贯穿家长会的整个研讨过程，并在讨论结果出来之后，持续影响家长们的行动［该工具的操作方法在《做一个会"偷懒"的班主任》（第二版）[①]第65～70页有详细介绍，本书不再赘述］。

这七个"小"是：

（1）选择一个小问题；

（2）找准一个小切点；

（3）开展一项小调查；

（4）寻找一个小对策；

（5）设计一个小方案；

（6）开展一个小实践；

（7）进行一次小反思。

案例：双休日如何管理孩子的手机？

小问题：孩子双休日要求用手机上网、打游戏、聊天和社交，平时在学校里不允许使用手机，在家休息这几天，我们该如何规范孩子使用手机的

---

① 该书已由中国轻工业出版社于2019年3月出版。

行为？

小切点：孩子使用手机的时候，总是控制不了时间，手机多用于娱乐活动，我们该怎样规范孩子双休日在家里使用手机的行为？

小调查：允许孩子有手机的家庭达到了47.80%，我们班孩子的手机使用率为69.76%，因手机问题亲子关系有障碍的家庭占比21.70%，孩子在家使用手机学习的只有22.45%，其他基本上是在玩。因为手机问题，产生亲子矛盾的家庭占比37.96%。

小对策：①时间问题。和孩子约定，周末每天使用手机时间不超过两小时（学习、班级事务等工作性使用的时间除外），超时取消使用权利。②内容问题。可以聊天、打游戏、休闲和娱乐，但是不得超过一小时；其余时间可以用于浏览新闻、获取资讯，尽量将手机用在学习上。③亲子关系问题。和父母聊天、吃饭、活动或者一起做事的时候，不允许老盯着手机。④情绪问题。如果因为手机问题造成亲子矛盾冲突，暂停一小时，等双方情绪稳定之后再沟通。⑤监管问题。严格落实"周末亲子行为指南"，父母和孩子互评分数，互相监督。⑥纪律底线。无论什么情况，晚上11:30之后绝对不能使用手机。

小方案：根据以上小对策，一事一对策，出台以家庭为单位的《兰亭班高效手机管理月活动实施方案》（具体内容略）。

小实践：呼吁所有家长和孩子一起参与这个手机管理月活动，时间从9月1日开始，到9月30日结束。

小反思：解决手机问题的经验在于以下四点。①父母以身作则，要求孩子做到的，自己也要做到，这样孩子才能心服口服；②要想让孩子跳出手机成瘾陷阱，关键是让孩子在学习、工作、创造和应用上有成就感；③父母意见高度一致，干预效果就好，父母意见有分歧，孩子则容易"趁火打劫"；④全班要形成统一的手机管理氛围，同伴监督比父母监督效果更好。

需要改进的：怎样把科学使用手机的道理讲到孩子的心坎上，是一个挑战。

是不是特别"给力"？有没有感觉到这一届的家长特别有智慧并能配合学校进行教育？我深信，只要你为家长提供研讨的工具、流程和方法，每个家长都能够成为智慧型家长。

第五讲　生活节奏这么快，怎样做好家访工作？
——让学生和家长都喜欢的 9 种创意家访

我坚持认为，家访具有无可替代的意义。不管是班主任，还是任课教师，去家访的教师与不去家访的教师，和学生的关系绝对不一样。

一个新入职的语文教师，教了一个差班，无论她怎么努力，学生的成绩就是上不去。我说："去家访吧，去班上那些成绩差的学生的家里看看。"她好奇："我不是班主任，家访有用吗？""不试一试怎么知道呢？"这位教师去家访了，当天晚上就发信息给我，非常激动地表示："郑校长，家长太热情了，学生真让我感动！他们把我送到校门口了。"

第二次月考，她班的语文成绩平均分提升了近二十分。什么原因呢？原来没有写作文的学生写作文了，原来不背诵的学生背诵了。因为家访，每个家长都知道老师没有放弃自己的孩子，每个学生都知道老师眼里有自己。关系大于教育，当好的关系建立之后，学生们就会主动学习。

我在好些地方分享了她的经验。不管现在网络、电话、微信、视频多么方便，请到学生家里走一趟，效果真的不一样。

有些教师对家访畏难，一是因为社交恐惧，二是因为方式单一；他们怕家长担心、学生害怕。其实，如果按照下面介绍的九种方式去家访，学生和家长都会喜欢。

一、报喜式家访，让爱和惊喜同行

当学生取得成绩或者有进步的时候，教师带着喜报去家访，那种感觉真的太美妙啦！当教师把精心准备的奖状或者特制的喜报交给家长时，学生和家长惊喜的表情会让教师觉得值得！

报喜式家访重在持续激发学生的学习动力，下面一些小技巧会让你的目的尽快达成：①和家长分享学生学习上的点滴趣事，尤其是学生在努力过程中的感人场面，这会让学生倍加感动！②虚心向学生请教，他是怎么这么快取得进步的，有哪些可以分享的好经验。教师越好奇，学生动力越足。③向家长请教，如何教出如此优秀的孩子。

千万别小瞧这些求教的问题，这其实就是在引导学生和家长总结经验，把有价值的行为坚持下去。当他们坚持自己的好做法时，你就偷着乐吧。

二、表扬式家访，点亮学生的自信

怎样让学生把好行为坚持下去？表扬。如何让学生重拾信心？表扬。尤其是那些各方面表现欠佳的学生，他们已经习惯批评、嘲讽和指责了，一个诚恳、真实的表扬，反而会让他们惊喜得手足无措。一个从不写作业、经常逃课的学生，直言自己不想读书。我表扬他"很真实，坦诚，不虚伪地迎合老师"，他一下子懵了：老师怎么不按剧本出牌？我告诉他："一百句迎合的假话比不上一个真实的感受。你说真话，说明你为人诚恳。"他一下子就哭了。

不少有心理学基础的教师都认同这样一个观点：失败不是成功之母，只有不断感受成功的学生，才更愿意付出努力。表扬式家访就是基于这个原理。当我们别出心裁地将学生的表现写在表扬信上，并给学生抽奖的机会时，他们会高兴得跳起来。我们也可以把表扬信给家长，让家长朗读给孩子听，孩子也会振奋，那相当于家长表扬啊！

三、邀请式家访，启温暖互动之旅

邀请式家访就是把家访的主动权交给学生和家长，让他们决定教师什么时候去家访。当一个人能掌控一件事情的走向时，他会特别有安全感，也会特别自豪。

这一灵感始于30多年前，我在湖南洞口县做实习教师时亲身经历的一件事。故事的主人公叫杨诚，是一个十分可爱、有才的小女孩。她妈妈是医生，爸爸在地质队工作，家庭亲子关系非常好。在我的记忆中，他们家常做对对联之类的游戏。有一次，她爸爸出上联："携锡壶，游西湖，锡壶坠西湖，惜乎锡壶。"她对出下联："带杨诚，逛羊城，杨诚进羊城，扬程杨诚。"这让我们这些实习教师十分惊讶。

按实习规定，我们这些实习教师是要家访的。我搭班的同学性格内向，去谁家家访呢？我俩一筹莫展，最后决定以杨诚为突破口，先去她家家访，开个好局。我们向杨诚说了之后，杨诚说："不行，我们得先做准备，到时候再邀请郑老师和宋老师。"几天之后的周末，杨诚主动邀请我们去家访。那天，我们受到了当老师的最高礼遇——杨诚妈妈知道我们是实习教师，担心我们吃不惯食堂饭菜，给我们做了一大桌子饭菜。杨诚热情地带我们参观了她家的每个角落，从不喝酒的我们，微醉尽兴而归。

50天的实习，受到学生和家长这样的礼遇，我和宋老师真没有想到。30多年以来，我做过老师，担任过行政领导，做过职业校长，之所以把教育作为自己最热爱的事业，是因为许许多多这样温暖的经历，一直鼓励我前行。

实习之后，我真正地踏上教育工作岗位，我在班上广泛推行邀请式家访。家访时间由学生和家长决定，希望谁参与也由他们说了算，大家都很高兴。

四、组团式家访，感受团队的力量

一个孩子怕家访，一群孩子呢，会不会好很多？受全国名班主任徐晓莉老师的影响，我在学校大力推广组团式家访。徐老师经常带着学生组团去家访，时间一般选择周末，或者寒暑假。约上三五个孩子，轮流去某个同学家家访。老师家访的时候，孩子们一起交流厨艺，展示才艺，分享学习方法和心得体会，帮父母做家务……孩子们在和同伴交流的过程中，学会了交往，学会了善待他人，也学会了怎样客观地看待别人的优秀。家长也不需要对孩子唠叨，提供支持就可以。

家访不仅是为了了解孩子在家里的表现，也是为了了解他们在学校之外怎么读书、怎么对待他人、怎么学习经验。带上一批孩子，大家彼此支持，轮流去同伴家里"访问"。遇到问题，孩子们一起面对，一起想办法。这样他们心里会特别有底气，因为他们从来都不是单打独斗啊！

五、问诊式家访，探深层教育密码

学生的情绪明显波动、成绩明显下降或者问题行为明显增多，而学校环境没有很大的变动,在这种情况下,问诊式家访是一个不错的选择。

问诊式家访是深度探寻学生教育状况的行动。教师通过有目的地观察和询问,帮助学生和家长找到问题的根源,从而顺利解决问题。"探寻"而不是"追责","感同身受"而不是"旁观评价","技术支持"而不是"批评教育","着力亲密关系"而不是"直奔教育目的",这些立场让问诊式家访受到学生和家长的欢迎。

问诊式家访要注意九个小技巧

一是紧扣主题:不要面面俱到,只抓住一个核心问题就行。

二是尊重隐私:确保家访过程中不触及敏感或私人的话题。

三是保持耐心:认真倾听,不要急于打断或下结论。

四是轻松氛围:让家长和学生放松地表达真实想法。

五是注意提问:运用开放性问题,求教式提问,避免让对方感到被质问。

六是关注情绪:留意家长和学生的情绪变化,及时给予安抚和鼓励。

七是避免指责:即使发现问题,也不要一味指责,而是共同探讨解决办法。

八是永抱希望:不管遇到什么问题,都要给家长和孩子以美好希望,相信他们能行。

九是决策权力:要促成孩子和家长的有效改变,最重要的一点,就是让他们觉得所有的措施都是由他们决定的,而非由教师决定的。

六、聚会式家访,像约会一样聊天

下面是聚会式家访前,一位家长在小组群内发的消息。

同志们,明天我们就要开启一种新的家访模式——聚会式家访了!

这种家访不再是老师单独与某个家庭进行交流,而是多个家长聚在一起,气氛超级热烈哦!

大家可以互相分享教育经验,交流孩子们的成长,还能一起探讨问题和解决办法。

在聚会中，我们能感受到彼此浓浓的互助之情和关爱之情。孩子们也能在这样的氛围中感受到不一样的温暖和快乐。

这种家访形式真的太棒啦！你有没有特别期待？如果有，快来一起体验吧！

记得时间哦，5月20日下午18:00。地点：风采城桃李小区14栋1302号"山海小筑"！我们已经做好欢迎准备，山海小筑，让我们同赴一场教育的山海！

期待组内每个家庭派成员参加哦！

看看，语言有煽动力吧。这是我们班聚会式家访的一个小缩影。需求相近、家庭背景相似或者居住同一个小区的家长和孩子聚集到一起，分群体召开这种聚会式家访。大家相约在某一个家长的家里，一起聊天，一起策划，一起分享，像约会一样家访，家长、教师和学生都能从中受益。

七、沙龙式家访，让主题熠熠生辉

聚会侧重于情感交流、娱乐和互动，气氛相对轻松、自由，主张在开心愉悦的氛围中实现家访目的。

沙龙式家访呢？侧重于主题、话题，有明确的目的和期待，有特定的主持人，甚至有明确的流程。问题研究、方法分享、思想碰撞成为主流。每个参与者都需要做准备，而且尽可能地积极发言，主打的是研究解决问题的方法。

在聚会式家访中，教师更多扮演参与者、体验者之类的角色，教师的存在意义是给家长聚会提供一个机会或理由，可以在家里，也可以在室外进行。我在创新实验学校的时候，有一位家长就经常参与聚会式交流。

沙龙式家访的场地比聚会式家访要求高一些：一是明确在室内，二是环境要优雅。学校阶梯式图书馆、咖啡馆、画廊、茶室、小型会议室就比较适宜。

沙龙式家访的主题是我们的核心灵魂；解决问题，"做孩子成长的'神助攻'",是沙龙式家访的根本目的。

八、例行式家访,让家访成为常态

不少人怕家访,是因为以前的家访留给人的印象不好。教师总在学生出现问题的时候,或者要升学、填报志愿的时候才去家访,家访变得很功利,家长害怕,教师也觉得尴尬。还有的教师家访次数少,家长没经验,接待时"如临大敌",隆重得不得了,教师也害怕。

造成这种局面的原因是什么?是家访工作没有常态化,教师和家长不习惯。怎样改变呢?从家长的思想意识、教师的行为习惯、家访时间的安排上,尽量让家访变得"常态化"一点,"日常化"一点。

我每次家访前,都给家长明确发信息,或打电话告知:"这是例行家访,不是因为孩子有问题,或者学校有什么特别要求,请各位家长不要着急。"既然是例行家访,自然有家访的时间规律。我会明确告诉家长,一般例行家访会安排在开学前后、期中考试前后、期末放假前后进行。这三个时间段的家访,都是例行家访,每个家庭都会被走访,家长可以根据自己的工作安排,及时对接教师。尽量别因为家访影响大家的工作和生活。

既然是例行家访,那就得重申一下家访纪律:不请吃喝,不请客送礼。甚至家长连水果都不需要准备,我一句话"郑老师胃不好,不能吃生冷水果,您的好意我心领了",家长就不会费心。

既然是例行家访,该做的记录要做,该拍的照片要拍,该提的要求要提……事先说好,大家就不会有顾虑。

九、偶遇式家访,让巧合诞生机会

有教师执着地问:"学生有情况了,我们要不要家访?""学生出问题了,我们要不要告状?""家长也有知情权吧?"

家长确实有知情权,但并非所有有道理的事情,最后都能得到妥善处理。学生出状况了,怎样告知家长,还真是一门学问。搞不好,家长不高兴,学生也因此与我们隔离、对立。

怎样"告状"合情合理呢？偶遇式家访是一个不错的选择。我经常和年轻教师开玩笑：年轻人讲究缘分，作为过来人，我不得不告诉大家一个很现实的问题——所谓的缘分，无非就是一方精心酝酿，一方无辜上当。别人已经关注你很久了，摸清了你的生活和学习规律。于是，当你去图书馆的时候，他恰好也在；当你去超市购物的时候，他恰好偶遇；"哇，没想到您在这里"，我们会在潜意识里将其定义为"缘分"……其实这些缘分，都是某人的精心准备。

每次听我这样说的时候，教师们都哈哈大笑。

大笑之后，请思考一个问题：我们是不是也可以制造这样的缘分？明知道这个学生的家长经常去某个菜市场买菜，我们恰好碰到；明知道那个学生的家长经常在某一个时间乘坐地铁，我们恰好遇见……

既然"缘分"让我们遇见，那就聊聊呗。既然聊了，"一不小心说漏了嘴"，那就把孩子的情况告诉家长呗。既然告诉了，是不是也应该坦诚相待？在这种背景下，教师可以对家长提一个要求："本来这事儿确实不应该告诉您，孩子会改变的。既然说漏嘴了，还请您替我多多担待，多多保密，回去之后不要直接开骂，那样孩子会和我对立。我们先控制好情绪，再处理事情。"最后，给家长提供一些处理问题的"锦囊妙计"。

这样，即使学生日后知道我们"告状"了，也只能自认倒霉——谁叫他运气那么不好，"恰好"碰到这些事儿了呢？

家访的"六有"原则见图4.7。

图4.7　家访的"六有"原则

第五课
文化活动常规

第一讲 如何做好教室里的物质文化建设？
——让物理空间承载教育的灵魂

班级文化建设已经成为当下班主任新的工作常规，如何在教室里做好班级物质文化建设，让物理空间承载教育的灵魂，已成为班主任的新课题。在这一讲，我从以下几方面和大家聊聊班级物质文化建设。

一、班级物质文化建设的内涵

很多用心的班主任，在学生还没有进校门之前，就精心布置教室：画一期黑板报，贴一副对联，挂一条横幅，桌上摆放一朵鲜花，再来一句"让别人因为我的存在而幸福"……学生一走进教室，新鲜感、好奇感、神圣感就出来了。

这就是班级物质文化建设的魅力。物质文化不是物质和文化两个概念的简单叠加，而是相乘，甚至是发生化学反应。教师以物质建设为载体，实现用文化润泽学生心灵、滋养学生美好品质、丰富教育内涵的目的。

当物质遇上文化，当物质成为文化的核心载体，当文化赋予物质以内涵、功能和导向后，整个教室就鲜活了。当物质遇上文化，梦想、激情、信仰就产生了，教育的故事就由此发生了。

因此，班级物质文化建设就是通过对班级物质层面的东西（如教室环境、学生用品、文化创意品）进行规划、设计、创作、布置、使用和管理，创建文化氛围，丰富文化内涵，提升文化品位，激活班级凝聚力和向心力，以实现教育目的、意义和价值的系列过程及相关活动。

通俗地讲，就是"带着一群孩子，过成长的日子"。玩泥巴也好，做手抄报也好，都是在过日子，在建设班级物质文化的过程中，学生们也获得了成长。

二、班级物质文化建设的价值

1. 承载班级核心灵魂

班级核心灵魂是什么？是班级精神，是学生和教师的价值守望。可是，这些东西很虚，怎么化虚为实呢？一个很直观的做法是用物质文化去体现它、承载它。比较好的载体有班徽、班旗、班服，以及我们的干部徽标。每个徽标都应该有特殊的内涵，别人一看就能明白，这就是班级物质文化建设的重要作用。

2. 传承班级优秀作风

每一届学生毕业后，我都会把他们优秀的笔记本、圈点批注的图书和教材、整理过的思维导图等物质化的东西留下来，并给他们颁发收藏证。新一届学生进班，看到这些收藏品，就能感受到学长学姐的优秀，这样榜样示范作用就形成了。

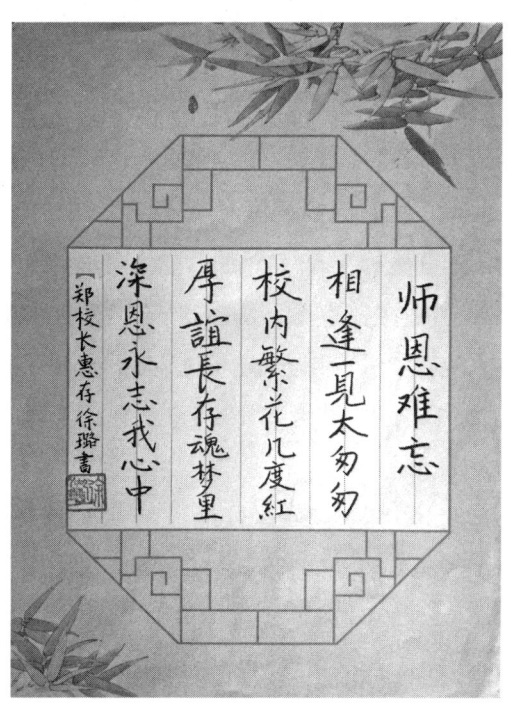

图 5.1　徐璐同学的书法作品

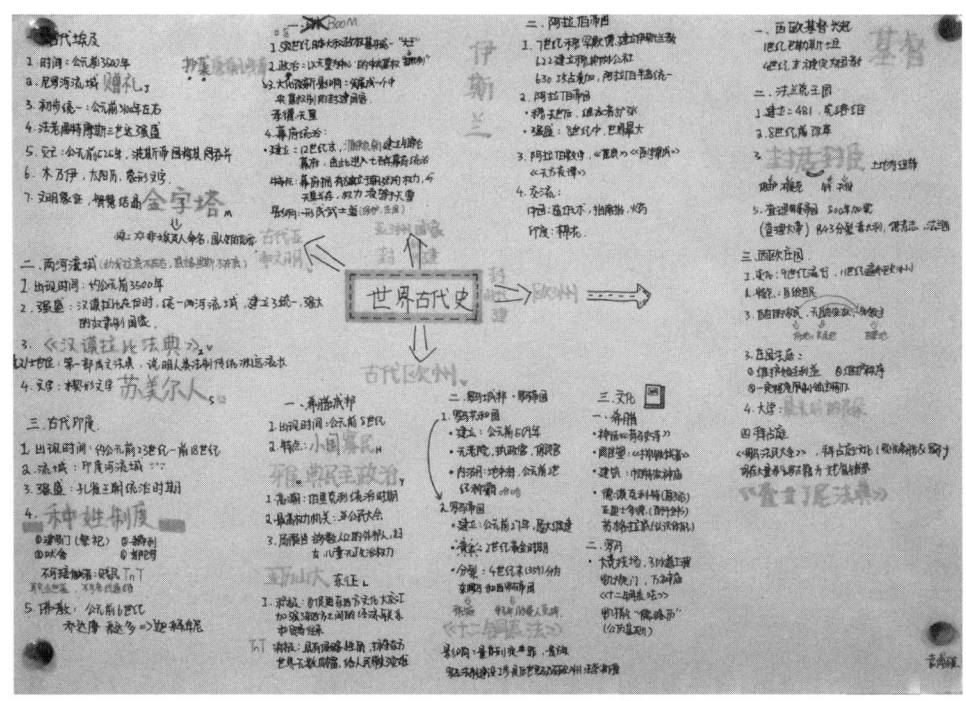

图 5.2　袁博雅同学的世界古代史思维导图

3. 规范学生的行为

文化代表一个地区的人的进步程度和文明水平，它对我们行为的规范和引领，大多是通过群体审美标准来实现的。教室里窗明几净；桌面上"三有三无"，整洁有序；学生坐在教室里，身材挺拔、精神振奋。为什么会这样？美好的环境能唤醒人完善自我行为的心理暗示，使其不自觉地规范自己的行为。

4. 示范先进学习理念

到我们学校参观过的教师，感触颇深的就是班级文化墙太"扎实"：学生的学习方法抬头可见，学生的学习成果抬头可见，学生学习的心得体会抬头可见。

这种"抬头可见"的核心思想是发挥班级物质文化的示范作用。人带人、人帮人，成本太大。以学习方法墙（见图 5.3）、学习资料卡、成长资源库、要求提醒单的形式展示理念、成果和体会，学生会自主选取，不用教师和同伴提醒。

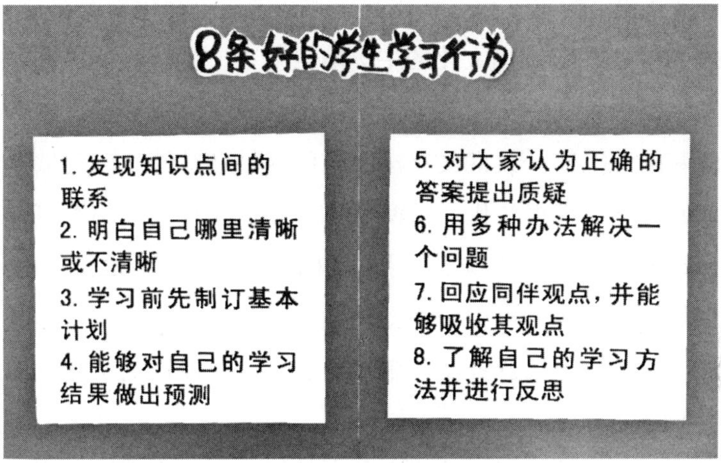

图 5.3　学习方法墙——"8 条好的学生学习行为"

8 条好的学生学习行为

1. 发现知识点间的联系
2. 明白自己哪里清晰或不清晰
3. 学习前先制订基本计划
4. 能够对自己的学习结果做出预测
5. 对大家认为正确的答案提出质疑
6. 用多种办法解决一个问题
7. 回应同伴观点，并能够吸收其观点
8. 了解自己的学习方法并进行反思

5. 熏陶滋润学生的心灵

有一个成语叫"熏陶渐染"，意思是人的思想行为因长期接触美好事物而受到好的影响。我之所以强调这个成语，是因为它告诉我们：人的美好行为和品德不是通过教导形成的，而是在环境事务的影响和感染下形成的。我在教室里办公，学生和我在同一个物理空间生活，我能够时刻看到他们，他们也能够时刻感受到我的存在，耳濡目染着教师和同伴的优秀，心灵的"熏陶渐染"便完成了。

6. 凝聚团队士气和力量

文化能够凝聚人心、振奋士气和力量。很多班主任都有这样的体会：运动场上，班旗一挥舞，学生们就热血沸腾；毕业典礼上，穿着班服的学生登场，总有人热泪盈眶；为了一块团队荣誉的小奖牌，身穿队服的学生们能奋力拼搏！为什么会这样？答案很明显：班旗、班徽、班服，这些物质化的班级标志，已经成为班级团队精神的象征了，他们愿意为之拼搏。

三、班级物质文化建设基本内容

按照学生活动的区域分类，我把班级物质文化建设分成了教室文化、宿舍文化、服饰文化、标志文化、载体文化和文创成果文化六大类型。

1. 教室文化：班级物质文化的主场地

教室文化是班级物质文化的主场地。做好教室文化，就是做好班级物质文化建设的基础性工作。教室文化按照空间区域和功能，分为墙壁文化、课桌文化、地面文化、板报文化、门窗文化和区域文化。其中墙壁文化指向广义的墙壁，还覆盖了前墙壁文化、黑板文化、天花板文化和侧墙壁文化等；区域文化也是一个总称，可细分为图书角、卫生角、心育角、相片广场、文化长廊、学习天地、考核晋级榜和制度分享区等功能区的文化。不同文化的功能和作用不同。

（1）墙壁文化侧重于规则的建立和对外展示。教室内墙适用于展示规则文化，比如班级制度、小组约定、小组文化展示墙、班级晋级榜、同伴行为修炼榜、反思反省角等。这些东西在教室内墙展示，出于三点原因：一是方便大家观看、使用；二是学生接触时间多，方便敲黑板、画重点；三是符合中国文化"外圆内方"的传统，是注重自我修炼的表现。教室外墙适合展示学生的思维导图、手抄报、优秀作文和手工作品等。观看的人越多，传播的影响越大，学生们的成就感也就越强。因此，教室外墙又被称作激励墙。

（2）课桌文化以规范有序为主，强化学习品质训练。课桌是学生读书、学习和写作业的工具，又是学生存放私人学习物品的小空间。课桌上发生的一切，影响甚至决定了学生的未来。因此，课桌文化对学生的学习品质修炼非常重要。

针对课桌文化，要注意以下三点：一是要建立规则，如桌面上"三有三无"——"有当时要写的作业，当时要看的书（含教材教辅），当时要用到的文具；无水杯，无杂物，无与学习科目无关的教材教辅和资料"。设置规则的目的是培养学生上课集中注意力的好习惯，防止其因为翻东西、找资料、吃喝而转移课堂注意力。二是注重励志，每天贴一张自我励志语，或者仿写一则名人名言，对思想提升非常重要。三是注重人际交往规范，课桌是学生的私人空间、个人领地，要有尊重意识、整理意识，课桌内物品的整齐程度可体现学生思维的清晰度。这么一想，课桌文化是不是大有可为？

（3）地面文化侧重责任引领。教室地面文化建设至少有三个方面的事情可做：一是属地责任区域建设，也就是以课桌为核心卫生"一平方米责任区"。谁坐哪，谁负责。课桌下干净了，整个教室就卫生了。二是可以利用距离，培养人际交往文化。人际安全距离是1.2米，低于1米就可能冒犯他人。由此，可以培养学生形成亲密有间的人际关系文化。三是可以利用地面分区，营造班级休闲文化，比如在教室里开辟一个小区域，搬开其他课桌和工具，标注游戏规则，这样课间休息就变得丰富多彩了。

至于板报文化、门窗文化和区域文化，大家了解得比较多，这里便不再重复了。

2. 宿舍文化：身体和心灵的安抚

宿舍文化是住宿制学校特有的、不可缺少的物质文化之一。学生们在校有三分之一的时间在宿舍里度过，宿舍的安全感、舒适感、温馨感对他们至关重要。因此，宿舍文化重在"安全、舒适、温馨"三个关键词。

把床脚、床架、门、梁、转角进行软包装，就不会磕着、碰伤学生，学生感到柔软和舒服，就会有安全感；门后贴上校园霸凌认定标准"当我感觉不舒服的时候，你应该停下来，否则就是校园霸凌，同学们可以共同制止"，弱小的孩子就会有安全感……每人一个小柜子，在柜门上贴上一张笑脸，瞬间就会呈现出温馨感。允许学生装扮宿舍，举行宿舍文化比赛，学生们感受到家的温暖感和团队荣誉感，宿舍就会成为他们想回去的地方。

干净、整洁是基础，安全、温暖是底线。扣紧规范、放大灵动，宿舍文化会让我们感到惊喜。

3. 服饰文化：关注学生角色认同

青春期的学生非常在乎自己的形象，不仅关注校服，还很关注特色鲜明的班服。在学生眼中，校服代表着对学校的身份认同，班服代表的是班级的小团队，后者更注重个性、自由。如我们"星座二班"的班服，正面印有一句很流行的话"愿你历尽千帆,归来依旧少年",背面是班级格言"星座二班,气象非凡",配上"生活不相信眼泪"的英语翻译,班服"特立独行"的味道一下就出来了。

4. 标志文化:托起班级信仰的图腾

标志文化主要集中在班牌、班旗、班徽等象征班级团队的符号文化上。学校开展大型集体活动,如运动会、远足或者外出游行,举起一面有特殊意义的班旗,学生们别提有多精神。一面旗帜配一个班徽,撑起一面旗帜,就是撑起一个班级的精气神。哪怕是凌晨出发,百里远足,学生们欢笑的脸庞、热烈的掌声都释放着青春蓬勃的气息。这就是班级标志文化的作用,它是一个托起班级信仰的图腾。

5. 载体文化:留给学生的美好回忆

一个班级应该有专属学生们的美好回忆,这样学生们的成长才会足够厚重。回忆需要载体。班刊、个人成长袋、班史馆建设,甚至贴在墙壁上的班级格言、训词,都是载体。即便是通过一些小片段抒发一些感情,班刊也会成为学生美好的成长回忆。班刊过去以纸质的方式印刷出来,现在用电子的版本在网上传播,这样更便于阅读和保存。

星座二班的班刊——《我们的星座》,基于十二个星座,一个月一期,一期介绍一个星座。我们会专题介绍一批当月过生日的学生,寒暑假不间断出刊,学生们把它当作宝贝收藏。

6. 文创成果文化:装扮我们的小开心

文创产品,又叫文化创意产品,寄托着我们对文化理念的理解,把班级文化元素熔铸在小物品的设计和创作上,做出成品后,装扮教室、课桌或者宿舍床铺,能给人带来温馨、甜蜜的感觉。不管是教师,还是学生,都特别开心。做这些小创意产品,既能陶冶学生们的心灵情操,又能提升他们的审美和动手能力,关键是能转移他们的学习压力。

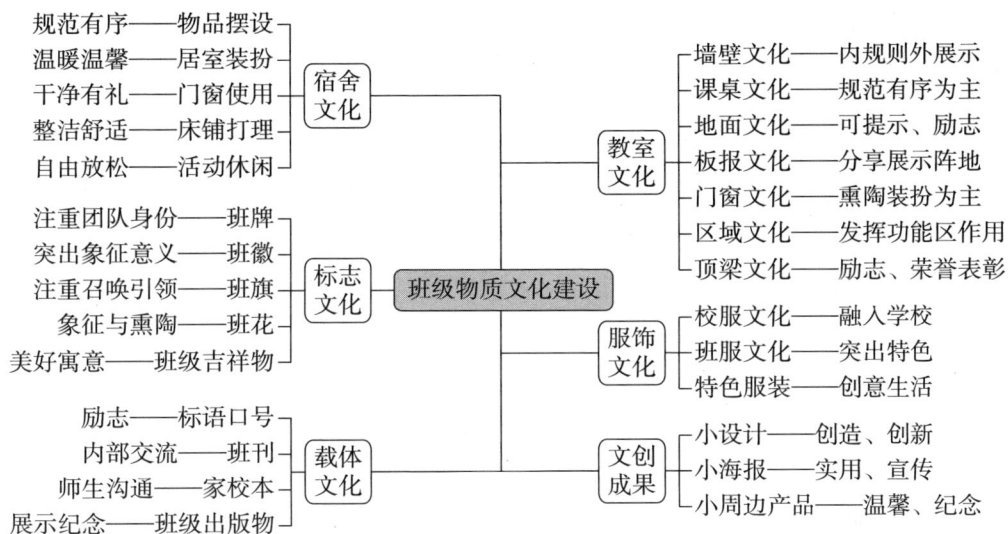

图 5.4　班级物质文化建设

四、做好班级物质文化建设的整体规划与设计

1. 需要考虑五个小问题

（1）班级物质文化建设的目的（为什么？）

（2）有哪些具体的任务清单和指标（做什么？）

（3）能实现的计划与安排（怎么做？）

（4）和学生教育产生关联（和谁关联？）

（5）明确任务完成的时间节点（具体时效？）

这五个小问题，从为什么、做什么、怎么做、和谁关联以及具体时效等五个维度，促成了班级物质文化建设的整体规划与设计。这不是一个套路模板，而是系统思维的具体表现。不忽略每一个小问题，班级物质文化建设才能有条有理。

2. 制定具体的任务清单

以教室物质文化建设为例，我梳理了一个教室物质文化建设任务清单

（见表5.1）。清单以空间顺序为线索，从教室门口到外墙，以举例的方式呈现任务清单样本，供大家参考。

表5.1 教室物质文化建设任务清单

序号	场所	相关主题	文化载体	时间
1	门口	门牌文化	班牌、班徽、标志、楹联、合影	期初
2	前墙	底线规则文化	纪律墙、专题牌	期初
3	黑板	板报及课堂互动文化	板报、励志语、提示语、日常互动	全期
4	两侧壁	学习方法和成果墙	学习方法墙、成果展示墙、书包柜	全期
5	窗户	节日、点缀文化	窗花、窗贴、励志语、盆景	全期
6	地面	礼仪及自律文化	开门角、一平方米自律空间	期初
7	天花板	星级评价、励志文化	星级评价榜、横梁励志标语口号	周月
8	课桌	习惯修炼、小组文化	组牌、个人修炼单、品质训练表	每天
9	功能角	图书、卫生、心理	功能小角落的设置	全期
10	后墙	考核、激励文化	晋级榜、展示墙、各类学习园地	全期
11	外墙	成果展示文化	手抄报、创意作业、手工作品等	全期

3. 发挥学生建设的主体作用

（1）项目让学生去规划、去设计。我一直坚信学生的思维比教师的思维更开阔、更灵活，他们有自己的审美价值和追求，也很有想法，让他们出点子，往往能带来惊喜。

（2）物品让学生去制作、去展示。班级物质文化建设从某种意义上说，是给学生们搭建一个体验的场所、展示的平台。教师搭台、学生唱戏，应该是班级物质文化建设的核心思路。班级物质文化建设的物品，最好全部由学生们亲手制作。

在我们学校，不仅是班级物品由学生设计、制作（见图5.5），校名也是他们写的。所有的设计、制作灵感都源于学生，这样学校的办学活力才能释放出来。

图 5.5　用橡皮泥制作的美术 2 班班牌

（3）空间让学生去承包、去管理。让学生承包感兴趣的项目，自己去管理，这是让他们产生责任感的好方法。当班级物质文化和每个学生的责任、荣誉产生关联，让他们的能力得到体现时，他们会越来越爱这个班级。

（4）作品让学生去创造、去发挥。让人眼睛一亮的班级物质文化建设，应该是学生作品数量多，还能升级换代，这样才能体现出学生的成长。

（5）内容让学生去经营、去建设。物质文化既是生活的结果，也是生活的过程。让学生去建设班级物质文化，让他们去生成、去经营。一旦班级物质文化建设的过程和结果打上了学生的烙印，教育便发生了……

（6）资源让学生去交流、去共享。我一直有一个观点：班级物质文化应该成为资源的交换中心、能量的转换场。学生们身处班级文化的磁场中，能够互相启迪、互相受益。于是，我们把学习方法上墙，把学习体会上墙，这样大家就可以随时索取、随时添加、随时奉献，集体的智慧就产生了。

（7）制度让学生去规范、去提炼。制度上墙成为大家共同的做法。但是，不是每种制度上墙就能够被执行，有些制度上墙几年，太多、太密集，学生们都没有什么印象，更不用说执行了。相反，一些简洁、简单的制度，学生们自己提炼的制度，如"跑操前，快静齐；跑操时，不掉队"，很容易被执行。

简约能带来深远的力量。想得越清楚，叙述越精练，制度就越容易被执行。

（8）功能让学生去使用、去维护。班级物质文化最大的功能是浸润学生。因此，不少班主任都给班级文化墙赋予自省、星级评价功能，在班级墙壁上开辟一个小角落，让学生们自己使用和维护，这样挺好的。

图 5.6　遵守课堂纪律示意牌

4. 主题集中会更有效果

最后向大家分享一个关于我们班漫画文化墙的小故事，这是班级物质文化建设的一个小插曲。

故事背景是这样的：高三第一次模拟考试结果出来后，我们班成绩并不理想，学生们情绪十分低落。班长给我发信息，问我怎么办。

我回复一句话：我不祝福你们一帆风顺。为什么这样说？因为考试有起伏很正常，永远一帆风顺是不可能的。真实的学习生活如逆水行舟，不进则退。只要存在竞争性考试，这句话就永远有道理。

青春期的孩子，道理他们懂，能不能接受并鼓舞自己努力奋斗，是另一回事情。于是，我连夜找了一家广告公司，花了几百元，在网上"淘"了一些励志的语录，挑选了一种漫画人物，制作了十几张透明的不干胶贴纸，把它们张贴在教室墙壁上。

第二天早上,学生们一进教室,马上就被墙壁上黑白对比鲜明的贴纸吸引。

第一张:"不逼自己一把,怎么知道你有多优秀;路就在你脚下,只要往前走就能到达远方。"

第二张:"我要好好学习,不然别人会说'你看那个人,除了帅就一无是处'。"

第三张:"生活是一个看不见的储蓄罐,你投入的每一份努力都不会白费。"

第四张:"想一千次,不如去做一次;华丽地跌倒,胜过无谓的徘徊。"

第五张:"我可以输,但是我绝不放弃。"

第六张:"可怕的不是你的机遇与天赋不够,而是比你牛的人比你还努力。这是现实。"

类似的语录还有很多:有鼓励努力拼搏的,"狠狠地拼一个精彩的未来";有提醒他们别放弃的,"希望是火,失望是烟,人生就是一边生火,一边冒烟";还有提醒他们拿出实际行动的,"不读书,行万里路也不过是邮差"……

最后一句话,深深地打动了他们:"别沮丧,生活就像心电图,一帆风顺就证明你'挂'了。"有起有伏,很正常;考好考砸,也很正常。

所以,我回给班长的信息是"我不祝福你们一帆风顺"。

"我不祝福你们一帆风顺"不是我的原话,这句话是尼采(Nietzsche)说的。尼采的原话是"如果你低估一个水手的能力,那就祝他一帆风顺吧"。

我为什么不祝福学生一帆风顺呢?这是因为我知道青春期的学生有创造奇迹的可能。我告诉他们:"不到最后一场考试,凡事都不会尘埃落定。我相信你们能行,所以我不祝福你们一帆风顺。我知道你们追求浪漫,所谓的浪漫就是今天和昨天不同,你们会遭遇挫折,也能从低谷中跃起。因为我相信你们能行,所以我不祝福你们一帆风顺!"

我怎么祝福学生呢?"我祝福你们能在失败后奋起,祝福你们能在痛哭中看见光明,祝福你们是能创造奇迹的人,祝福你们能王者归来,再次回到学校第一、学区第一！我相信你们能行，所以我不祝福你们一帆风顺。"

大家知道青春期的孩子有什么心理特征吗？当他们失败时，他们害怕安慰，害怕同情，那会让他们觉得自己不行。他们需要信任，需要我们相信他们能行，这样他们才会自信。这一次班级文化墙建设以及我那几分钟激情澎湃的演说，让学生感动得眼泪都掉下来了。他们纷纷说："老班，您这么信任我们，我们一定能王者归来。"

事实证明，他们做到了。事实证明，我当时的做法是有效的。

集中笔墨突破一个主题，这也是一个关于班级物质文化建设的小感悟，希望能给大家带来一点参考。

第二讲 如何进行班级精神文化建设？
——一表提升班级精神文化建设档次

班级精神文化既是班级的核心竞争力，也是学生成长的内驱力。健康、稳定、强大的班级精神文化，能熏陶、感染和教育学生。正所谓"蓬生麻中，不扶而直；白沙在涅，与之俱黑"，与其说是环境的影响，不如说是精神文化的影响。精神文化欠缺，班级便没有灵魂、凝聚力和向心力，其他建设也就成了空架子。

一、班级精神文化建设的内涵

班级精神文化是指班集体在发展中形成的，一种相对稳定的、群体共享的思想观念、价值追求、心理素质、行为规范、道德准则、审美标准、文化生活、班级舆论、集体氛围、群体风貌和生活状态，是班级精神文明建设过程及其成果的总和。其中，最核心的部分是思想观念、价值追求。

班级精神文化建设包括哪些内容呢？这里用一张思维导图对其加以梳理（见图5.7）。

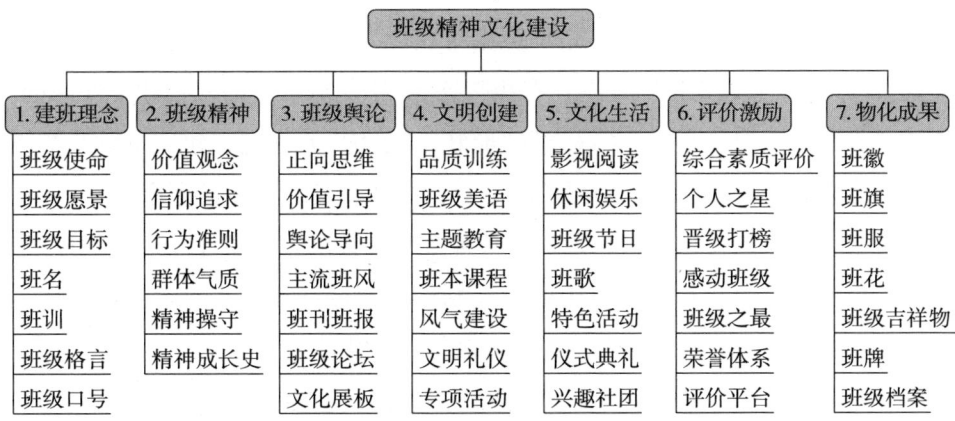

图 5.7　班级精神文化建设的内容

从图 5.7 看，班级精神文化建设共分为七大板块。起引导作用的是第一大板块建班理念，包括班级使命、班级愿景、班级目标、班名、班训、班级格言和班级口号七项内容。建班理念是班级精神文化建设的基础。

第二大板块是班级精神，分为价值观念、信仰追求、行为准则、群体气质、精神操守、精神成长史六项内容。培育班级精神是班级精神文化建设的核心目标。

第三大板块是班级舆论，由班级群体的"正向思维"、班主任的"价值引导"、"舆论导向"和"主流班风"，以及阵地建设的"班刊班报、班级论坛、文化展板"七项内容构成。班级舆论是班级精神文化建设的保障系统。

第四大板块是文明创建，是班级精神文化建设的主要抓手。通过"品质训练"帮助学生形成稳定人格，通过"班级美语"的发现和推广形成风气，通过"主题教育"及时解决问题，通过"班本课程"进行人格和素养修炼，通过"风气建设"及时矫正航向，通过"文明礼仪"不断强化优秀行为，通过"明责任、强担当"等系列"专项活动"调整学生的认知。文明创建越扎实，班级的精神文明程度越高。

第五大板块是文化生活，是精神文化和生活的互哺产物，由影视阅读、休闲娱乐、班级节日、班歌、特色活动、仪式典礼和兴趣社团七项内容构成。文化生活是学生校园生活中的盐或糖，能让学生体验精神生活的幸福。

第六大板块是评价激励，是班级精神文化发展的自我完善机制。通过综合素质评价、"个人之星"评选、晋级打榜、"感动班级"的人物和事件评选、各种"班级之最"（"最美""最强""最好""最优"）评选，建立班级荣誉体系，创建学生自我评价和互相评价的平台，推动班级的精神文化建设。

第七大板块是物化成果，是班级精神文化建设的重要载体。通过对班徽、班旗、班服、班级吉祥物、班牌的设计制作，通过寻找班花、丰富班级精神文化内涵、建立班级精神档案……让班级精神文化建设看得见。

这七大板块，一共 48 个细分项目，这里用蜂窝图的形式介绍一下它们的关系（见图 5.8）。

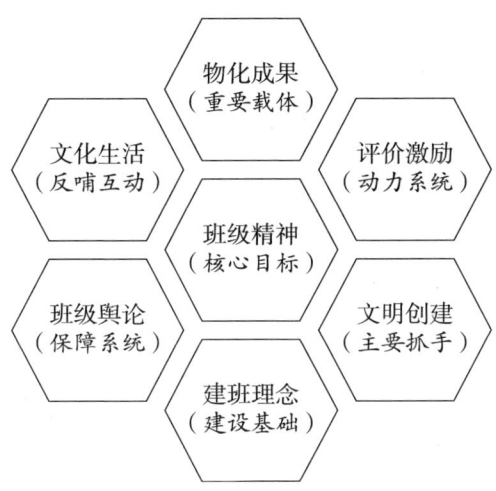

图 5.8　班级精神文化建设的七大板块

二、班级精神文化建设的意义

班级精神是形成班级凝聚力的强大纽带，是班级发展的不竭动力，是学生战胜各种困难的意志保障，是学生自我励志的力量之源。它的作用主要体现在以下五个方面。

1. 塑造群体正确的价值观念

人生需要引导，有时候一句话的引导，能点亮人的一生。让学生们喜欢和接受这样的一句话，能塑造学生们正确的世界观、人生观和价值观，进而影响他们一生。这句话有多高远，就能引领学生们走多远。

2. 提升班级成员综合素质

学生们从同伴那里学到的，远比从教师那里学到的多。同伴相信"不拼不搏，人生白活"，他们就会努力；同伴相信"坚持的力量"，他们就会不屈不挠；同伴相信"一切尘埃未定，我也是一匹黑马"，他们就会努力拼搏，永怀希望……班级精神文化多元向上，就能引领班级成员向更好的方向发展，从整体上提升班级成员的综合素质。

教育需要载体，在学生们创作班歌、起草小组宣言、设计班徽的过程中，文学鉴赏、审美、人际沟通、美术设计和换位思考等多方面的能力得到了锻炼。

3. 促进良好班风学风建设

当一个班级形成优秀的、先进的精神文化后，该文化能影响班级学生的群体心理定式，哪怕是那些"意见领袖"，也会不知不觉地与群体成员形成一致态度，共同的行为方式会在潜移默化中影响个体的心理、精神，从而促进班风积极向上地发展。

4. 提供班级发展力量源泉

如果班级士气不振，就呼喊一次班级口号，那排山倒海的气势，能瞬间激发学生们的自信。如果班级没有凝聚力，就组织一次班级之间的拔河比赛，学生们随着口号一起使劲，一起呐喊，一起尖叫，哪怕失败了，他们也会觉得班级凝聚力"爆棚"。如果班级缺乏学习动力，就选择一个班级比拼，公开下战书，永不服输的精神会让两个班级一起进步。

5. 让班级精神自身迭代升级

班级精神文化形成后，能以自身为基础，实现新的世界观、价值观、道德观的生成和延续，进而完成班级精神的迭代升级。教师都会有这样的体验：初一时费尽九牛二虎之力提炼的班级精神，等到初二学生们就不满意了，觉得幼稚；到了初三，如果还不更新迭代，学生们自己都嫌弃。为什么会这样？学生们思想认识提升了，境界提高了。

当然，班级精神文化的作用不限于此，整合、导向、熏陶和提升，都是班级精神文化的普遍作用，这里不再赘述。

三、统筹规划精神文化建设

统筹规划班级精神文化建设，要注意以下六个方面。

1. 厘清各概念的内涵

概念清楚，把握细微差别，才能真正发挥好班级精神文化建设各元素的功能。比如：班训、班级格言、班级口号分别指什么？它们有什么区别和联系？

班训是从校训里延伸出来的仿造词语或句子，是班主任训词的简称。班主任经常向学生解读班级理念,从他反复强调的核心思想里提炼出几个高频词,以指导班级建设。这几个词,就是班训。班训往往以一句话或几个词的形式出现,比如"团结、紧张、严肃、活泼",或者"我和他们不一样"。

班级格言是学生们的信条、理念或者行为准则,用以提醒和激励自己。它的特征是具有哲理性,能讲清楚某一方面的道理,学生们相信它,乐意执行,比如"不苦不累,高三无味""不拼不搏,人生白活""让刻苦成为习惯,用汗水浇灌未来"等。

班级口号是为了实现阶段性的目标或任务,激励、鼓舞学生们的励志语言。班级口号是阶段性的,不同阶段有不同的口号。如:建班之初,"创美好班级,启青春梦想";建班中期,"学贵有恒,天道酬勤";毕业前夕,"乾坤未定,你我皆是黑马;胜负未分,一切皆有可能"。阶段性、针对性、激励性,是班级口号三要素。

我用一张表(见表5.2)介绍一下班训、班级格言和班级口号之间的关系。

表5.2 班训、班级格言和班级口号

	产生源头	时间状态	价值关联
班训	班主任	稳定	班级理念的具体化
班级格言	全体学生或班主任	基本稳定	同学信仰的选择
班级口号	大家自拟	阶段性,可多变	和当下目标、任务有关

2. 突出班级精神培育和提升

一个班级能走多远,关键就看它在班级建设过程中,有没有诞生、培养、提炼出学生们认同的班级精神。班级精神是班级大厦的钢筋和水泥,学生们认同之后,既会有担当力,又会有黏合力,可以托起整个班级建设的大厦。

班级精神怎么培育和提炼呢?

(1)厚植班级文化土壤,输入积极、先进的人生价值观。学生有好的三观,才能形成好的精神。

(2)及时发现有价值的种子。当学生们在某一个方面做得好的时候,班主任要引导他们复盘"是什么精神让我们如此成功？",这样做有助于我们发现有价值的种子。

（3）有意识地进行引领和指导。"嗯，这种美妙的思想很不错，值得我们珍惜。""这种精神很好，值得我们发扬。"让学生们发现自己优秀品质的价值所在，践行它、坚持它，班级精神便形成了。

（4）抓住机会进行培育和提炼。当学生们取得成功时，我们要经常问他们一些问题："为什么会这样？""是什么……让我们如此成功？""有哪些经验值得梳理和总结？"多次询问、提炼、整理，他们就会发现成功的秘诀——这是因为他们坚持了一些共同精神。

（5）在班级建设实践中不断使用它、强化它、优化它，让它成为每个成员的品质内核。我总在很多场合和学生们聊"星座班的班级精神""永远热血的情怀，抵达终点的韧性，刻进骨子里的善良，自我革命的创新"。总是聊、总是问、总是感悟，学生们便会热血沸腾。

总之，班级精神由一个萌芽发展到认同、完善、信仰和追随的过程，需要我们不断感知、不断发现、不断点亮、不断培育、不断明确、不断提炼、不断丰富、不断完善、不断激发、不断反哺。这十个"不断"，就是培育班级精神的十部曲。

3. 用愿景激发梦想

什么是班级愿景？班级愿景是班级未来可能达成的高度和可以实现的伟大目标，是一种关于班级未来的设想，是班级成员的永恒追求，体现着班级的战略定位和发展方向。

《第五项修炼》(*The Fifth Discipline*)的作者彼得·圣吉（Peter Senge）说："有没有一个伟大的愿景，是组织领导者领导能力的分水岭。"一个美好的班级愿景，能激发学生们内心的感召力，甚至让他们热血沸腾、热泪盈眶。激发班级愿景，应该注意引导学生们回答三个问题：

（1）我们要到哪里去？（高位引领）

（2）我们未来是什么样的？（强烈憧憬）

（3）我们的建设目标是什么？（充满激情）

然后我们可以组织他们多次讨论，自下而上地形成班级愿景。

案例：星座班的班级愿景

我们的追求：创建适合每个同学发展的班级，让班级成为每个人都想去的地方。

我们的未来：每个人都成为一个伟大的传奇。

我们的目标：做受欢迎、有力量的人。

4. 加强与日常生活的联系

精神文化虽然是思想意识形态领域的建设工作，但它根植于学生的日常生活，我们要加强精神文化建设与日常文化生活的联系。比如，在传唱班歌中凝聚班级精神。

班歌的制作通常会遵循以下三部曲。

（1）全班票选一首流行歌曲，作为自己的班歌。适合做班歌的流行歌曲有：《渴望光荣》《骄傲的少年》《永不退缩》《隐形的翅膀》《我的未来不是梦》《壮志雄心》《飞得更高》《追梦赤子心》《平凡之路》《夜空中最亮的星》。

（2）使用原创歌词，套用流行歌曲的曲谱。尽管网上已经有人工智能谱曲软件，但对绝大多数学生和教师来说，谱曲不是我们专业范围内的事情。学生和教师一起写歌词，套用流行歌曲曲谱也是一种不错的方法。比较好套用的流行歌曲有：《真心英雄》《阳光总在风雨后》《想唱就唱》《水手》《我是一只小小鸟》《男儿当自强》《怒放的生命》。

（3）曲谱和歌词均原创。这个看起来似乎有些难，其实并非不可实现。古人说"人上一百，形形色色"，意思是人多了，各种人才都有。班上有那么多学生，也许会有人擅长填词谱曲，我们要善于发现、邀请此类学生。另外，我们还可以向专业人士求助。

下面这首班歌（见图5.9），是我们星座班的班歌。歌词是我们原创的，嵌入了班级理念、班训和格言，由班级谱曲爱好者谱曲，同学们很喜欢它。

我们一路同行
——星座班班歌

郑学志 词
黄富强 曲

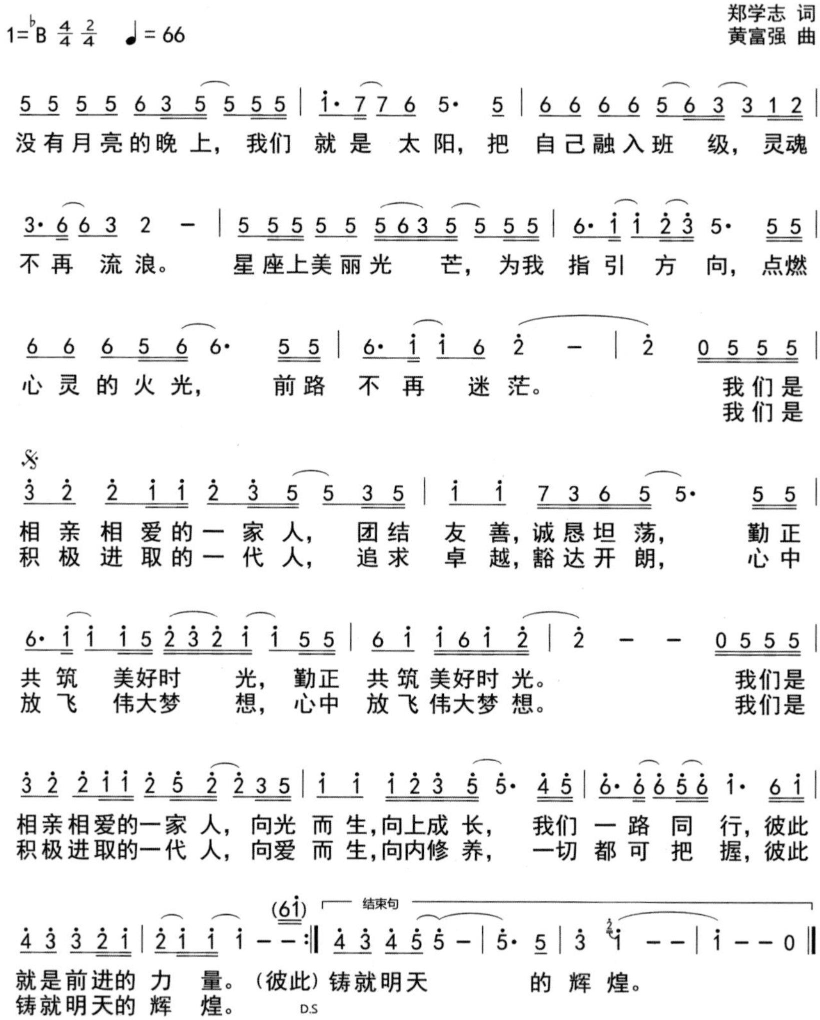

图 5.9 星座班班歌

5. 综合统筹各要素发展

班级精神文化建设七大板块的关系还可以被归纳为八句顺口溜。

建班理念是基础，核心目标在精神；

班级舆论做保障，文明创建就生根；
文化生活重反哺，评价机制促进深；
物化成果留下来，班级精神有传承。

如果你们还觉得麻烦，可以通过以下案例式的表格（见表 5.3）理解精神文化建设各要素之间的统筹做法。哪怕你没有时间琢磨班级精神文化建设，参考这张表行事，即可提升班级精神文化建设的档次。

表 5.3　班级精神文化建设各要素之间的统筹做法

一级目录	具体要素	内容示范
建班理念	育人理念	"让孩子站在教育的中央。"（教师观念）
	班级使命	"看见教育最美好的样子，遇见你我最美的样子。"（班级价值）
	班级愿景	"让每个人都成为一个伟大的传奇。"（成员集体理想）
	班级目标	"做受欢迎、有力量的人。"（每个人的成长目标）
	班名	星座班、兰泽 208 班、瑾瑜班、得志班、权胜班、葵花班
	班训	"团结、紧张、严肃、活泼"，或者"我和他们不一样"
	班级格言	"不拼不搏，人生白活""让刻苦成为习惯，用汗水浇灌未来"
	班级口号	建班之初"创美好班级，启青春梦想"；建班中期"学贵有恒，天道酬勤"；毕业前夕"乾坤未定，你我皆是黑马；胜负未分，一切皆有可能"
班级精神	价值观念	"为爱读书，让青春自由"
	信仰追求	"独立自主，合作民主"
	行为准则	"不屈不挠，永不认输"
	群体气质	"豁达乐观，团结友善"
	精神操守	"不放弃任何一个同伴""大家一起走！"
	精神成长史	体现为班级日志、班级档案、班级历史馆等

（续表）

一级目录	具体要素	内容示范
班级舆论	正向思维	每天一则正能量语言朗读，正面解决问题
	价值引导	提倡"让他人因为我的存在而幸福"（茨巴尔）
	舆论引导	班主任明确发声、榜样人物引领、意见领袖传话
	主流班风	像科学家一样思考、像工程师一样设计、像艺术家一样创造
	班刊班报	《传奇一班》《星座一班班报》
	班级论坛	星座小论坛、今日开讲、每周一说
	文化展板	"爱上学习"黑板报、"我们的班"特色宣传、跳蚤市场展板
文明创建	品质训练	眼到、手到、心到、口到的具体要求，作业要求等
	班级美语	同学们日常交流的 30 句美语
	主题教育	自强人生、明责任·强担当、团结友善、自信乐观教育
	班本课程	恋爱课程、自律课程、爱国教育课程、"农历的天空"、晨起诗香
	风气建设	"传承好家风""历史上的今天""学霸笔记"
	文明礼仪	候课礼仪修炼、在青春期必须学会的 50 个小细节
	专项活动	"考试——诚信与我同行""为自己负责，为生命喝彩"
文化生活	影视阅读	适合青春期学生的 20 部电影
	休闲娱乐	"我们这样过寒假""暑假你好"
	班级节日	班级诞生日、十八岁成人礼、"哦，十四岁"
	班歌	用流行歌曲、套曲谱、自己写词、曲谱、歌词全原创，AI 智能创作
	特色活动	智爸慧妈大讲堂、今天我当家、我是小能手、最强大脑
	仪式典礼	开班仪式、我们的晋级典礼、成人礼、我们的星光大道
	兴趣社团	坚持自生长、自组织原则，不一定要长久

（续表）

一级目录	具体要素	内容示范
评价激励	综合素质评价	可参考国家综合素质评价机制，创建自己班级的评价机制
	个人之星	勤奋之星、智慧之星、上进之星、善良之星、道德之星……
	晋级打榜	贝多芬记忆挑战赛、科举制背诵比赛、我的学习江湖榜等
	感动班级	感动……年度之星、感动青春……
	班级之最	最强大脑、最快背诵王、最佳朗读者、最美之星
	荣誉体系	建立中学三年或者小学六年的一贯升级机制
	评价平台	综合素质评价档案、成长档案袋、家校共打分、优点"轰炸"活动等
物化成果	班徽、班旗	班级标志建设，学生原创最好
	班牌	手绘班牌最接地气，电子班牌容量最大，印刷班牌省事
	班服	学生个人身份认同，学生自己选购，尊重学生审美
	班花	学生集体评选代表自己班级的班花，如菊花、七里香、迎春花等
	班级吉祥物	班级文创小产品，设计吉祥物（如创创、新新）
	班级档案	我们的脚印、成长口袋、星座二班的档案、不说再见

6. 注重落实建设细节

虽说"大行不顾细谨，大礼不辞小让"，但真想做好一件事情，还得靠抓细节，细节决定成败。不注意细节，就会闹出不少的笑话。比如起班名这事儿，如果没有注意谐音，"服装七班"的简称"服七班"就成了学生们的"夫妻班"笑话。

起班名之前，我一般都会事先提醒和告知学生们起名要点。

（1）普及命名基本常识。全称和简称意思精准，谐音无不妥，还要符合大众的审美情趣，符合普世的价值标准。"隔壁班""他们班"这样的班名绝对不行，学生喜欢"唯韵""兰泽""轩逸""晨曦"类的班名。

（2）发动大家集思广益。将班级分成多个小组，如班名原创组、内涵挖掘组、大众评审组、资料丰富组、班名演绎组……事先模拟班名命名和使用的各种场所，确保不出问题。

（3）反复对标班级愿景。一个差班起名为"得志班"，不仅是得到郑学志的支持，更重要的是每个学生都能实现自己的人生价值，该班名对标"志得意满"的班级愿景。

（4）适当润色和挑选。润色按照下面一些基本原则进行：①朗读是否流畅通顺；②文字是否优美；③寓意是否深刻、准确；④身份是否恰如其分；⑤后期是否便于宣传教育。如果不恰当，就要反复修改。

（5）主动报备和公示。防止和别的班级重名，赢得家长、领导和同事的支持。

第三讲 如何建设先进的班级制度文化？
——让制度成为学生们的美德指南

制度文化是班级文化建设不可缺少的一个组成部分。它是精神文化的产物，又是物质文化的工具，包括各种成文的和习惯层面的行为模式与规范。

制度文化是各种关系的总和，是人们幸福生活的重要保障。可是，为什么一谈到制度和制度文化建设，学生们就有抵制、反感情绪呢？我估计是出于下面一些原因。

（1）缺乏正确的制度观，总认为制度是管人的。

（2）学生们不能感性地认识到制度的好处。

（3）传统的制度缺乏人文关怀。

（4）学生们没有制定制度的参与权和决定权。

（5）现行制度有过多的压制、批评、惩罚成分……

可能还有其他我没有列举的因素。这些都是制度文化建设的障碍。但是没有关系，发现问题就是看到发展的机会。了解之前制度文化建设的弊端，就能知道新制度文化的建设方式。

如何建设先进的班级制度文化呢？

一、给制度一个好理念——用美好秩序的观念建设班规

这里有四个好理念值得在班级管理中使用。

1. 良好的纪律是一种美德示范

学生们不喜欢纪律和制度约束，这很正常。当人从自然人转向社会人的时候，纪律、制度就成了他的约束。但是，没有约束，生活就会变好吗？我引导学生们思考一个问题："如何看待课堂插嘴现象？"我告诉他们，老师不喜欢上课乱插嘴的学生，在老师的观念里，插嘴的不是好学生。这就如同学生们讨厌老师拖堂，认为上课拖堂的老师不是好老师一样。

我把这个问题抛给学生们。我说:"这次讨论的内容不仅关乎课堂纪律,而且关乎我们以后怎样在社会上做一个受欢迎、有力量的人。"基于此,学生们约定了如下课堂插嘴法。

人人有权,站着发言。

一次说完,女生优先。

后排先说,合理提出反对意见。

"尊重女生,方便后排同学",已经不仅是课堂插嘴规范了,更是人际交往的美德示范。当学生们把遵守课堂纪律当作一种美好秩序、一种美德的时候,遵守纪律就不再是教师对学生的单向要求,而是学生内心的一种渴望,一种对参与社会生活的渴望。学生自己主动做和根据教师要求做的效果绝对是不一样的。

2. 好的制度是一份美德说明书

康德(Kant)认为幸福有三要素:"美德、健康和财富。"我们都想要幸福,健康和财富不能由我们全权把握,但是美德可以。怎样修炼美德呢?对于学生们来说,他们需要的不仅仅是方向,还有成功抵达终点的路径。详细的行为规范指南可以成为学生的美德说明书。

如郑州市创新实验学校小学部学生们之间的交流约定,见表 5.4。

表 5.4　郑州市创新实验学校小学部学生们之间的交流约定

请您这样做	请您不要这样做
请用恰当的语气和方式跟我说话	请不要用高人一等的语气跟我说话
请给我说话机会	不要打击我的观点
跟我交流的时候请多用手势等肢体语言	不要因为听不懂而不理我

我们班学生也形成了"好的倾听习惯"指南。

(1)安静下来,让自己听得见别人说话。

(2)用眼睛看着说话的人。

(3)用笔记录重要内容。

（4）不中途打断别人或插嘴，以免听不全别人的意见。

（5）复述一下自己的记录，检查其是否正确。

这是为了避免初中生在教室里闹腾而出台的行为规范与听课指南，好多学生参加工作之后还在用它。一个学生非常激动地告诉我："第一次总裁会议，我只是用笔记录总裁的发言，就被总裁注意到了！"因为他是新入职人员中唯一带笔记本参加会议的人。还有一些学生表示，在请教长辈、聆听上司、和贵人谈话时，"'好的倾听习惯'能为美德背书"。

3. 好制度是师生共同的规范

学习生活究竟要不要制度？我曾经组织学生开展制度大讨论："守纪的最大受益者是谁？"学生们主要从两个方面展开讨论。

（1）畅谈没有班规约束的害处。以自习课自由讨论为例，学生们梳理了11条自习课自由讨论的害处。

- 没有独立思考、没有针对性的讨论其实意义不大。
- 没有时间限制，容易浪费时间。
- 为周围同学说小话提供了借口。
- 跟着兴趣跑，容易转移讨论主题。
- 有些同学讨论是为了说闲话。
- 大家都讨论，想安静学习的人就会被打扰。
- 想安静但没有独立空间。
- 听不到别人的话，交流很吃力。
- 真正要问的问题，几句话就说清楚了。
- 被询问的同学效率下降。
- 帮助同学有一种被道德绑架的感觉。

最后他们得出结论：自由讨论，伤害了每一个一心想读书的人。如果大家都不遵守制度，受害的就是我们每个人。这时候，他们发自内心地认可我以前对他们说的那句康德名言："自由不是你想做什么就做什么，而是你不想做什么，你可以不做。"

在自习课，想请教、交流怎么办？他们得出无声交流的应对措施——笔谈，通过纸和对方交流。

（2）讨论遵守制度的好处。他们梳理了10条遵守制度的好处。

- 不用担心被老师处罚。
- 不用担心窗户边有人看。
- 可以安心地做自己想做的事情。
- 不会丢脸。
- 被表扬的时候会高兴。
- 觉得自己是一个好人。
- 心情轻松愉快。
- 不会打扰别人。
- 不会被打扰。
- 睡觉舒坦。

"说得太好了！"我帮他们梳理：在一个制度严明的环境里，守法者可以获得三个好处——"①良好的自我感觉；②积极的社会评价；③健康的生活环境"。遵守制度应该成为师生的共同信仰。

4. 好制度是行动指南

有教师提问："为什么我们的制度总落实不下去？"我问他："你给制度编制实施流程或行动指南了吗？"他纳闷："还要这样做吗？"当然需要，制度不应该让学生们猜测其本身的意图，让学生们猜测的制度不是好制度。我编制了制度实施流程：一是把制度分解成动作；二是标记动作序号；三是按序号操作；四是加大演练。在大家熟悉制度实施流程之后，我再找班上的学生监督落实。

以候课为例，我们可以这样做。

上课铃响，

快回课堂。

拿出书笔，

无关收藏。

身正肩平，

眼看前方。

制度必须细化到操作层面才有意义。本书在自习课管理、学习品质训练方面还有很多相关案例，在此不再重复。

二、给制度一个好名称——让制度名称变得温馨可爱

我觉得教育类制度不应该太生硬；温暖而坚定，应该成为班级制度建设的重要思路。班主任可以让班规、学生行为规范变得温馨可爱一些，这样的制度更容易赢得学生们的认同。

比如，下面一些名称，就很值得大家借鉴。如："一日常规""我们班的家庭公约""我们的约定""做人要则""修身法则""淑女风范""绅士养成""雅舍金言（宿舍规则）""魅力宝典""男神秘籍""女神修炼"……

孔子强调"名正言顺"。这些规则的名称在温暖人心的同时，还能增强学生对制度的认同感。

三、给制度一个好理由——让制度走进学生心里

我提倡给每一条班规提供一个理由，这样，就能解答学生内心的疑问："我为什么要遵守制度？""我凭什么要遵守制度？"

同 伴 规 则

1. 同伴规则之一：面对不同意见的时候，要学会倾听，学会等别人把话说完。（理由：急于发表自己的意见往往会把事情弄得更糟糕。）

2. 同伴规则之二：不随意传播同伴的个人秘密和隐私。（理由：隐私和秘密受法律保护，私自传播小心违法！）

3. 同伴规则之三：当别人敲诈、勒索或者找你麻烦的时候，一定要想办

法让班主任在第一时间知道，不要隐瞒或者私自妥协。（理由：班主任本身就应该照顾和保护学生，班主任有更多的经验帮助学生处理这样的事情。）

我的感悟：给制度一个充足的理由，学生就能把遵守制度当作自己成长的内在需要。

四、给制度一个好厂家——民主诞生的班规更容易被认同

班规由学生来制定，能更好地被执行，学生是最好的制度生产厂家。我班班规的形成基于以下六个流程。

（1）班级愿景描绘。班级是否有一个伟大的愿景，每个人是否能为自身的最高愿望努力、为自己真心向往的生活拼搏（这是激发学生们自我超越的重要武器）。

（2）存在问题梳理。有哪些问题或行为会妨碍我们实现伟大愿景？把它们找出来。

（3）解决办法征集。针对这些问题或行为，逐条拿出我们的解决方案或行动策略。

（4）基本方案集中。按内容对行动策略进行分类，将其归纳整理成制度初稿。

（5）班规条文审议。组织同学逐条辩论、审议和表决，形成班规决议稿。

（6）班级规则学习。成立班规宣教小组，开展班规学习教育活动，让全班同学都熟知条文。

制度很好，但是有一个缺陷，即只能针对以前发生的事情做出决定，未能对以后发生的事情做出规定。遇到新情况怎么办？可以在每周的微班会课上进行研究。我们学校每周有一次微班会课，采用"一课一事，一事一议"的方式处理新增的问题。

比如，中学生浑身充满力量，即便在夏天，也喜欢在课间去操场上打球。但是，我们班的教室在三楼以上，常有学生迟到，怎么办？通过微班会课一

事一议，制定如下课间打球活动的规则。

（1）班级提倡和支持课间运动。

（2）老师未宣布下课前，不得采取任何行动。

（3）运动前必须上好厕所。

（4）每天安排一个人计时，提前一分钟结束。

（5）确保运动的人在上课铃响前进教室。

（6）不得把运动、打球的争议带进教室。

（7）提前向家里报备的同学放学后可打球半小时。

（8）罚则：违规一次，取消一天资格；因打球引发冲突，全学期禁打。

因为规则是学生自己制定的，他们在制定过程中要"讨价还价"，所以他们学会了换位思考、妥协、为他人着想，学会了怎样利用规则来维护自己的权益。我这样做，不仅是为了让学生理解规则，更是为了让他们获得民主启蒙教育；借助班规产生的过程，让学生们接受良好的规则教育。

五、给制度一个好表达——用正语言叙述制度的具体条文

可能细心的朋友们已经发现我班规则的特色了——语言多是正面的。是的，我们把它叫"正语言"。正语言的特征是肯定叙述，常用的词语有"可以、您能、您能够、提倡、应该、要、奖励、加分"等，表示"许可"。尽量避免负语言。什么是负语言？感觉不好的、消极和抵制的，特征是否定叙述，如"禁止、不准、不得、不能、不许、惩罚、批评、减分"等。

为什么要用正语言叙述制度的具体条文？针对这个问题，我做过研究。

仅仅是用"禁止""不能""不准""不许"等否定词语规定什么不可以做，并不能正面解决问题，反而会束缚学生们的创造力和自由，把他们培养成谨小慎微、胆小怕事的人。学生们需要我们告诉他们"您能""您可以""我们允许""提倡""奖励"……只有这样，他们的主动性、创造性才能被激发，才能更有建设性地解决问题——学生的自信建立在有把握、有能力应对困难的基础上。因此，我们要赋予制度以更多的肯定叙述，用正语言为学生们赋能。

班级规则不仅是正向的，还可以是有趣的，如我们班的"趣味班规"（摘选）。

趣 味 班 规

……

4. 谈话的时候注意和善地看着别人。（黑夜给了我们一双黑色的眼睛，我们不能只用它们来翻白眼。）

5. 注意个人卫生，勤洗脸洗手。（不然，红豆不生南国，长我们的脸上。）

6. 坚持每天锻炼身体，保持健康的体魄。（再缺不能缺德，再有不能有病。）

……

8. 和别人说话的时候要态度谦和，在别人生气的时候要保持微笑。（唾沫是用来数钞票的，不是用来讲道理的；气势汹汹的人讲的东西不一定都有理。）

9. 甘于寂寞，扎实学习。（怀才就像怀孕，时间长了反而能让人看出来。）

10. 强调积累，勤做笔记。（读书就像挂Q[①]一样，每天至少两小时，达到一定的天数后就可以有太阳了。）

——2001年郑学志趣味班规

六、给制度一个好平台——用积极的方式落实制度

不但要有好思维，还要有好措施，如何把制度推向落实层面呢？我们的理念是"用积极的方式落实"。主要措施有以下几点。

1. 变单纯要求为技术操作

在以前的教育中，我们对学生提要求多，技术支持少。一是因为我们没有经验，二是因为我们精力不够。我们常常给学生讲大道理，结果精疲力竭。

---

① 又称挂号，是指将QQ号设置为"上线""离开"或"隐身"状态，通过累积在线时长，使QQ升级。

教育不能仅仅停留在纯要求层面,可操作、可执行才有意义。我们的班规大多侧重技术层面的操作。2024年4月19日,我在"自主教育"微信公众号全文发布了我们班的"卫生操作手册"(文章标题是《天啦!这么详细规范、分工明确的班级卫生操作手册,卫生不好才怪呢!》),用四千字把每个岗位的具体操作办法都写出来了。大家可以直接借鉴。

图5.10为我们学校的"好作业标准",层级清晰,要求具体。

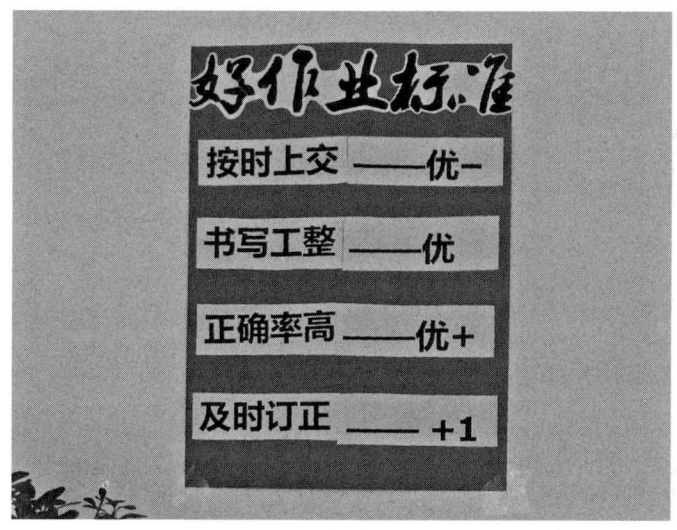

图5.10　好作业标准

2. 变"秋后算账"为事前提醒

我反对动辄处分。在我们班上,首次违规是不用处理的,但是纪律监察委会给违纪者一个温馨提示。以下是迟到同学的"温馨提示单"。

温馨提示单

尊敬的_____:

您是我们班尊贵的5星出勤天使,可享特殊情况迟到1次免处罚的光荣权利,有效期至本学期期末。鉴于您已于____年___月___日第___节课消费了1次,如不能采取积极措施存入1次,下次迟到可能受到惩罚。为维护您出勤天使的美好形象,保持良好出勤记录,建议您从现在开始,每天提前 10 分钟到校,坚持一个月,以便为您出勤银行增加一次迟到不受处理的信用额度。良好的出勤记录将为您赢得美誉,有效的改进措施将增添您的人格魅力,期待您精彩,祝福您开心、快乐!

星座班形象维护大使_____敬上
_____年___月___日

3. 变批评说服为提供自省工具

学生之间发生了矛盾冲突,如何调解处理?我们给学生提供了一个自助调解的自省工具单,要求双方各写一份千字上诉书,不允许抱怨和苛责对方,"法定格式"如下。

(1)说清楚对方冲动但可以让你理解的三个地方。

(2)写三点自己做得不对的地方。

(3)如何解决这个问题?请提出解决问题的三点积极建议。

写完怎么办?要么在班上公开读给大家听,要么诚恳地读给对方听。在你和别人发生冲突之后,如果别人觉得你对、他做得不好,并且提出了三点积极建议,你的感觉会怎样?大家可以猜想一下结果。

4. 变简单惩罚为积极补偿

教育的惩戒和司法的惩戒不一样,教育的惩戒讲究给人机会,帮助其完善自己的行为。在我们班,如果有学生违纪,给班级带来负面影响,纪检部会给他们这样一份积极补救方案。

形象自我完善方案·补救篇

(　　年　　月　　日)

亲爱的_____同学:

因_____(违纪事件叙述),您不小心违反了我们的班规第___条,让您的形象大打折扣。为使您及时止损,养成良好的学习、生活和自律习惯,保持您的完美形象，请从以下 5 个形象自我完善方案中选择一个或几个，并认真执行。祝您好心情！

（1）说明情况，向大家公开道歉，争取同学们的原谅。

（2）写一份"认真改进"的倡议书，张贴宣传。

（3）为同学们唱一首歌，活跃一下班级气氛。

（4）背诵一篇文言文或英语课文。

（5）自我申请的其他惩戒方式（请填写）：

执行情况：未到位□　到位□　执行标准□　执行优秀□　超出期待□

执纪人：　　　　　值日班长：　　　　　班主任许可：

5. 变严肃惩戒为娱乐教育

很多时候，学生犯错是无心之过。对待无心之过，要给人机会，哪怕是惩戒，也不必搞得那么严肃。我们班研发了好多种开心惩戒方式，部分摘录如下所示。

星座班惩罚技术开发有限公司惩罚项目单

1. 传奇冒险：请将您的违纪故事编成冒险故事，说给大家听。

2. 创意表演：请根据您的犯错场景进行创意表演，展示正确、正面、积极的做法。

3. 运气惩戒：准备一个正方体的盒子，在六个面写上各处罚条例，犯错者自己掷骰子，依抛中面的条例处罚。

4. 你说我猜：把违规名称贴在一个同学的额头上，不允许暴露名称中的任何一个字，违规者描述，该生猜对为准。

5. 真诚赞美：真诚赞美三位学科教师，并拿到他们的认同签名。

6. 我的秀台：抽中明星、歌星或动漫人物，按要求模拟动作、声音或说话方式。

7. 木头人：如果乱动，则要求模仿木头人的样子，静坐 10 分钟。

8. 帅哥淑女：将3~5本书放在头顶，学模特走台步，旋转一圈后走回来。如果书掉了，就得重来。

9. 研究助理：陪教师批改作业，找出优秀作业的10个优点并分享给大家。

……

七、给制度一个好程序——给执行增加一种仪式感

我比较注重仪式，生活和教育都需要仪式。在特定的时间做特定的事情，能增强做这件事情的仪式感。为发挥制度文化的影响力，我会采用以下一些方式，增强班级制度的仪式感。

（1）制度签名仪式。班规出台后，邀请家长代表和学生一起在"我要做到"承诺书上签名。

（2）颁发制度手册。邀请家长和领导将精心设计的制度手册发给同学。

（3）制度宣誓活动。组织全班同学集体宣誓，表明严格执行制度的决心。

（4）制度启动仪式。对于新出台的重要制度，举行隆重的启动仪式。

（5）设立制度执行日。将9月20日设为班级"制度执行日"，开展相关的培训和检查。

（6）制度执行徽章。设计专属的徽章，将其奖励给制度执行优秀的个人或小组。

（7）制度文化墙。创建专门的制度文化墙，展示该制度的内容、执行情况和优秀案例。

（8）制度知识竞赛。举行班规抢答赛，获胜团队或个人可以获得荣誉证书和奖品。

（9）设立执行监督岗。举行监督岗的任命仪式，明确监督人员的职责和权力。

（10）制度成果展示周。集中一周的时间，展示制度带来的成果和变化。

第四讲 如何做好学习型小组建设？
——优化小组建设的 16 个策略

组织文化是一个组织所有文化的总和，包括物质文化、精神文化、制度文化和理念文化等。这里我只就组织文化中的小组文化建设（大家最关心的一个话题），聊一聊建设学习型小组的 16 个策略。

一、设置小组形式

坦率地说，我不提倡在非讨论时间，学生面对面坐着听课。因为我试过，别着身子、扭着脖子听课，确实很难受。

建设学习型小组，不在于怎么坐，而在于"你想要的是什么"。为了便于讨论，相对或圆桌型的小组形式都是不错的选择；为了便于沟通，将同桌、邻近的两三排学生组成基础型小组即可；为了方便排座位，出入方便，两人同桌、四人组是很标准的配置；为了提升成绩，在初一、初二和高一、高二阶段可以按照好、中、差三个层级编排学生座位，而毕业班适合按照同层级来编排座位，这样"抓成绩"更方便……

二、注意人数的极限值

小组有没有人数规定？有的。管理学上有一个规律——有效管理人数一般是三到六人，最大极限是八人。也就是说，在同一管理层级，如果超过八人，管理是不到位的。

按照这个规律，小组数量和组内人数，"八"就是极限了。

遇到超大班级怎么办？尽管目前提倡消除大班额，但我也知道，有些地方依然存在七八十人的大班。这样的班级小组怎么管理？班内设 A、B 班，每班不超过四十人，小组力争七个以内，就能控制一个小组内约六个人。A、B 班平行竞争，这样挺好引导的。

三、成员分布尽量均衡

分组时，应遵循两个原则：组内异质、组间同质。星座班的小组就是这样划分的。我提倡学生自由组合，谁和谁在一组都可以。我只提两个基本要求：第一，全班的学习、体育、文艺和社交人才，不能集中在一个小组，尽可能平均分配到每个小组；第二，必须确保组内成员男女比例均衡，不能男孩、女孩各一组，性别失衡会产生很多弊端。

组内异质、组间同质有什么好处呢？有利于促进班级各种竞赛公平、公正地进行。

四、双向选择组建小组

小组召集人和组员双向选择、组建小组，能让彼此聊得来、有共同价值追求的学生形成团队，这比教师让他们被动组建小组更有效，组内更有凝聚力。

有教师说，万一我们班那几个喜欢玩耍的学生组成了一个小组，怎么办？会那么巧吗？组内异质、组间同质、分类搭配的要求会把他们分开的。另外，召集人想提高组内各项成绩，必须考虑人员取舍，还要确保组内的初始成绩总和与其他小组不差上下。

召集人又叫"领头雁"，成绩在班级内排前三分之一。领头雁要向全班公布小组愿景、实施纲领，用他们的人格魅力吸引同伴参与。如果是六人小组，则由两个"领头雁"组成召集人，每人各召集两人，按照"领头雁、中坚生、潜能生"三个层级，组成两个"三人行结构"，这样小组内的成员也可以进行比拼。

五、激发和凝聚好愿景

小组的生命力在于组团作战，富有激励性的愿景是学生们愿意为自己的小组奉献、拼搏的动力之源。小组成立之后，要通过一些游戏，让小组成员把心打开。他们可以通过"小草摇摆""含苞开放""信任搭桥""力量传递"

等游戏，增进成员之间的感情。

你可以引导每个成员思考一个问题"你所向往的小组是什么样的？"，尽最大可能引导他们提炼小组愿景。注意，在小组成员发言的时候，务必不要评价其发言的优劣，而要使用"说得真好……还有呢？"之类的话语，不断挖掘大家最深处的想法。

在以后的历次活动中，注意引导他们别忘记愿景，不断强化他们对愿景的认同感。

六、出台小组约定

愿景确定之后，如何达成成为关键问题。这时候，需要制定行动准则——小组成员约定。这个约定更多指向行动保障，如纪律要求、行为保障、考核标准、奖惩细则等。

下面是统一的约定模板。

我们自愿结成"三人行"小组，组内成员达成以下共同约定：准时上学，认真听课，积极研讨，主动分享，努力挑战自己的弱势科目，不放过每一次为小组赢得荣誉的机会，誓与成员共进退。如有违反，自觉接受小组惩戒。

七、设置好个人职责

激励每个人的，管住每个人的，不是纪律，而是每个人与生俱来的责任感和荣誉感。让小组成员在组内有一个闪光的位置，就是让每个学生愿意在组内发光、让每个小组充满活力的最好办法。一般学习型六人小组由组织员、记录员、梳理员、计时员、分享员和质疑员组成。他们的职责和日常讨论语言模板见表5.5。

表5.5　小组成员的职责和日常讨论语言模板

身份	职责	日常讨论语言模板
组织员	组织小组讨论	这次我们研讨的主题是……请大家先独立思考……再分享交流……

（续表）

身份	职责	日常讨论语言模板
记录员	记录发言要点	请发言时按照第一……第二……第三……的形式说话，这样便于整理
梳理员	梳理讨论要点 协助补充记录	……表达的是……第一……第二……第三……请将其记录在……
计时员	控时和纠偏	本次……剩下1分钟……请围绕问题发言……我们发言的模板是……
分享员	展示研讨成果	我代表本组展示小组研讨成果，我们的主要观点是……做法是……请大家指点……谢谢大家
质疑员	对结论或方案提出质疑	对于……我想问的是……我还有一个疑问……可以告诉我吗？

当然，如果将角色名称起得更响亮，学生会更高兴。各司其职，各尽其能，小组管理就"活"了。

八、身份合并节省资源

班级管理上的事情很多，既有日常管理，又有学科学习管理，还有课堂上的学习小组建设。一想到这么多事情，不少教师就感到无力应对。

要解决这类问题并不难，我们完全可以把资源统筹到一个小组内解决。具体统筹如表5.6所示。

表5.6 "三位一体"小组建设

	学生1	学生2	学生3	学生4	学生5	学生6
日常管理	行政组长	卫生专员	体育专员	文宣专员	学习专员	纪检专员
学科学习	数理组长	生化组长	语地组长	政史组长	综合组长	英信组长
课堂研讨	组织员	记录员	梳理员	分享员	质疑员	计时员

这种解决问题的方法强调同一个学生在面对不同管理需要时身兼三个角色，承担三项任务。一旦任务来临，他们各司其职、各尽其力，我们称其为

"三位一体"小组建设。

为了充分发挥每个学生的力量,三个任务都是学生自选的,我只提供参考案例,他们可以自由调整角色。

九、角色名称尽量有激励性

上课有没有学生走神、说小话、做别的事情?有,学生们称他们为"吃瓜群众"。如何让"吃瓜群众"专心听课、用心讨论?我们在小组组织的基础上,又明确了"课堂学习环节"临时性分工,用富有激励性的角色分工、精准的时间考核、明确的任务分配,激发他们的责任感,让他们专心学习。

如学新课的时候、同伴讨论和分享的时候,我们把每个小组的成员,临时按照表5.7进行分工,并及时对其施以考核。

表5.7 "课堂学习环节"临时性分工

角色	适合人群	课堂任务	时间节点	考核办法
精准复读师	潜能生	请精准复述别人的观点和做法	别人分享后	要点清晰,语言准确
优秀赞美师	潜能生	请指出他们值得赞美的地方	小组展示后	赞美有根有据
完美找碴人	中坚生	请找出他们还存在哪些问题	同伴发言后	找真的碴子,而非假的
神奇补充者	中坚生	请补充您的做法和观点	别人答问后	补充和完善别人的不足
杰出点评师	领头雁	请按照打分表给发言者打分	全组展示后	分数精准,评价到位
卓越总结者	领头雁	请您总结刚才几名同学的分析	同伴发言后	总结全面,要点清晰

我们用这样的语言模板,给每名学生指派任务:

一会儿("两分钟""别人分享后""全组展示后"等表示时间节点的词语)请……(不同角色的学生)复述(职责关键词,如"找碴、补充、点评、总结和赞美"等动词)……

角色名称尽量积极阳光，因为学生们渴望自己优秀，没有哪一个学生愿意生活在尘埃里，越光辉灿烂的名称，对他们的吸引力越大。

课堂管理要闭环。任务分工精准，时间节点明确，考核及时，学生上课就不敢走神。要不要尝试一下？

十、用"捆绑"的方式评价小组

为让每个学生都能受益，让每个学生在组内都得到发展，我们用整体评价的方式评价小组。小组排名靠前，每个人都有奖励；小组排名靠后，个人再优秀，也和奖励无缘。

表 5.8 是我们小组考核的评分表，我们需要什么，考核时就强化什么。大家可以根据自己的需要，适当调整考核细则。

表 5.8 小组考核评分表

	成员1	成员2	成员3	成员4	成员5	成员6
早读						
作业						
课堂						
周清						
卫生						
出操						
纪律						
合计						
小组自评		部门核分		消费计分		累计总分		日期	

具体考核细则如下。

早读：背诵过关一人次加 1 分，过关速度在全班排前三的小组，分别再加 1 分、2 分、3 分。

作业：缺交一人次减 1 分，全部交齐加 1 分，获得 A- 等级加 1 分，获得 A 等级加 2 分，获得 A+ 等级加 3 分。

课堂：课堂答问一人次、课后提问一人次均加 1 分。

周清：排名在前段、中段和后段的，分别加 5 分、3 分、1 分。

卫生：无问题不扣分，有问题根据情况扣分；周比赛前三名，分别加 1 分、2 分、3 分。

出操：迟到一人次减 1 分，缺席减 2 分，请假审批之后不扣分。

纪律：被教师点名批评减 2 分，没有点评的违纪行为减 1 分，无违纪加 1 分，被教师表扬加 2 分。

小组凭借积分，可以获得相应荣誉。消费积分可以获得相应特权：可以花 50 积分，为小组团体选座位一次，座位有效期为一个月；可以花 40 积分，邀请教师与小组成员座谈一次，或者聚餐一次。

十一、小组晋级比赛

激发小组活力，晋级打榜是一个不错的做法。小组晋级打榜，需要注意以下四点。

1. 考核的目标和内容

一般来说，小组考核主要的内容包括学习、卫生、出勤、文化和作风等。这些是日常管理的主要内容，晋级打榜过程中要设定相应的分数值。有了分数，学生们才会去争。同时，我们要始终明白，晋级打榜是为了团队进步，因此，必须坚守一个底线——成员共同进步才加分，不能因为一个人优秀而拔高整个小组的分数，让尖子生、特长生掩盖小组的薄弱之处。"不是让一个人优秀，而是要让一群人优秀"，这是小组的目标。

2. 学生决定晋级机制

注意关键词，是学生决定，而不是学生自定。毕竟学生没有教师阅历丰富，教师提供基础性的准备、启发思路是有必要的。最后怎么取舍，教师要将权力交给学生，他们会觉得自己很重要。

3. 升级要有趣味性

我们采用"从幼儿到博导""从童生、秀才、举人、贡士、榜眼、探花到状元""从青铜、白银、黄金、铂金、钻石、星耀到最强王者、荣耀王者""从一星下士到九星上将"等多种升级机制。这些升级机制涉及学历、功名、游戏、军队星级评价多个领域,学生们玩得不亦乐乎。

4. 注重成长的仪式感

学生们喜欢晋级,一个重要的原因就是想让别人看见自己的成功。我们要注重在晋级的每个阶段给学生们富有仪式感的奖励:等级加星、颁发证书、荣耀命名、全班行注目礼、向家长报喜、共同合影、获取最高授权……上升一个台阶,搭配一项有仪式感的活动。"今天我们处于成长的哪一个台阶呢?"晋级打榜活动会把小组成员的成长动力激发得淋漓尽致。

十二、用团队弥补个人不足

由于"三位一体"的小组管理,每个人都在自己的优势学科内选择岗位,作为小组内学科学习的带头人。有教师担心:如果我们班数学最差的孩子没有别的选择余地,不幸做了数学组长,他能引领本组的数学学习吗?

答案是肯定的——能。但不是他个人能,而是组织构架能——全班所有的"数学组长"组成一个学习共同体,在数学学科委员的指导下开展工作,构成"数学教研团"。数学教研团解决不了的问题,班级数学学科委员可以教他们。这样,由这些行的教会不行的。那个数学成绩最差的组长只需要把班级数学教研团的成果带回去,依葫芦画瓢、照本宣科就行了。

我们把这叫作"一个学科组长背后,有一个专职的学科团队"。每个学科都这样,就没有解决不了的学科学习问题。记住,团队的力量可以弥补个人的不足。

十三、给小组提供展示空间

小组组建之后,要进行小组的文化建设。起一个大家都认同的组名,绘一个大家都喜欢的组徽,找一首歌作为自己的组歌,在桌上放一个有意思的组牌，想一条大家都喜欢的小组口号……这些都是增强小组凝聚力的好办法。

我们要在班级固定的位置，给小组提供一个展示成果、风采的空间，并将其作为自留地，交给小组承包。

十四、开展组间监督检查

小组组建时间长一点，组内成员互相熟悉、有感情，放水、送人情、帮忙掩饰的现象就出现了。于是，小组监督成为一个很必要的武器。

比较好的做法是小组之间轮流检查。如一组检查二组、二组检查三组、三组检查四组……以此类推，最后一组检查第一组。这样，每个检查的小组不直接和被检查者产生利益关系，只要一个小组坚持原则，彼此放水的现象就不会一直存在。

有学生问："老师，每个组有六个同学。时间太紧张，我们检查不过来，怎么办？"很简单，每个检查者在组内邀请另一名学生做助手，两个人一起检查就行了。

十五、个别人员特殊安置

一个班级里总有那么几个人拖后腿。双向选择的时候，他们没有人要，怎么安置？

（1）将他们视作挑战力量和加分因素，供小组长选择。也就是说，他们差的项目，不作为小组考核的内容；他们变好了，有进步了，便作为小组的加分因素，添加到每个小组的考核成绩里。这样，小组就没有后顾之忧了。

（2）让他们以留学生的身份到各个小组留学。留学生有一个基本任务——要把其他小组好的方法带回本小组，然后在班级里分享。留学期间，该生的表现不纳入所在小组的考核，这样其他小组就不会拒绝他们。

（3）让他们单独成立小组。如果前两个办法没有解决那些问题，就让几个没有小组要的学生单独组成特殊小组，引导他们自我拯救。你还别说，当他们到处求助、无人接纳之后，他们就会痛定思痛，痛改前非。比如，组建一个"不要组"，他们的组训是"当别人不要我们的时候，我们自己要自己"，实现逆袭。

十六、优秀经验定期分享

除了对优秀小组进行表彰奖励之外，还有一个更重要的做法，就是请他们以小组为单位，向全班介绍自己小组的先进经验。最好不要让小组长一个人讲，要让小组成员每个人都讲。当他们的经验被赋予小组名称，当他们的经验被我们作为典型案例向家长推荐，当他们的经验被其他小组采用的时候，他们会特别有成就感。

这种分享对其他小组而言既是学习的机会，又是挑战。没有经验分享机会的小组，组长和成员会很有压力，他们会想方设法地提升自己小组的建设能力。

第五讲　如何做好班级常规活动与班会课？
——给学生留下一辈子的美好回忆

活动是拉近师生距离、增强班级凝聚力、让德育从教师"引导"转向学生"内生"的最好载体。它也是学生校园生活中的盐，基础教育十二年，毕业之后，如果学生脑海里没有印象深刻的活动，那么这十二年的学校生活就算是白过了。

作为班主任，如何组织开展班级活动呢？

一、规划好活动序列

教育是有目的的行为，科学地规划和设计能让教育更有针对性。表 5.9 是我们创新实验学校厉芹老师的成果。她带着同事，把初中三年的德育活动，按实际使用的时间，做成了实施清单（该表在录入时有所调整）。

表 5.9　初中德育活动实施清单

时间	节日或活动日	年级	德育月主题	重要德育活动
九月	教师节 九一八事变纪念日 爱牙日 和平日 中秋节	七年级	习惯养成 环境适应	一、年级工作 军训、开学典礼、游园、成长手册、小初衔接。 二、班级工作 1. 建班游戏（消除陌生感），创建班徽、班旗、班名、班级口号、小组等； 2. 一日常规梳理（教室、餐厅、宿舍……）； 3. 班级逐星榜制定。 三、特色活动 1. 拜师礼、写给小学老师的信； 2. 趣味运动会； 3. 开心农场。

（续表）

时间	节日或活动日	年级	德育月主题	重要德育活动
九月	教师节 九一八事变纪念日 爱牙日 和平日 中秋节	八年级	品质学习 最美家园	一、年级工作 最美家园评选、学生中心纳新与运转。 二、班级工作 1. 初二，你准备好了吗？（机遇与挑战，学习方法的梳理总结，高效学习的密码）； 2. 最美家园标准升级、实施。 三、特色活动 告白吾师（文章、诗歌、绘画、手工……），开心农场。
		九年级	时间大师 最美家园	一、年级工作 最美家园评选、学生中心纳新与运转。 二、班级工作 1. 最美家长规则复习、实施； 2. 毕业班开班仪式：我的理想高中、写给10月的我。 三、特色活动 老师模仿秀、老师经典语录、我和老师的三年……
十月	国庆节 音乐节 空间周 住房日 重阳节 寒露 视力日 邮政日	七年级	和谐班级 最美家园	一、年级工作 学生中心纳新与运转、适应力测评、导师互选。 二、班级工作 最美教室、文明就餐、温馨寝室标准及实施、手机管理。 三、特色活动 红歌比赛、我和爷爷奶奶的10年之约、一起走。
		八年级	时间大师 从容求知	一、年级工作 导师互选。 二、班级工作 元认知策略使用、学习品质训练、时间管理、情绪管理、自律达人。 三、特色活动 祖国在我心中（摄影、征文、诗歌朗诵、绘画……）。

（续表）

时间	节日或活动日	年级	德育月主题	重要德育活动
十月	国庆节 音乐节 空间周 住房日 重阳节 寒露 视力日 邮政日	九年级	从容求知 阳光自信	一、年级工作 导师互选。 二、班级工作 1. 元认知策略使用、时间规划与管理、挫而不折·破茧成蝶； 2. 优点轰炸。 三、特色活动 我与我的祖国征文征影、职业规划、梦想清单。
十一月	记者节 立冬 小雪 感恩节 宽容日 国际大学生节 全国消防日	七年级	最美作业 阳光少年	一、年级工作 活动展示平台、奖励。 二、班级工作 1. 最美作业标准梳理、展示和评比，假努力与真勤奋； 2. 我心向阳班会（心情晴雨表、交往技巧）； 三、特色活动 文化交流周。
		八年级	悦纳自我 自信自强	一、年级工作 行走在规范中；向校园欺凌说不。 二、班级工作 1. 夸夸我自己，夸夸同学； 2. 自信的孩子最有魅力、秘密信封、优点大轰炸； 3. 学习品质训练·方法展示周。
		九年级	面向未来 努力奋斗	一、年级工作 生涯规划、与理想高中有约；运动达人挑战赛、初三释压。 二、班级工作 成长路上的酸甜苦辣；生活中的小确幸。
十二月	冬至日 国家公祭日	七年级	时间管理 家国情怀	一、班级工作 时间去哪了（班会：时间盗贼、撕纸条），时间规划，跟踪、分享时间管理经验和评优。 二、特色活动 包饺子、国家公祭日、致敬英雄。
		八年级	知法懂法 拒绝欺凌	一、年级工作 法制进校园、行走在规范中、和谐年级创建。 二、班级工作 校园欺凌专题、如何正确交往。 三、特色活动 普法卫士、社会实践、家是最小国。

（续表）

时间	节日或活动日	年级	德育月主题	重要德育活动
十二月	冬至日 国家公祭日	九年级	回首过往 砥砺前行	一、年级工作 复习总动员、对标理想中学的行动策略。 二、班级工作 开学以来的得与失；拼了，最后一月让这一年无悔。 三、特色活动 最美笔记、我们的学习力。
一月	元旦节 腊八节 小寒 大寒	七年级	诚信校园 奋力拼搏	一、年级活动 校园霓裳节、星级评选、学期梳理。 二、班级工作 致明年的自己、从容应试有妙招。 三、特色活动 元旦才艺秀、我们一起写评语。
		八年级	理解世界 善待自己	一、年级活动 冬季安全教育、新年摄影赛、元旦汇演。 二、班级工作 传统文化课、节日里的问候。 三、特色活动 新年目标秀、公益义卖（跳蚤市场）。
		九年级	责任担当 梦想坚持	一、年级活动 诚信考试、优秀毕业生访谈课。 二、班级工作 1. 心理健康与情绪管理； 2. 应对挫折方法分享会； 3. 时间管理挑战赛（完成一套模拟试卷或一个手工制作）。
二月	春节 元宵节 气象节 情人节 母语日	七年级	居家能手 自律养成	一、年级工作 创意作业、例行家访。 二、班级工作 寒假社会实践、亲子共读分享会、学期复盘、假期作业分享。 三、特色活动 图说魅力春节。

(续表)

时间	节日或活动日	年级	德育月主题	重要德育活动
二月	春节 元宵节 气象节 情人节 母语日	八年级	孝老敬亲 自律养成	一、年级工作 创意作业，关爱初二生，防止掉队。 二、班级工作 寒假社会实践、小组承办辩论赛筹备、学习成果分享会。 三、特色活动 手绘爸妈一天。
		九年级	感受亲情 弯道超车	一、年级工作 中招备考、心理辅导、特殊学生关爱行动、例行家访。 二、班级工作 寒假社会实践、中招复习备考。 三、特色活动 春节文化研究。
三月	爱耳日 妇女节 女生节 雷锋月 植树节 安全教育日	七年级	凡人善举 青春无限	一、年级工作 班级文化建设、一班一世界。 二、班级工作 新学期逐星榜完善；日行一善、魅力女生评选。 三、特色工作 女神修炼讲座。
		八年级	自尊自爱 正确交往	一、年级工作 学业指导，生地学习总动员。 二、班级工作 1. 女生·珍贵的存在； 2. 男女如何正确交往。 三、特色工作 "淘宝易购"。
		九年级	激发潜能 青春无悔	一、年级工作 百日誓师、我给自己点赞。 二、班级活动 100天可以这样过、打破思维的墙、自信未来。 三、特色活动 百日誓师。

（续表）

时间	节日或活动日	年级	德育月主题	重要德育活动
四月	清明节 谷雨 地球日 卫生日 航天日	七年级	缅怀先烈 亲近自然	一、年级工作 劳动习惯培养、最美校园建设。 二、班级工作 触摸英雄（故事、电影、绘本、歌曲和诗歌）、桌大王养成记。 三、特色工作 见世界、塑人格游学。
		八年级	悦纳自我 我型我秀	一、年级工作 年级达人展台、我是小能手创意作品展。 二、班级工作 我型我就秀、为自己赋能、追风少年。 三、特色工作 游学中见世界、塑人格。
		九年级	阳光校园 积极心态	一、年级工作 心理调适、平稳复习。 二、班级工作 焦虑应对策略、活动达人秀、开心市场、励志教育、我和我的小黑点。 三、特色活动 回形针的多种用法。
五月	劳动节 青年节 母亲节 助残日 电信日 护士节 无烟日	七年级	青春能量 感恩父母	一、年级工作 生命教育、趣味运动会。 二、班级工作 谁是我们的明星、如何消费、上网成瘾怎么办、爸妈我想给您写（画、说……）。 三、特色活动 亲子运动。
		八年级	时间管理 自律高效	一、年级工作 早恋教育·走过情感沼泽地。 二、班级工作 时间规划、学习生活、高效学习。 三、特色活动 拔河比赛、集体荣誉、运动达人、青春无限。
		九年级	职业规划 学长有约	一、年级工作 优秀学长有约、职业规划指导。 二、班级工作 温暖陪伴、助力中考，做孩子成长的"神助攻"。 三、特色活动 家长随堂听课、班级开放日、学长说。

（续表）

时间	节日或活动日	年级	德育月主题	重要德育活动
六月	儿童节 端午节 父亲节 爱眼日 环境日 芒种 夏至	七年级	告别童年 青春家国	一、年级工作 综合素质评价、评优评先。 二、班级工作 告别童年、高效复习经验分享、考前心理指导。 三、特色活动 感恩父亲节。
		八年级	努力拼搏 学有所获	一、年级工作 生地会考指导、学习品质训练。 二、班级工作 生地学考、考试模拟。 三、特色活动 十四岁集体生日、粽子节。
		九年级	感恩母校 从容应试	一、年级工作 平安中考、精彩中考。 二、班级工作 高效复习方法分享、考前心理指导——"送您成功的三个锦囊"。 三、特色活动 毕业典礼。
七月	建党节 香港回归日 抗战纪念日	七年级	关爱环境 关爱家园	一、年级工作 平安暑假安全教育、例行家访、创意作业。 二、班级工作 分层家长会、暑假社会实践、特殊学生帮扶。 三、特色活动 手工艺术工作坊。
		八年级	意义生活 品质追求	一、年级工作 平安暑假安全教育、例行家访。 二、班级工作 社会实践、分层家长会、特殊学生帮扶。 三、特色活动 创意美食节、创意写作挑战赛。
		九年级	融入生活 融入社会	一、班级工作 平安暑假、健康生活，防溺水教育，生涯规划，感恩母校，初高衔接。 二、特色活动 毕业旅行。

注意：①七年级侧重于习惯养成、规则教育，八年级侧重于理想目标、青春期交往教育，九年级则侧重于生涯规划、人格修养。所列清单较为全面，班主任可以结合学生的年级背景，自主选择活动。②重要德育活动栏内填写的是重要活动的名称及其关键词。

图 5.11　校园霓裳节上开心的孩子们

二、让学生策划与组织

让活动成为学生们一辈子的美好追忆,既是内容要求,又是组织要求。让学生成为活动的主体,策划、组织、评价和反馈全都交由学生搞定。我们郑中国际学校的六一儿童节,是学生们自己策划和组织的。学生们在该活动中获得的成长,远比在教师筹办的活动中获得的多。

如何让学生组织策划活动呢?

1. 了解学生需求

问学生三个问题:①你喜欢什么形式与内容的活动?②你有什么好的建议和想法?③你是否愿意承担某项工作?这三个问题覆盖学生的兴趣、能力和参与意愿,能帮助我们找到合伙人。

2. 成立策划小组

组织学生活动智囊团,研究、策划活动的主题、形式和流程。

3. 落实人员分工

用自我挑选的方式,让学生决定自己在活动中的角色和任务分工(含筹备小组)。学生根据自己的意愿自由组成小组,展示团队力量。例如,学生自行选择队友,共同完成美食制作。

4. 开展头脑风暴

设立创意征集环节,对学生提出的独特想法给予肯定和奖励。

5. 进行方案比赛

成立多个项目组,以"最佳点子优先原则",征集最佳活动方案。活动方案要素齐全,即涵盖活动主题、目的、时间、场地要求、人员组织、流程安排、活动评估、注意事项等要素。

6. 组织决策会议

让学生们通过投票的方式,选择恰当的活动主题、形式、内容及评价标准。

7. 设置奖励机制

给参与活动筹办及组织的学生提供有吸引力的奖励,如小礼品、荣誉证书、"知识达人"证书等。

8. 提供资源指导

在活动目的达成、资源提供、资金和安全方面，班主任为学生提供相应的支持，以体现"我一直都在你们身边"。如果没有思路，可参考下面的点子。

主题派对：如"90年代复古派对"，穿90年代的服装，播90年代的音乐。

厨艺大赛：分组制作美食，然后互相品评和鉴赏，做一个快乐的吃货。

体育竞赛：如篮球赛、足球赛、拔河比赛等。

知识竞赛："科学知识竞赛"。

周游世界：做出世界美食与科技地图，体验异国风味。

手工活动：如陶艺、木工、编织等。

戏剧表演：让学生自编自导自演短剧或小品。

摄影比赛：举办"校园的四季""六点半校园"主题摄影比赛，学生拍、学生评。

密室逃脱：以学科知识为线索，在教室里开展密室逃脱答题活动。

公益活动：组织校园义卖，培养学生的社会责任感。

音乐晚会：唱歌、演奏乐器或者进行音乐创作分享。

科技展览：展示学生制作的科技小发明或进行科学实验演示。

职业体验：模拟不同的职业场景，像"小小医生""小小教师"等，让学生体验各种职业。

9. 持续创意宣传

设计充满动漫元素的宣传海报，持续宣传活动，通过有趣的海报、视频等提振士气、吸引各方注意。

10. 列出时间安排

提前告知筹备环节的时间节点，任务越明确，学生们的工作效率越高。

11. 不断分享激励

设立活动进度监督小组，按照时间节点检查活动的筹备情况，不断在班级分享各筹备小组的进展、亮点和经验，推动整个项目的进程。

12. 组织多方互动

开放家长参与渠道，多方互动，不断完善活动的筹备和组织。

13. 形成活动序列

形成固定的活动周期，安排年度和学期活动序列，便于学生一次又一次地总结经验，期盼下一次的完美。

14. 及时表彰评优

活动结束之后，及时复盘，表彰评优，收集学生对活动的评价和建议，以便改进后续活动。

15. 留存经典案例

发动学生把做得好的案例记录下来，作为以后的参考。

三、优先常规班会

班会课怎么上？我建议优先上好常规班会课，在做好常规的基础上再出新。我把常规班会课流程梳理成简单的四步走。

（1）引。引出话题、问题、情景和目的，即班会课讲什么、解决什么问题。这是班会课导入的第一个环节。

（2）思。提出问题，组织大家讨论，思考班会课所涉及的话题、问题、事件背后的本质原因，回答为什么会这样。

（3）议。针对这个话题或问题，发动大家交流想法、感受和应对措施。大家议一议，说一说，发表意见，即"如何应对"环节。

（4）行。指向我们的行动方案、行动决策，这是解决问题的最后一个环节，即"怎么做"。标准、方法、行动建议，都被安排在这个环节讨论。

至此，班会课的课堂环节就结束了。这四个环节，其实分别对应课堂教学的"知、情、意、行"。"习"需要时间，本书不赘述。大道至简，任何一个好的班会课，都离不开这四个步骤。

主题：环保从我做起

思路：播放一段环境污染的视频；让学生探讨在学校和家庭中能采取的环保措施；梳理大家的想法；制定班级的环保值日表。

四个步骤：

引——案例分析，展示相关案例视频，让学生了解问题的表现；

思——原因探究，组织学生分析案例背后的原因；

议——对策提出，针对原因，共同提出解决问题的对策；

行——反思提升，让学生反思自己的行为，思考如何提升改进。

主题：网络成瘾的危害

思路：首先分享网络成瘾的案例；其次探究成瘾的原因，如缺乏自控力、家庭环境不良等；再次提出避免成瘾的对策，如制订上网时间计划；最后让学生反思自己的上网习惯。

四个步骤：

引——知识讲解，教师或学生讲解主题相关的知识和概念；

思——情景模拟，设置相关情景，让学生进行角色扮演、思考感悟；

议——小组辩论，针对有争议的观点组织小组辩论；

行——总结倡议，总结班会内容，发出行动倡议。

掌握基本模型之后，可适当地变换形式，这样班会课会更加生动有趣。主要步骤依然不变。例如，可以这样安排关于"校园欺凌"的班会课。

游戏热身：通过有趣的游戏活跃气氛，引入主题。

案例引入：播放一段校园欺凌的视频。

知识讲解：讲解校园欺凌相关的知识和理论，分析校园欺凌产生的个人和社会原因。

角色模拟：组织学生模拟欺凌场景及思考应对方式，加深学生的理解。

互动交流：组织学生交流彼此的真实感受和想法。

承诺行动：让学生写下自己的行动承诺。

看起来上述班会课由"游戏热身—案例引入—知识讲解—角色模拟—互动交流—承诺行动"六个环节组成。其实第一、二环节依然是"引",三、四环节是"思",互动交流环节是"议",承诺行动环节是"行",它是四环节的变式。

除了这一个流程,想要上好班会课,还可以采取如下变式。

故事讲述—观点碰撞—问卷调查—数据分析—经验分享—目标设定。

新闻热点引入—自由发言—专家连线—小组辩论—教师点评—拓展延伸。

诗歌朗诵—主题介绍—案例分析—榜样示范—心灵感悟—歌曲升华。

图片展览—问题抢答—视频讲解—实践演练—总结评价—奖励表彰。

名言警句分享—主题演讲—分组调研—成果展示—互动游戏—展望未来。

短剧表演—现象分析—专家讲座—制定公约—心愿墙—结束仪式。

音乐导入—故事接龙—小组竞赛—个人反思—主题拓展—励志寄语。

梳理一下,它们是不是四环节的变式?我这样说,不是刻意要把班会课简单化,而是想告诉大家,对于上班会课,大家不必有太多的顾虑。做好基本操作,解决问题,同样能出彩。